顾客满意最后一公里和顾客投诉案例

——对 GB/T 19010 的再思考

朱立恩 著

中国质检出版社
北 京

图书在版编目(CIP)数据

顾客满意最后一公里和顾客投诉案例/朱立恩著. —北京:中国质检出版社,2012(2012.7 重印)

ISBN 978 - 7 - 5026 - 3576 - 3

Ⅰ.①顾… Ⅱ.①朱… Ⅲ.①顾客满意度—研究 Ⅳ.①F719

中国版本图书馆 CIP 数据核字(2012)第 023809 号

内 容 提 要

本书从顾客满意最后一公里以及实施 GB/T 19010 延续性的独特角度,采用论述和案例相结合的方式,来探讨和论述 GB/T 19010 的作用以及实施顾客满意行为规范的重要性。同时结合作者多年研究的成果——顾客满意服务准则,论述了它在服务标准化体系中,对于打通顾客满意最后一公里的重要作用。主要内容包括:什么是顾客满意的最后一公里;GB/T 19010 标准和顾客满意行为规范;实施 GB/T 19010 的顾客满意行为规范为打通顾客满意最后一公里指出了正确的方向;顾客满意服务准则和服务标准化体系的顾客满意最后一公里;顾客满意服务准则是打通顾客满意最后一公里的重要工具 ;与顾客满意最后一公里和顾客投诉有关的典型案例。

本书可给广大企业提高服务水平和顾客满意度提供指导,也可为消费者和政府相关管理部门、投诉咨询和处理机构提供参考。

中国质检出版社出版发行
北京市朝阳区和平里西街甲 2 号(100013)
北京市西城区三里河北街 16 号(100045)
网址:www. spc. net. cn
总编室:(010)64275323　发行中心:(010)51780235
读者服务部:(010)68523946
中国标准出版社秦皇岛印刷厂印刷
各地新华书店经销

*

开本 880 × 1230　1/32　印张 8. 25　字数 233 千字
2012 年 3 月第 1 版　2012 年 7 月第 2 次印刷

*

定价　28. 00 元

前言

本书的内容，是笔者经过反复学习和理解 GB/T 19010 之后对该标准的一种再认识，也是一次学习该标准的最新体会和总结。

作为 GB/T 19010（包括 GB/T 19012 和 GB/T 19013）国家标准的起草人之一，笔者有幸参与了中国标准化研究院质量分院关于起草该标准的各项活动，并与许多专家学者进行了全面的沟通与交流。大家一致认为，等同采用 ISO 10001 国际标准的 GB/T 19010 国家标准最直接的作用，就是可以预防和减少顾客投诉的产生，这样就可以为企业内部处理顾客投诉（见 GB/T 19012）和企业外部争议解决（见 GB/T 19013）奠定良好的基础。因此，笔者于 2010 年 2 月出版《遵守承诺和投诉处理——解读 ISO 10001 国际标准》一书，对以上观点进行了全面的探讨。

但是随着学习 GB/T 19010 标准的不断深入，笔者对该标准重要性的认识得到了一种新的升华。渐渐认识到，GB/T 19010 标准的出台，不仅仅是为了预防和减少顾客投诉的产生。它更重要的作用还在于，能为企业指出了一条保持高水平顾客满意的新途径——即实施顾客满意行为规范。而且实施顾客满意行为规范的涉及范围，不只涉及在企业处理顾客投诉的这一个环节，而是涉及企业在产品交付之后（包括产品交付、产品退回、广告、售后服务和顾客信息管理等）的一个更加广阔的范围——即顾客满意最后一公里的新领域。

众所周知，通过实施 GB/T 19001 标准而建立质量管理体系的企业，可以为顾客提供高质量产品，并能为确保高水平顾客满意奠定重要的基础。但这还是不够的，因为即使是高质量的产品，如果企业在产品交付给顾客的过程中，不能按照 GB/T 19010 标准的要求，来认真实施顾客满意行为规范的话，同样也会造成顾客许多的不满意。因此，国家有关部门在实施 GB/T 19001 标准之后，又出台 GB/T 19010 标准的根本目的，就是为了企业在产品交付之后的领域中，也同样能保持高水平的顾客满意。从这一重要观点出发，对于 GB/T 19001 标准来说，出台 GB/T 19010 标准的根本目的，就是为了能够打通向顾客满意的最后一公里。

采用顾客满意最后一公里的这一重要概念，可以加深对实施 GB/T 19010 标准重要性的再认识。因为它可以帮助大家更加形象地理解：国际标准化组织（ISO/TC 176）在 ISO 10001（即 GB/T 19010）标准中，再三强调企业在产品交付的领域中，实施顾客满意行为规范的必要性。因为大量的事实告诉我们，目前有相当多能提供高质量产品的企业，虽然离达到高水平顾客满意的最终目标仅差“一步之遥”，但却被大量“堵塞”在通向顾客满意最后一公里的“在途之中”。这种“在途”的高质量产品的不断增多，其结果不仅造成了许多人力、物力和财力的浪费，更因此引发大量顾客的不满意和投诉，并由此带来的种种负面影响，使企业付出许多不必要的代价。所以 GB/T 19010 标准出台的关键理由，就是要求企业要关注和重视顾客满意的最后一公里！用最后一公里这几个字，不仅体现了对顾客满意最后一公里这一环节重要性的认识，也说明了对实施这一关键步骤的不易和艰难。应该说，用打通顾客满意的最后一公里这样一个形象概念，来理解和强调实施 GB/T 19010 标准中顾客满意行为规范的重要性，再准确不过了！因为它可以为企业进一步实现高水平顾客满意的目标指出了明确的方向。所以这也就成为笔者把它作为本书标题最主要的理由。

GB/T 19010 标准提出实施顾客满意行为规范，是保持高水平顾客满意的重要途径。但由于 GB/T 19010 标准的容量毕竟有限，所以对于顾客满意的种种客观规律，在该标准中无法过多地涉及。为了能够更加有效地实施顾客满意行为规范，不久前，笔者提出了《顾客满意服务准则》（见《中国标准化》2010. 1～2010. 12 的 12 讲系列讲座）。对于 GB/T 19010 标准来讲，《顾客满意服务准则》的提出，实际上对实施顾客满意行为规范是一种重要的补充。因为《顾客满意服务准则》的提出、实施和运用，能够帮助企业识别、确定和满足顾客的种种隐含要求，大大提高实施顾客满意行为规范的有效性，可以为企业在实施 GB/T 19010 标准过程中，打通顾客满意的最后一公里助以一臂之力。

本书共分六章。其中，第一章介绍与顾客满意最后一公里有关的基本概念；第二章简要说明 GB/T 19010 标准和顾客满意行为规范的相关内容；第三章从企业质量管理领域，论述 GB/T 19010 中顾客满意行为规范和顾客满意最后一公里的关系；第四章从服务标准化领域的角度，重点理解实施顾客满意服务准则和服务标准化体系的关系；第五章着重探讨 GB/T 19010 中顾客满意行为规范和顾客满意服务准则之间的关系。第六章主要介绍与顾客满意最后一公里有关的各种顾客投诉的典型案例。

北京商业管理干部学院副研究员郭伊萍老师为本书资料收集和校对工作提供了许多帮助，在这里，表示深深的谢意。

由于如何打通顾客满意的最后一公里还是一个新课题，作者虽然这方面做出不少努力，但由于水平有限，书中肯定还存在不少缺点和不足，希望广大读者批评指正。

著　者

朱立恩

2012 年 3 月

引子　从京沪高铁停电事故频发的案例谈起 …………………… 1

第一章　什么是顾客满意的最后一公里 ……………………… 6

第一节　顾客满意最后一公里概述 ………………………… 7

第二节　顾客满意最后一公里的基本特征 ………………… 17

第三节　对顾客满意最后一公里的认识和思考 …………… 23

第四节　强调顾客满意最后一公里是一个十分重要的话题 ………………………………………………… 34

第二章　GB/T 19010 标准和顾客满意行为规范 ……………… 42

第一节　GB/T 19010 顾客满意行为规范的实施和处理顾客投诉 ………………………………………… 42

第二节　实施顾客满意行为规范的根本目的是为了确保高水平的顾客满意 ……………………………… 48

第三节　顾客满意行为规范和顾客满意 …………………… 53

第四节　从 GB/T 19001 到 GB/T 19010 说明了什么………… 67

第三章　实施 GB/T 19010 顾客满意行为规范为打通顾客满意最后一公里指明了方向 …………………………… 72

第一节　高质量的产品就能确保高水平的顾客满意吗 ……… 72

第二节　GB/T 19010 中顾客满意行为规范的基本特征和基本要求 …… 86
第三节　GB/T 19010 中顾客满意行为规范的实施范围 …… 93
第四节　实施顾客满意行为规范的目的是为了打通顾客满意的最后一公里 …… 106
第四章　顾客满意服务准则和服务标准化体系的顾客满意最后一公里 …… 113
第一节　从央视主持人白岩松的一次亲身经历说开去 …… 114
第二节　有高水平的服务标准化就一定有高水平的顾客满意吗 …… 122
第三节　顾客满意服务准则的具体内容 …… 130
第四节　顾客满意服务准则可以打通服务标准化体系中顾客满意的最后一公里 …… 148
第五章　顾客满意服务准则是打通顾客满意最后一公里的重要工具 …… 155
第一节　农民为什么要向温家宝总理“告状”？ …… 156
第二节　如何提高实施 GB/T 19010 顾客满意行为规范的有效性 …… 165
第三节　顾客满意服务准则可以为实施 GB/T 19010 的顾客满意行为规范助一臂之力 …… 172
第四节　顾客满意服务准则是打通顾客满意最后一公里的重要工具 …… 178

第六章　与顾客满意最后一公里和顾客投诉有关的典型案例 … 188
第一节　京沪高铁停电事故给我们的教训 …………………… 188
第二节　关于“天价微博”的顾客投诉所引发的思考 ……… 194
第三节　为什么众多顾客对银行乱收费现象存在严重不满 ………………………………………………………… 202
第四节　从汽车4S店的种种“潜规则”谈起 ……………… 208
第五节　标准化菜市场面临的尴尬 ………………………… 213
第六节　海尔:赢在顾客满意的最后一公里 ……………… 220
附录一　GB/T 19010—2009《质量管理　顾客满意　组织行为规范指南》………………………………………… 233

引子　从京沪高铁停电事故频发的案例谈起

京沪高铁是目前我国投资最大,建设里程最长,质量标准和科技含量最高的一条高速铁路,也体现了铁路技术升级的新成果。但京沪高铁自2011年7月1日开通以来,不到10天已多次发生故障。

案　例

2011年7月10日,京沪高铁滕州东站内,发生供电线故障,中断供电1小时37分,导致京沪高铁19趟列车晚点。7月12日,G102次高速动车组列车在京沪高铁宿州东站,发生电网故障,中断供电2小时17分。此次事故导致京沪高铁至少10趟列车晚点。7月19日4时许,一横跨铁路的蒸汽管道坠落致广深铁路接触网断线停电,造成8列动车停运等。造成列车大面积晚点后,就有大量乘客滞留,乘客对此怨声载道。以前对京沪高铁寄于厚望的乘客对此都发出这样的质疑:“京沪高铁究竟怎么了?”

京沪高铁发生停电停车故障,除了部分原因待查之外,其中有许多是由雷雨、大风、不良天气等外部原因,导致的供电接触网故障所致。对于高铁频频发生的停电事故,北京交通大学教授、中国工程院院士王梦恕认为:停电反而验证了中国高铁安全系统是值得信赖的(见2011.7.14CCTV—新闻1+1栏目)。换言之,京沪高铁有着非常高的安全系数,因为只要发生一点故障,列车就会自动停车,这样就可以避免事故发生,以确保障乘客安全。我们当然非常尊重和理解专家的观点,而且应该相信京沪高铁是一种具有很高科技含量的产品,并且很想为这种高质量的产品大声叫好。

但现在的问题是,作为当事人的许多乘客却对此似乎并不买账,而是怨声四起,并且引发了大量的不满和投诉。由于京沪高铁上的列车对于这样频繁发生停电停车,没有做好充分的准备,所以当有媒体记者采访这些被延误的乘客时,他们并没有对京沪高铁有很高安全保障系统大加赞赏,反而是抱怨连连。使他们最为不满的,除了抱怨宝贵的时间被耽误之外,主要还集中在乘客等待的过程中,对列车提供的种种应急服务不满意。例如,因为列车停电停车,所以列车的车厢内长时间没有电,灯也没有,水也没有,厕所水也没有办法冲。又如,乘客问列车乘务人员能否提供矿泉水,得到的回答是,车上备货不足,暂不能提供给二等座的乘客。还有,在停车的时候,由于餐车人太多,列车上根本就没有准备那么多,所以许多乘客连饭都没有吃,因为连面包和饼干也没有了。更无法忍受的是,由于停车后,车厢内没有电了,而车厢里面又是密封的,也没有空调,又没有开门,空气就会异常闷热。而在这样的环境下,一停又是数小时。因此就造成有的乘客心脏病发作,而晕倒在列车上。至于乘客在这里要等多长时间?没有人给乘客一个明确的答复,也没有人向乘客解释什么原因,更不用说进行要什么赔偿了。而车厢内,有的乘务人员只能用眼泪面对乘客群起而攻之的指责。大家要知道,在此时此刻的这种情况下,乘客是绝对不会因为列车有如此灵敏的安全保障系统,而就会自觉地减少这种不满和抱怨情绪的。

从京沪高铁频发的停电事故中,的确有许多值得我们要认真反思的地方,但是调查和分析京沪高铁停电停车事故的真正原因并不是本书的目的。在本书中我们只是想从另一个侧面——即从顾客亲身感受的特殊角度,来分析应该如何来看待高铁停电事故。即为什么对待同一停电停车事故,专家和乘客这两种的看法是如此的“对立”?为什么专家看法的着眼点和乘客感受的着眼点有如此大的不同?哪一个更有道理呢?我们希望从这两种不同看法中,提出一个值得大家思考的问题——就是应该如何重视和关注顾客满意最后一公里的话题,与大家来共同探讨。在对待高铁停电事故频发的案例中,有三点很值得大家要特别加以关注。

首先,要正确认识高质量产品和高水平顾客满意之间的关系。在专家和乘客这两种不同看法中,应该说,专家看法是有道理的,但乘

客的感受也没有错。专家和乘客之所以对同一个问题的看法有如此大的差距，根本问题在于看问题的角度不同：专家是从产品质量的角度看这一问题，而乘客则是从自身感受（顾客满意）的角度看这一问题。那么现在的关键是，当京沪高铁出现频发的停电事故后，我们究竟应该用什么标准来进行评价：是应该以产品的质量为中心呢？还是应该以顾客的感受为中心？其实，这不仅是当前在高速发展的京沪高铁所面临的一个必须要尽快得到解决的现实问题，更是一个重大的理论问题，即我们必须认识到：高质量的产品并不能直接等于高水平的顾客满意（见第三章第一节）。这也正是为什么如此高灵敏度的列车安全保障系统，却并没有换来一片叫好声；为什么如此高质量的产品，还不能确保高水平的顾客满意的正真原因。这就为我们从关注顾客满意最后一公里的视角，来认识这一问题提供了重要的理论基础。

其次，我们还必须要认真实施 GB/T 19010 所提出的顾客满意行为规范（见第二章第二节）。因为“保持高水平的顾客满意是许多组织面临的重要挑战，迎接这种挑战的途径之一就是实施顾客满意行为规范”。这就是 GB/T 19010—2009《质量管理　顾客满意　组织行为规范》总则中的首括句，它精辟地归纳了出台 GB/T 19010 国家标准的根本目的。因为从顾客满意的角度来讲，高质量的产品，只是顾客满意的必要条件，而并非充分条件（见第一章第三节）。因此，企业只有在为顾客提供高质量产品的基础上，再加上对顾客满意行为规范的实施，才能大大提高顾客满意的有效性，真正达到高水平顾客满意的目的。所以 GB/T 19010 标准中提出对顾客满意行为规范的实施，恰好为质量和顾客满意之间架设了一座十分重要的“桥梁”。因为 GB/T 19010 标准出台的根本目的，就是为了解决顾客满意最后一公里的问题。

最后，要实施 GB/T 19010 提出的顾客满意行为规范，还必须总结和掌握顾客满意服务的客观规律。如果 GB/T 19010 中提出对顾客满意行为规范的实施，是为质量和顾客满意之间架设一座“桥梁”的话，那么总结掌握顾客满意服务的客观规律就应该成为这座“桥梁”的重要“支柱”之一。由于顾客满意行为规范是以提高顾客满意为最终目的的，所以我们必须要从以顾客为关注焦点的观点出发，认真研究顾客的各种感受，探索和研究提高顾客满意服务的方法和技巧，总结和掌握顾客满意服务的客观规律。而顾客满意服务准则的提出（见第四章第三节）就对这些客观规律的一种归纳和总结，并且为实施 GB/T 19010 标准所提出的顾客满意行为规范作重要补充。顾客满意服务准则的提出不仅为顾客满意行为规范的实施创造了有利条件，同时也为解决顾客满意最后一公里的问题提供了有用的工具。

通过以上三个方面的深入分析，京沪高铁事故频发的事例向我们进一步证明，企业在提供质量可靠产品的前提下，只有在向顾客交付产品之后——即顾客满意最后一公里的领域中，认真实施 GB/T 19010 标准所提出的顾客满意行为规范，才能消除种种的顾客不满意（见第六章第一节）。其实与顾客满意最后一公里有关的各种顾客投诉的案例在我们身边还有很多很多。

例如，从 2009 年 2 月 1 日开始，为了拉动内需，国家就大力推广家电下乡。为此国家还拿出巨额资金，规定凡是购买家电下乡产品的农民还能享受政府补贴 13% 的优惠服务。然而不满意的农民居然还要向温家宝总理进行“告状”！这究竟是为什么呢？（见第五章第一节）

又如，央视著名主持人白岩松在 2010 年“十一黄金周”期间，从天津到北京仅仅用了 29 分钟的时间，但在北京火车南站的停车场找自己的汽车就花将近 30 分钟，使他刚才享受了 29 分钟天津到北京的那种快感荡然无存，而且非常愤怒。这又是为什么呢？（见第四章第一节）

再如，虽然现在一些大品牌的汽车 4S 店里，尽管内部装修豪华、服务人员态度热情。但是为什么还有不少车主，在接受维修服务后，仍有一种被“挨宰”的感觉？虽然这些企业的汽车产品质量可靠，但是顾客为什么对企业为推销和维修汽车而实施的种种“潜规则”会十分反感？（见第六章第二节）

此外，关于银行的乱收费问题，尽管有一部分银行收费是政策允许的和合理的，但是为什么还引起许多顾客的强烈不满？（见第六章

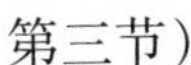

第三节)

从以上种种案例中,大家可以看到,就算企业有科技含量很高、质量可靠的产品,就能等于有高水平的顾客满意吗?不一定!就算企业有各种价格优惠的促销服务(包括周到和礼貌的服务),就能确保高水平的顾客满意吗?也不一定!因为这些企业(包括制造业和服务业)并没能很好地实施GB/T 19010标准提出的顾客满意行为规范,也没有能按照顾客满意服务准则的要求来提供服务,一句话,没有能有效地打通顾客满意的最后一公里。而实施顾客满意行为规范和顾客满意服务准则,就是打通顾客满意的最后一公里的最佳手段。

可以说,顾客满意最后一公里已经成为当前顾客不满意的“高发区”。因为一方面,这一领域恰恰是目前许多企业的一个“软肋”:即产品交付以后的环节已经成为不少企业产生顾客不满意的主要领域之一,也是目前不少企业质量管理体系中相对薄弱的一个环节,它对顾客满意的感受有着最灵敏、最直接的影响力。正因为如此,笔者把上述这些问题的出现,都归纳为缺乏对顾客满意最后一公里的关注和重视,正是在这种背景下,GB/T 19010标准应运而生了。

京沪高铁停电事故频发的实例,说明企业在增强顾客满意的过程中,要认识到关注顾客满意最后一公里的重要性。笔者特别希望通过本书,使政府的有关部门和众多的企业,能更多地关注和解决好顾客满意的最后一公里。本书将以如何打通顾客满意最后一公里为主题,结合GB/T 19010国家标准中提出的实施顾客满意行为规范的这条红线,展开深入的探讨。

第一章　什么是顾客满意的最后一公里

在许多人眼中,大家总是习惯借用空间上的方位词来代表一些褒义或贬义。比如:人们总是说万事开头难,强调“万里之行,始于足下”,认为好的开头就是成功的一半等。又如,大家常说不要输在起跑线上,说的是只要起跑及时,就能比别人占到更多的便宜。还有,人们往往又瞧不起向下流的水,并把它作为一种贬义词来使用。所以有更多的人就把力争上游,作为褒义词进行宣传等。其实,强调“开好头”的观点并没有错,而且已经潜移默化地在影响着人们生活和工作的方方面面。也许正因为如此,所以有不少人就存在着这样一种思维定势,它就慢慢地成为许多人“重视开头,忽视结尾”的依据和理由。

但是,世界上的万事万物,往往都有两面性。例如有人说,谁笑到最后,谁笑得最好。它强调的就是开头固然重要,但是结尾应该更重要。又如,虽然大家都说千里之行,始于足下。但是如果缺乏锲而不舍的韧劲,有不少人还没到达目的地,就半途而废。那么,即使有了好的开头,那又有什么意义呢?再如,虽然不少人强调不要输在起跑线上,但是如果换一种角度看,在人才竞争的征途上,被人们记录下的,其实只有到达终点撞线者的名字。因为只有他们最终能够坚持走完全程的最后一公里。于是就会出现这样的结果:如果算算最后撞线者的人数,与先前起跑优先者相比,可以说,实在是少得不成比例。这说明一个什么问题呢?它告诉大家这样一个道理:强调有好的开头,并不意味着一定就有好的结尾。因为在许多领域里,往往结尾可能比开头更加重要!

因此,今天在本书中,专门运用一种反向型的思维方式,即用最后一公里这个空间上的方位词,来探讨事物的另一面,专门来认识一种大家比较容易忽视的现象——就是对全过程中最终结尾的关注。本

书专门用最后一公里的概念,来突出它的重要性,就是要唤起大家对事物全过程的结尾阶段的关注和重视。因为在许多领域中,特别是在顾客满意的领域中,可能最后一公里的作用,往往比开头更加重要。为此本书还要专门引出2009年出台的GB/T 19010国际标准中,关于顾客满意行为规范的重要概念。因为在企业的质量管理活动中,强调顾客满意最后一公里的重要性尤为突出。

下面在本章就分别对顾客满意最后一公里的概念(第一节)和顾客满意最后一公里的基本特征(第二节)进行探讨。然后,通过对顾客满意最后一公里的思考(第三节),再次希望大家能提高对顾客满意最后一公里重要性的认识(第四节)。

第一节 顾客满意最后一公里概述

一、什么是最后一公里

最后一公里(last kilometer)是一个外来名词,在英美国家常被称为last Mile(最后一英里/最后一公里)。它的原意是指完成长途跋涉的最后一段里程,后来被大家引申为完成一件事情的时,处于在最后的而且是关键性的步骤(通常还说明此步骤充满困难)。

把这一概念最早引入企业的是通信行业,它们经常使用“最后一公里”这一概念,是指在公用电话通信网建设中入户接入工程部分。这一段接入长度虽然只有短短的一公里,但却决定了之前上千甚至上万公里的网络整体性能,往往成为电信行业网络质量的瓶颈。由于用“最后一公里”这一概念来形容电信行业最后(也是最关键的)环节,显得十分贴切,所以这一概念后来逐渐被各个行业所广泛使用。于是人们把这个“最后一公里”的概念就延伸开去,现在最后一公里的概念,已经超越了原有的空间概念,成为人们在追求目标的过程中,经过一系列的努力和付出之后,在快要接近目标的那一阶段里,必须要解决的最后一个关键问题的代名词了。

二、形形色色的最后一公里

在日常生活的方方面面,体现最后一公里的现象是十分普遍的。在谈到最后一公里的概念时,人们往往想到的就是2008年5月12日四川汶川地震时,解放军为打通从都江堰通向映秀镇道路的“生命之线”,所呈现出殊死战斗的画面。这种震撼人心的场面,可以为最后一公里的重要性做出最生动的描述。2008年5月17日下午17时许,这条“生命之线”的最后一公里,终于全线贯通。这样,救援急需的装备上去了、救援急需的物资也上去了;医疗救护力量上去了,通信和临时供电设备也上去了,通过它,又使得许多需要救治的伤员和数千灾民迅速撤离灾区……,如果没有打通通向映秀镇道路的最后一公里,其后果真是不堪设想的。当然,本书的目的并不是要探讨抗震救灾,但是,用它来说明最后一公里的重要作用毫无疑问,应该是最有说服力的。

为了帮助大家能够更好理解最后一公里的概念,下面通过几个事例加以说明。由于本书探讨的是顾客满意的最后一公里,所以还是从大家身边的公共服务谈起,这样可能会更容易引起大家的共鸣。

应该说,杭州市在解决城市交通服务最后一公里的难题上,为大家提供了的一个成功的案例。

案例1-1

原先许多杭州市民之所以选择买车,开车上下班,关键就在没有解决好最后一公里的问题。截至2008年9月底,杭州市机动车保有量突破150万辆,平均每5个人就拥有1辆汽车。行路难、停车难,和所有大中城市一样,杭州面临着私家车快速增长带来的交通困境。

杭州市政府决定为市民推出公共自行车服务,作为有效解决好市民出行的最后一公里的主要手段。于是2008年4月初,杭州公交集团与杭州公交广告公司共同出资500万元,组建国有独资公共自行车交通服务发展有限公司,负责系统车辆引进、租赁网点与配套设施建立等工作,并成功研发了国内首套智能化公共自行车服务管理系统及

自行车锁卡装置。同年5月1日，首批61个服务点、2800辆红色的公共自行车推出。目前，市中心区域大约每隔300米就可以找到公共自行车服务点。延长服务时间，设立24小时服务点，增加投放带小孩座椅的自行车。后来又增加了有人值守服务点，在服务点醒目处公布值守人员电话，可现场直接处理问题。针对还车难，又推出"空满位实时报警系统"……。

如今，公共自行车已成为杭州人市井生活的一种习惯，更被视为缓解杭州交通困境最后一公里的一招好棋。现在，越来越多的杭州人喜欢上了这种红色的小车。上下班、出门办事、游览景区，街头随处可见公共自行车的身影。公共自行车，不再以景区游客租用为主，它融入了杭州人的日常生活。有统计表明，目前平均每天近25万人次的租借者中，90%以上是拥有长期租借卡的杭州市民或长期在杭州的外来务工者，中外游客不到10%。日最高租用量达到32万人次，相当于每辆车每天被租借6次。公共自行车最终成为解决杭州市公交车出行的"最后一公里"一种最理想的交通工具。

从上述案例中，可以看到：由于杭州市有关部门把工作重点放在解决公交服务的最后一公里上，并且把公共自行车这种理想的交通工具，作为最终解决公交车出行的"最后一公里"突破口，才会有效地提高广大市民和游客的满意度。它为大家在空间领域里，理解"最后一公里"提供了范例。通过这个案例，可以有三点深刻的启示：第一，只有解决好最后一公里的关键环节，才能为确保市民满意提供最可靠的保证。第二，最大限度地为市民提供方便，应该成为确保市民满意的重要准则（见第四章第三节方便顾客准则）。第三，解决最后一公里并不是一件容易的事。杭州市政府采取多种有效措施之后，才使公共自行车成为解决最后一公里的有用工具，最终它成为杭州市政府解决公交服务最后一公里的"神来之笔"。但是这一系列措施的出台，又是经过反复调查和精心策划的，并且采取的一系列相应的配套措施，才有今天的结果——广大市民顾客满意度的大幅度提升。

最后一公里的概念还体现在其他公共服务领域中，请看下一个有关高龄老人烦恼的案例。

案例 1－2

2008 年年底，北京市出台了《高龄老年人津贴发放办法》，规定 90 周岁至 99 周岁的老年人，每人每月享受 100 元高龄老年人津贴；100 周岁及以上的老年人，每人每月享受 200 元高龄老年人津贴。全市有 2.7 万 90 周岁以上的老人可以享受到该政策。

家住北京区西坝河的李女士家中就有位老寿星，公公今年 10 月就满 93 岁了。李女士说，因为老人现在是“人户分离”，所以津贴领起来非常麻烦。“3 个月领取一次，每次都需要到户口所在地居委会和居住地居委会开出老人还活着的双重证明，然后再回到户口所在地社区去领取。”为了图省事，上次领钱时她特意给老爷子录下了一段带有日期说明的“视频”，以证明老人健在。可领津贴时，工作人员连看都不看，直接告诉她：“你这可以作假，以后让老人居住楼下传达室的人接电话证明”。李女士听了这话，心里觉得特别别扭。

许多市民表示，给老人发津贴绝对是好事儿，可每次不仅要自家人证明老人还活着，还得找个不相干的人证明老人活着，家属心里不舒服！有关部门的服务能否更人性化、更灵活一些呢？

为 90 岁的老人发放高龄补贴绝对是一件大好事。它不仅说明国家的经济实力在不断增强，有更多的人可以分享经济发展的红利，而且另一方面也充分体现了国家对老年人的关怀和照顾。可是为什么这样一件好事却招来许多老人的不满意？问题的关键在于，有关部门并没有对发放老人高龄补贴全过程的最后一公里，给以必要的重视和关注。似乎以为只要政策一出台，许多老人一定会举双手欢迎。但是由于有关部门在最后一公里的环节中，措施不力，方法欠妥，更缺乏提供人性化的服务细节（见第四章第三节注意细节准则），伤害了许多老人的自尊心，其结果必然会造成老人的不满。国家花了许多真金白银，换来的却是老人的不满，这也许有关部门是万万没有想到的。由此也可以看到，解决最后一公里问题是多么的重要。

在公共服务领域里，如何关注最后一公里的服务，其实有许多国

外的经验可以为我国所借鉴。请看这样一则案例。

案例 1-3

在法国,有些人被天上掉下的彩票大奖砸昏头脑,对着彩票大笑不止,或发呆痴迷;另一些人在获大奖后,立即抛弃发妻,另觅新欢,造成家庭破裂,无辜儿女遭殃;还有一些人贸然辞职,"享福"后不久便把财富挥霍一空,重新跌入贫困……。"法国彩票局"为此加强了对获得100 万欧元以上幸运儿们的跟踪服务,以防当事者乐极生悲,精神崩溃。该企业于 1994 年建立了 500 名获奖超过 100 万欧元者的卡片库,像医生随访般向他们提供 24 小时电话咨询和一整套"售后服务"内容。照料中彩人的全部生活,包括精神、心理、经济、社会关系、家庭和谐等。例如摩纳哥有一家人,参加"幸运轮"游戏,摇到大奖。可因分配彩金生出矛盾,还未到家,几个人在飞机上便大打出手,赶来"救火"的彩票局人员前后一直陪了他们 3 个月,才平息了一场家庭内讧。

在法国为中奖者提供售后服务,看起来仿佛是天方夜谭,但是这一举措恰恰是对在最后一公里的领域里提供人性化服务的最好诠释。但是如果没有对彩票中奖者需求的认真分析和研究,怎么会找到为中奖者解决最后一公里的"突破口"呢? 要知道这恰恰是解决最后一公里的关键要点。

其实, 不仅仅在公共服务的领域,即使在其他领域中,能够体现最后一公里的事例还有许多。现在人们在谈论最后一公里的时候,它已经远远超越了原有的距离和时间等这些时空范围,而是涉及更加广阔的领域。如果把视野放得更加宽阔的领域中,就可以看到在社会生活的方方面面,还存在着更多各种各样的最后一公里。

如果从宏观角度看,完全可以把国家和政府对"民生工程"的高度重视和关注,看作是国民经济发展中最后一公里。因为温家宝总理指出,必须要"把改善民生作为经济发展的出发点、落脚点和持久动力",同时他还强调"我们所做的一切都是要让人民生活得更加幸福、更有尊严,让社会更加公正、更加和谐"(见 2010. 3. 5 政府工作报告)。实际上就是从宏观经济的角度,强调国家在发展经济的过程中,必须认识到最后一公里的重要性。

如果再从微观上讲,在社会生活中,我国进入老龄化社会以后,那么在健康领域中,现在有关部门特别强调,要对即将迈入人生终点的老人实施临终关怀,以帮助这些老人走完人生旅途中的最后一公里,这充分体现了以人为本的理念,在最后一公里这个领域中具体运用。还有,在反贪污领域中,有相当一部分干部存在着的所谓"59 岁现象",即试图在退休之前要大捞一把。这说明,在人生道路上,如果不能在最后一公里中,保持晚节,最终只能身败名裂。等等这些事例,无一不透视出最后一公里的重要性。

当然,由于本书的容量有限,不可能对各种各样的最后一公里现象,都分别都进行深入的探讨。本书只能把探讨的范围,缩小在企业质量管理的这一领域之中。也就是说,本书探讨的重点就是要帮助读者,在企业质量管理领域里,如何更好地关注顾客满意的最后一公里,如何解决顾客满意最后一公里所存在的种种问题,以提高顾客满意程度。

三、顾客满意的最后一公里

本书侧重论述的还是企业在向顾客提供高质量产品的过程中,与顾客满意最后一公里有关的种种现象。因为对于企业来讲,设计开发和加工制造出质量可靠的产品,只是为达到顾客满意目的奠定可靠的基础,或者说只是走完全过程的前 99 公里。如果在产品质量领域里的最后一公里没有做好的话,仍然无法实现高水平顾客满意的最终目标。因此对于企业来讲,产品质量领域里的最后一公里和顾客满意最后一公里在本质上是一致的,因为顾客满意本身就是质量追求的最终目标。

那么本书为什么不用产品质量最后一公里,而是突出强调顾客满意最后一公里呢?这里除了顾客满意就是质量追求的目标以及更能体现本书的独特视角之外,还有以下四个原因。

一是强调顾客满意最后一公里,能够更好地体现以顾客为关注焦点的理念。以顾客为关注焦点是 GB/T 19000 族标准提出质量管理八大原则的第一条。国际标准化组织(ISO/TC176)之所以提出以顾客为关注焦点,就是因为它比以质量为关注焦点和以产品为关注焦点,能够在质量领域中更好地体现以人为本的理念。而强调顾客满意最后一公里就是能充分体现以顾客为关注焦点的理念的重要手段之一。

二是强调顾客满意最后一公里,就是强调它与质量是一样的,顾客满意也是有一个逐步形成的全过程。强调这一点的意义有三:首先,说明顾客满意一定是被企业“生产”出来的,而不是被企业“测量”出来的。其次,说明高质量的产品一定可以为高水平顾客满意形成,奠定重要的物质基础。最后,在顾客满意形成的全过程中, 由于最后一公里的环节对顾客感受的影响最直接、最效,因此,这一环节也最为关键,最为重要。

三是强调顾客满意最后一公里,实际上就是要求企业,应该更关注和重视顾客满意的感受。与质量领域相比,顾客满意领域有着更加广阔的探索空间。由于顾客在接受企业提供的产品之后,一定会产生各种不同的感受。那么,当企业在提供产品和服务的过程中,既然要考虑到顾客的感受,那么为什么不能让顾客能够获得满意的感受呢?因为追求顾客满意是企业提供产品和服务追求的最终目标。

四是企业在解决顾客满意最后一公里的过程中,有许多顾客满意服务的客观规律需要认识,有许多提高顾客满意的方法和技巧需要掌握。如果这些方法和技巧使用得当,就能获得事半功倍的效果。反之,当然是事倍功半。可以说, 强调顾客满意最后一公里,就等于牵住了“牛鼻子”,因为它直接影响到顾客满意的有效性。我们有这样两个不同的案例。

案例 1－4

这是一则顾客满意的案例。在酒店销售部的安排下,酒店要接待一对新婚夫妇。晚间,这对新婚夫妇在酒店安排了 40 桌酒席,来招待双方的亲戚朋友。最后,酒店还免费提供了一套客房作为新婚洞房。为此,客房部派人将客房布置成洞房,并且房间内贴上的喜字,布满鲜花，在床头柜上还放上两块“心”形状的巧克力糖——所有这些，这对新人事先都一无所知。当婚宴结束之后，这对新婚夫妇进到新房时，看到了喜字，看到了鲜花，还看到了两块“心”形的巧克力，更加激动不已，表示今后一定要再到本店住宿旅游。

这里不得不提到酒店客房部的精心安排，其实，在房间内贴上喜字，布满鲜花，在床头柜还放上两块巧克力糖，这些费用成本和40桌酒席所获得的利润相比实在是微不足道的，但是由于酒店客房部有关人员的巧妙策划，把这些活动内容，都安排在酒店婚宴服务全过程最后一公里阶段的这个关键时刻——新婚夫妇入洞房的时刻，显然就可以起到“四两拨千斤”的作用，使这对新婚夫妇满意的情绪达到了高潮，这就是突出关注顾客满意最后一公里所带来的魅力。

再看一则顾客不满意的案例。

案例1-5

某旅游团回国一行14人，共托运行李14件。可在机场提取行李处只有13件，几经周折到机场查询，工作人员回答：“7天后查询，如果没有下落再按行李丢失赔偿”。7天过后仍无音信。后来旅客虽然获得了一定的赔偿，但仍然感到不满，因为旅客注意到这样一个细节：机场工作本身就有漏洞，为什么乘客提取行李后，走出候机厅时，竟然没有任何人来核对行李提取单？

从上述投诉案例中可以看到，旅客之所以投诉的原因有两条：一条是旅客投诉是因为，当旅客走出后候机大厅时，没有任何人来核对行李提取单，另一条是工作人员答应7天之内查询，但是旅客行李仍然没有找到。我们现在对上述两个原因做进一步分析。

首先，旅客之所以投诉，就是因为在服务的结尾过程，即在顾客满意的最后一公里环节上没有尽职尽责到位。说七天之内查询，但是行李还是没有找到，肯定会造成顾客不满意，这一点是毫无疑问的。但问题的严重性并不仅仅在于顾客产生了不满，而在于顾客的不满产生在旅游服务全过程的结尾阶段。因此，它不仅会影响到旅客对航空服务全过程的评价(但肯定会打一个低分),而且会把这种不满情绪产生在顾客满意最后一公里阶段,因此会长久地烙印在旅客的记忆中。

其次,旅客还投诉,之所以出现行李丢失,是因为候机大厅的旅客出口处,没有专人负责。稍有专业知识的旅客就知道,与旅客行李有关的环节有许多,只要有一环节不注意,就有可能造成旅客行李的丢失。而在许多情况下,顾客更加关注的恰恰是对最后一公里这一环节是否重视。航空公司此时应坚持在旅客出口处安排多人核对旅客托运行李上的凭证,以表示对旅客行李安全进行负责,因为它体显出航空公司对旅客旅行最后一公里的一种人文关怀。尽管有个别人可能并不是完全认真负责(当然这是不应该的),但是对旅客来讲,却仍然会获得顾客满意的较高评价,这就是关注顾客满意最后一公里,所起到的一种的良性效果。

因此,企业在提供产品服务过程中,如果掌握了打通顾客满意最后一公里的许多方法和技巧,就往往可以起到事半功倍的效果,最终可以大大提高顾客的满意程度。综上所述,从顾客满意的领域进行分析,强调顾客满意的最后一公里,其实就是要强调一定要让顾客获得满意的感受。

四、处理顾客投诉是顾客满意最后一公里的重要组成部分

在各类企业售后服务领域中,对于产品的销售、维修、保养和处理顾客投诉等,也都属于顾客满意最后一公里的重要内容。请看下面这个案例。

案例1－6

5月22日,有位陈先生打800电话进行投诉,并且了解电视保修与维修具体事宜,前台服务小姐热情询问具体情况。

陈先生说他于2009年1月份购买一台46寸电视,现出现故障,需保修。于是联系某市公司家电维修中心上门维修,维修人员报维修费550元,陈先生认为不接受。800服务小姐向陈先生解释说,本地区是免收上门费的,550元只是维修费。用户还是不接受,认为收费不

合理。

服务小姐耐心地继续跟他解释说,根据公司的规定:整机保修1年,主要部件保修3年,并告诉用户维修人员上门为他服务,属保修范围内将免费维修,如不属保修范围之内,要根据(市维修行业协会收费标准)报价,46寸电视的基本收费标准为550元。

陈先生听后非常生气说到:"不是终生保修吗?",并且理直气壮地说,是某商场承诺"终生保修"的。服务小姐又耐心予以解释。并告之可查看一下保修卡的说明。可无论服务小姐如何解释,都无济于事。陈先生最后指责说,为什么商场说"终生保修"?而售后服务部门的说法与商场销售人员的说法如此不同?于是气愤的说找商场去投诉。

由于案例没有提供更多的内容,但是可以想象陈先生赶到商场去投诉以后,会是一种什么样的情境。

这里提出了一个重要的问题,就是在家电维修过程中出现的许多顾客投诉,追究其根本原因,往往都出现在顾客满意最后一公里的范围内,即在于商场的商品销售(产品交付)过程中,由于推销人员盲目地提高顾客期望值而造成的。因为现在有不少营销人员,为了扩大自己的销售业绩,在商品销售(例如在销售电视机)过程中,通过一些不切实际的服务承诺,来引诱顾客购买商品。上述顾客投诉的例子就是一个很好的说明。这位顾客就是在商场销售人员做出的"终身保修"的这种"虚假承诺"的基础上,才购买此产品的。可是事实上,企业维修服务部门有着自己的保修规定:整机保修1年,主要部件保修3年,并还要告诉用户维修人员上门为他服务,属保修范围内将免费维修,如不属保修范围之内,要根据(市维修行业协会收费标准)报价。46寸电视的基本收费标准为550元。看来造成这一顾客投诉的原因主要有以下两方面。

一是从浅层次讲,就是企业售后服务部门所了解的一些保修条款,并没有及时与商场的销售人员进行必要的沟通。也就是说,在第一线的营销人员不熟悉,甚至不了解各种商品的保修条款,只是凭着自己的经验和感觉向顾客作出各种想当然的承诺,这样当然会造成顾客投诉。

二是从深层次讲，这些顾客投诉是企业忽视对顾客满意最后一公里的关注而造成的。因为由于缺乏对销售（即产品交付）这一领域的监督和管理，使得有些推销人员，为了尽可能地扩大商品销售，拿到销售额提成，有意向顾客作出冠冕堂皇的保修承诺，例如向顾客承诺电视机可以“终身保修”（却故意隐瞒了许多项目维修要收费的事实）等。这样就会给企业的售后服务部门带来极大的困难。因为由于营销人员的盲目承诺（也可以称为虚假承诺），过高地提高了顾客期望值，而企业的售后服务部门根本没有能力履行这种承诺，这就必然会为顾客投诉埋下了隐患。

正因为如此，GB/T 19010 标准提出企业必须要实施顾客满意行为规范（见第二章第一节），其中最直接的目的就是为预防和减少顾客投诉的产生。因为只有这样，才能使这些营销人员向购买商品的顾客，实事求是地介绍商品的保修条款。这样就可以做到把造成顾客投诉的隐患，减少到最低程度。注意，这是一条非常有效的措施。我们相信，通过采取上述措施，就可以有效地减少顾客的各种投诉。

第二节　顾客满意最后一公里的基本特征

企业在追求顾客满意的全过程中，最后一公里的概念在这里，已经代表着距离顾客满意目标只有一步之遥的最后一个关键环节。我们把顾客满意最后一公里的基本特征归纳如下。

一、顾客满意最后一公里处于企业提供产品全过程的末端

顾客满意最后一公里是处在企业提供产品全过程的末端状态（这是相对于实现目标而言的）。因为在此之前，企业已经耗费了许多的时间，以及大量的人力、物力和财力。简单地说，顾客满意最后一公里可以归纳为三大特点：第一，从企业提供产品的全过程看，从起点开始，在到达顾客满意目标之前，企业都已付出了大量的投入。第二，虽然不同企业的起点各有不同，但是它们的终点——对顾客满意的追求是一致的。因为顾客满意最后一公里就是处在形成顾客满意全过程

的末端。而这个末端对顾客满意的亲身感受会产生直接的影响。第三，如果这些企业没有很好地把握好顾客满意最后一公里，有可能使企业在此之前的所有努力都会付之东流。

请看一则农业气象服务是如何打通顾客满意最后一公里的案例。

案例 1－7

“目前正进入晚稻收割期，前期我市天气连晴，预计明日下午到夜里转阴，近期有大雨。请抓紧时间抢收”。如果说这条短信会避免几十万元的损失，很多人恐怕会摇头质疑。可对于桐乡粮农来说，这短短几十个字却让他们在大雨到来之前完成70%的晚稻收割，避免了损失。12 月的桐乡寒风凛冽，可走进妙智村的百合花基地，却能感受到浓浓暖意。“这几天突降冷空气，大幅降温，我们提前 3 天就接到了短信通知，提前给大棚薄膜加层，加强地热取暖”。基地的负责人说，百合花是最不经冻，如预防不及时，一个大棚 10 多万元就没了。

为了让气象信息及时穿越农村“最后一公里”，今年××市健全了三级气象预警系统，每个镇、街道确定一名气象协理员，每个村确定一名气象信息员，重点单位确定一名气象联络员。一旦遇到突发灾害性天气，防控信息将以短信的形式，在 10 分钟内送达全市的农户手中。让过去“靠天吃饭”的农民明白，面对灾害天气可以不用被动承受，通过信息预警，他们可以及时采取防护措施避免受灾。

上述案例，为大家在时间领域里，理解最后一公里提供了范例。因为最后一公里现在已经不仅仅是一个距离的概念，而且还延伸到了时间领域之中。对于气象部门来讲，让预警信息快速通知到每个农户，已经成为防灾减灾工作的“最后一公里”。于是，气象部门采用了用手机短信发送有关各种地气象信息的这种服务方式来，为解决最后一公里问题，找到了突破口。也就是说，这个问题得到了解决，就可以有效地提高农户的满意度。大家可以设想一下，如提供农气象服务的企业没有采用手机短信发送有关各地气象信息的服务方式，来打通顾客满意的最后一公里，由此造成的损失将是巨大的。

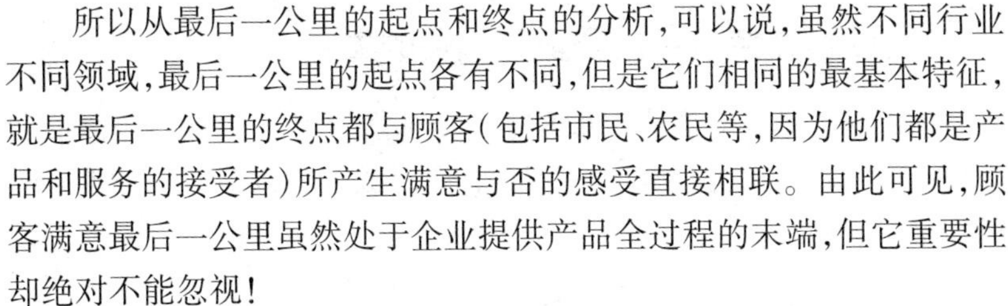

所以从最后一公里的起点和终点的分析，可以说，虽然不同行业不同领域，最后一公里的起点各有不同，但是它们相同的最基本特征，就是最后一公里的终点都与顾客（包括市民、农民等，因为他们都是产品和服务的接受者）所产生满意与否的感受直接相联。由此可见，顾客满意最后一公里虽然处于企业提供产品全过程的末端，但它重要性却绝对不能忽视！

二、顾客满意最后一公里所涉及的是一种服务活动

顾客满意最后一公里与服务之间有着十分密切的关系。因为服务是打通顾客满意最后一公里的最有效的途径，而顾客满意最后一公里则是展示各种服务有效性的最佳领域。所以顾客满意最后一公里所涉及的主要是一种服务活动。为此，必须先要对顾客满意最后一公里与服务之间的关系进行深入分析。

由于顾客满意最后一公里的概念已有论述，而顾客满意是顾客的一种感受（顾客满意定义将在本书第三章第三节会有专门的探讨）。所以在这里先从服务的定义开始探讨。

对服务的定义是这样专门描述的："服务是无形的，并且是在供方和顾客接触面上至少需要完成一项活动的结果"（见 GB/T 19000：2008 的 3.4.2 条款）。应该说，服务作为产品的一种，有着它许多自身的特点，并且与其他产品（硬件、流程性材料和软件）之间既有联系又有区别。根据上述的服务定义，它包含了至少以下二层内容：一是指出服务的性质是无形的，这是服务和其他产品（包括硬件和流程性材料）最本质的区别。二是指出了服务产生的基本条件，就是必须供方（指企业）和顾客接触。正由于服务具有这样一种与其他产品（包括硬件、软件和流程性材料）所不同的特点，也就决定了服务与顾客满意最后一公里之间有着非常密切的关系。当然，顾客满意最后一公里与服务之间的最大区别在于，对于顾客来说，服务只是一种输入，而顾客满意最后一公里更强调和关注的是输出，即必须要达到顾客满意的结果。

三、顾客满意最后一公里和服务的关系

由于服务具有无形性的基本特征，因此服务应该离顾客满意最后一公里最“近”、又“贴得最紧”，而且它是对顾客满意最后一公里影响最直接的一种特殊“产品”。

1. 顾客满意最后一公里与服务“距离最近”

服务与其他产品之间是有着明显区别的。由于服务是无形的，它与具有物理形态的硬件和流程性材料等产品，还存在的明显的区别：硬件和流程性材料等产品是可以独立存在的；而具有无形性的服务，就不能单独存在，而只能存在于某种载体之中。所以服务这种产品，作为一种过程的结果，它的载体主要就是顾客（包括顾客财产）。服务与其他产品之间的这种联系和区别，为理解服务和顾客满意最后一公里之间的关系创造了有利的条件。

2. 顾客满意最后一公里与服务“贴得最紧”

强调顾客满意与服务“贴得最紧”，这是由于服务的最基本特征之一——同时性所决定的。因为：首先同时性（指服务的生产和消费往往同时进行）是服务的基本特征之一。众所周知，由于服务具有无形性，也就决定了服务具有同时性等这些基本特征。其次，由于企业提供服务的过程应该包括顾客参与，所以顾客服务和顾客满意是同一个载体。最后，服务的实施必然与顾客满意的结果有着千丝万缕的联系。因为服务与顾客满意之间很难“剥离”，所以服务和顾客满意最后一公里之间的关系如同一枚硬币的两个侧面、一辆车上的两个轮子一样，须臾不能分离。这也为理解服务和顾客满意最后一公里之间的关系提供了重要的理论基础。

3. 服务对顾客满意最后一公里的影响最大

由于顾客满意最后一公里距离服务“最近”、又“贴得最紧”，而且服务是顾客满意的最重要的载体之一，所以服务对顾客满意最后一公里的影响力最大。除了服务具有无形性之外，服务又是不可能更换的，而且由于服务是没有最终检验的，所以更强调服务要一步到位。

因此，服务对顾客满意最后一公里的影响力最大、最及时、最直接。

因此，强调顾客满意的最后一公里，就显得比强调服务更加重要。之所以重要，因为强调顾客满意最后一公里，实际上就等于牵住了服务的“牛鼻子”。这也是为什么把服务作为探讨顾客满意最后一公里主要“突破口”提供了必要的理由和依据。

四、最后一公里对顾客满意与否有直接影响

强调顾客满意最后一公里的重要性，就是要强调人们对顾客满意目标的追求。在探讨最后一公里与顾客满意的关系时，有两点不能忽视：一方面，最后一公里不仅是企业需要认真付出的最终环节，同时也是获取顾客满意高回报率的关键时刻，因为从顾客的感受角度看，顾客的最后感受对顾客印象最深刻。另一方面，或者说，更为重要的是，它还有一种反馈作用，它可以为持续改进收集信息。因为对于企业来讲，顾客满意与否就如同一面“镜子”，它可以折射出企业在质量管理体系中还存在的某些“死角”。而对这些“死角”的识别和控制，有可能成为提高顾客满意的新一轮增长点。

五、顾客满意最后一公里具有相对性

从表面上看，最后一公里只是一个空间的概念，实际上它存在于日常生活和工作的方方面面。但由于参照物不同，所以有各种各样的顾客满意最后一公里，从而使它具有相对性，即在不同的领域中，有不同的理解。

首先，不同领域有不同的最后一公里。从我们以上所涉及的各种案例来看，最后一公里的现象存在于社会生活中的方方面面。我们的社会生活、公共服务、质量管理等各种领域，也都存在的最后一公里的这种现象。这一点在前面已有论述，这里不再重复。

其次，不同岗位和目标有不同的最后一公里。每个人在社会生活和企业管理中所处的地位和承担的职责不同，有不同的目标追求，所以最后一公里所包括的内涵也各有不同。例如政府的职能部门为市民提供的公共服务和企业为顾客提供的产品，所体现的最后一公里

的内容是不同的。因为政府应该强调公共服务的公益性,而企业更强调的是服务的经济效益。在企业内部,企业的后勤保障人员和第一线的服务人员由于两者从事的岗位和目的不同,所以体现最后一公里的内容也各有不同,因为企业的后勤保障人员追求的是职工满意,而企业第一线的服务人员追求的是顾客满意,如此等等。但是尽管不同岗位最后一公里的内涵各有不同,但是都与各种服务活动有着千丝万缕的联系。因为政府提供的公共服务和企业提供的为顾客服务,其本质都是一样的。

当然,最后一公里还有不同的表现方式。例如,空间的最后一公里和时间的最后一公里;有形的最后一公里和无形的最后一公里等。

最后,由于顾客满意是企业追求的重要目标,所以不同企业和不同阶段,就有着不同的顾客满意最后一公里。对于工业品制造企业来讲,进入流通领域,其实就意味着进入了顾客满意最后一公里的领域。对于消费品制造企业来讲,进入销售领域,就意味着进入了顾客满意最后一公里。对于服务和售后服务企业来讲,与顾客直接接触就是顾客满意最后一公里。对于与顾客直接接触这一领域而言,顾客接受产品的过程(即进入消费领域)就是顾客满意最后一公里。虽然对于企业来讲,顾客满意最后一公里的表现形式各有不同,但是它离不开最终与顾客的直接接触和对顾客满意的追求,而这恰恰是顾客满意最后一公里的最基本特征之一。

本书探讨的顾客满意最后一公里主要是针对企业为顾客提供的产品和服务而言的。企业质量管理领域中的顾客满意最后一公里现象,则是本书要探讨的重点。

六、打通顾客满意最后一公里要掌握一定的方法和技巧

在有些人眼里,解决顾客满意最后一公里的问题,以为只是举手之劳,没有太多的学问。不像前面的99公里,在解决这些问题的过程中,需要有大量的投入和付出。例如,在提供高质量产品的过程中,不仅需要大量的投入,而且还有很高的科技含量,必要时,还需要采用高新技术等。其实这一观点是不对的。因为解决顾客满意最后一公里

的问题，也是有很高科技含量的，所不同的是，这些科技含量不是体现在对“物”的投入，而是主要体现在对“人”（即顾客）的需求的识别、确定和满足上。更何况，在顾客满意最后一公里的领域中，还会受到许多企业内外部各种因素，如管理因素、员工因素、设施因素、时间因素、空间因素、环境因素、竞争对手因素、顾客因素（包括生理和心理因素）等的种种干扰，而任何因素的干扰（哪怕是一个小小的干扰），都会直接和间接地影响到顾客满意程度的提高。而要排除这些因素的干扰，也就是说，要打通顾客满意的最后一公里，除了必须要树立正确的理念之外，还必须要掌握很多方法和技巧。

其中就包括：首先必须要理解和掌握国际标准化组织（ISO/TC176）之所以要出台 GB/T 19010 标准，提出顾客满意行为规范的概念的重要意义和具体实施步骤（见第二章）。其次，包括对顾客满意基本理论的理解（见第三章第三节）。因为要达到提高顾客满意的目的，就必须要掌握有关顾客满意的基本理论。最后，还必须总结顾客满意服务的客观规律，掌握顾客满意的技巧和方法（见本书第五章）等。因为要提高顾客满意程度，必须要掌握顾客满意的基本规律，而顾客满意服务准则就是对这些规律的归纳和总结。而这些内容，实际上就构成了顾客满意行为规范的一部分。

第三节　对顾客满意最后一公里的认识和思考

如果从更多的角度看，可以对顾客满意最后一公里来进行多方位认识和思考。通过这些认识和思考，会对顾客满意最后一公里重要性有一种新的体会和认识。

一、服务的关键时刻和“临门一脚”

很多人都有这样的看法，以为只要关注服务的关键时刻，就等于关注顾客满意最后一公里了。其实这是一种误解。

众所周知，与顾客接触是服务的关键时刻。与顾客接触是服务企业（包括制造业的服务部门——下同）和其他行业之间的最显著、最本质的区别。在服务企业质量管理体系中，与顾客接触应该处于服务质量管理体系中的核心地位，服务企业的各项工作都应该以此为中心来展开。因此，与顾客的接触就成为服务质量管理体系的焦点，也应该是服务质量管理体系各项活动结果的集中体现。特别应该指出的是，服务中与顾客的接触，它既是了解顾客需求的起点，又是满足顾客需求的终点，顾客的这种双重性的重要地位，只能是与顾客直接接触的企业才具备。基于以上观点，这里把企业与顾客接触的每一时刻，都称为服务的关键时刻。服务现场中与顾客接触的关键时刻，其重要作用主要表现在以下三个方面：首先它是使顾客产生购买行为的关键。其次，它是顾客评价企业提供产品是否满意的关键。最后，它是决定企业是否还会有"回头客"的关键。

如果把企业追求顾客满意看作一个全过程的话，那么这一过程的最后一公里主要也是与顾客接触，因为只有通过与顾客接触这个最后环节，才能有最终产生顾客满意与否的结果。如果从这一点看，服务的关键时刻与顾客满意最后一公里之间有着密切关系。也就是说，与顾客接触不仅是服务的关键时刻，也是顾客满意最后一公里的最关键时刻。因为顾客满意是顾客的一种感受，而这种顾客满意与否的感受就产生在与顾客接触过程中。所以分析和研究与顾客接触，是认识和理解顾客满意最后一公里的最重要的角度和途径。强调顾客满意最后一公里，实际上就是对服务关键时刻的另一种形象描述。

但是必须清醒地认识到，两者之间还是有很大不同。顾客满意最后一公里和服务的关键时刻之间最大的不同在于，服务的关键时刻只是强调服务的关键过程是与顾客接触，而顾客满意最后一公里更强调服务的最终结果是顾客的感受。这就如同在足球赛场上，如果队员能把足球带进对方的禁区，就意味着双方已进入了比赛的关键时刻。然而比赛的最终结果，还是要看最后队员的"临门一脚"！因为在足球场上，只有赢球，才是硬道理。那么如果把足球赛场比喻为竞争激烈的市场，企业提供的产品是一枚足球的话，强调顾客满意最后一公里，就是强调最后的"临门一脚"。如果把球踢进了，即达到了高水平的顾客满意，那么就意味着企业在此之前的种种努力（包括高质量产品的

提供和对服务关键时刻的把握）都得到了应有的回报。相反，如果把球踢飞了，就等于没有把握住顾客满意的最后一公里，即没有达到顾客满意的目的，那么就意味着企业在此之前的种种努力全都泡了汤。尽管该企业提供的可能是高质量产品，尽管企业也一定会经历过服务的关键时刻，但又有什么用呢？

所以一定要告诉企业，如果与服务的关键时刻相比，我们当然更需要的是最后的“临门一脚”！因此，仅从这一点看，强调顾客满意最后一公里要比强调服务的关键时刻更有意义。

二、突出结尾——强调的是服务全过程的最后一公里

质量管理必须以人为本。以顾客为关注焦点是在质量管理领域中体现以人为本的最好方式。而认真分析和研究顾客亲身感受的种种客观规律，又是落实以顾客为关注焦点理念的有效途径。所以企业还可以从顾客亲身感受的角度，来认识顾客满意最后一公里的重要作用。如果与顾客接触是服务的关键时刻，那么在这个关键时刻里，服务的结尾就是关键中的关键。因为突出服务全过程的结尾，必然会对顾客满意与否的感受产生更大、更直接的影响。

前面讲过“万事开头难”，这话没有错。因此在绝大多数顾客的眼里，一个服务项目的开始和结尾，在顾客的心中具有同等分量，我们不仅要“善始”，而且还要“善终”。但是如果从顾客满意的角度看，其实这一观点也还是不全面的。因为如果忽视最后一公里的努力，它不仅未能达到追求的目标，而且把之前的所有努力都浪费了。所以强调突出结尾，就是强调顾客满意最后一公里这一关键问题的重要性。

对企业来讲，服务的结尾对顾客感受的影响是最大的。所以无论从各种服务的全过程来讲，一个不能忽视的关键，就是必须要突出服务全过程结尾的效果，特别要突出它对顾客感受的巨大的影响力。当然，服务项目的开始也很重要，但是如果以一般水平层次的服务内容开头，而以高水平顾客满意的服务内容结尾，其效果要比平平淡淡的结束效果要好的多，而且对顾客的感受有更大的影响力。因为从顾客对满意感受来看，顾客对服务的结尾比服务的开头更加重要。

1. 从卡尼曼的一次实验谈起

美国普林斯顿大学教授丹尼尔·卡尼曼把心理学的知识引入经济学,并因此获得 2002 年度的诺贝尔经济学奖。

案例 1-8

1996 年,卡尼曼做了一个很有名的实验,他研究了 682 名做结肠镜检查的患者。卡尼曼的实验是,将病人随机分为两组,其中一组病人肠镜的检查稍做延长,即检查结束后,先不拔出管子,而是静静地放在那一会儿,这时病人会感到不舒服但已经没有什么大痛。而另一组中,那些没有延长检查时间的病人下来后则大叫:"真像下地狱啊!"但是,作延长检查的病人(不管开始阶段有多么痛苦)这时候都反应不错,觉得下次选择还是要选结肠镜而不是钡餐和 X 光。

由此,卡尼曼得出一个著名的结论:人们在评价某种感受时,最后阶段的痛苦(或者愉悦)程度决定了人们对整个事件的记忆和评价。

这个结论告诉我们,当人们(这里既包括患者,也包括顾客)在评价某种感受时,最后阶段的感觉是非常重要的。这个结论虽然是从研究结肠镜检查的患者中得出的,但是我们认为,它同样适用于为顾客提供服务的过程。这就是说,企业在研究顾客对某种服务是否满意的感受时,尤其要关注顾客对服务最后阶段的感觉,因为这种感觉往往会对整个服务是否满意起到一种决定性的作用。

2. 从事倍功半到事半功倍

任何一个企业在为顾客提供服务过程中,都希望以最少的投入,得到最大的产出。也可以说,都希望以最小的成本,来获得顾客最大满意程度的提高。而突出服务全过程中的最后一公里应该是从"事倍功半"过渡到"事半功倍"的一种有效手段。

如果从服务细节角度看,企业在提供服务过程中往往存在这样的问题,就是在服务过程的开始阶段,由于服务人员比较到位,顾客对服务是比较满意的。但是随着时间的推移,也许服务人员比较疲劳,也许某些服务没有达到规定的要求,使顾客对服务的最后阶段产生的不

满意,由此造成的结果可能是顾客对全部服务过程的否定。如果有这样的结果产生,对企业来说是很不公平的。由此,也可以看到强调顾客满意最后一公里的重要性。由于这是顾客对满意感受的一种规律,而这种客观规律是不能违背的,因此我们只能按规律来摸索提高顾客满意的程度的途径。

其实,如果从企业管理角度看,忽视服务全过程的最后一公里,也存在着上述所出现的问题。有些部门和企业(包括企业最高管理者),在策划某一项服务活动时,在开始阶段都非常重视,并且付出了许多。眼看快要大功告成之时,有些人以为已经是胜利在望,而洋洋得意,有些忘乎所以;有些人可能忽视(或者是轻视)了对最后关键环节的把握,有些人可能以为顾客满意的成果可以随手可得,而忽视了最后的努力;由此造成大量的顾客不满,显然也是得不偿失的。

3. 服务的结尾比开头更重要

对于顾客满意来讲,大部分顾客当他回忆某段服务经历时,只有少数几个阶段能够记忆犹新,而大部分服务过程被淡忘掉。因为顾客评价服务过程往往只注意以下几点:服务过程中痛苦或者快乐的最高点以及服务的结尾。而服务的结尾只有两种结果:一种是事倍功半的结尾,这是一种很差的结尾,它只能达到一种投入多、产出少的结果;另一种是事半功倍的结尾,这是一种好的结尾,可以使顾客满意达到事半功倍的效果。如果我们能够掌握好这一增强顾客满意的技巧,就往往可以以最少的投入获得最大的产出。

随着我国社会的不断改革开放,人们的业余生沽也不断丰富起来,大家都经常参加各种文艺晚会,欣赏着丰富多彩的文艺节目。那么,是否想到人们在欣赏文艺节目的同时,是否也可以从中总结出一些规律性的东西来,为企业增强顾客满意服务呢?请看一则关于晚会上压轴戏的案例。

案例1－9

在一般情况下,晚会的主办者一定会把最精彩的节目放在晚会的最后,很多人把这种节目叫做“压轴戏”。因为很多观众都有这样的感觉,如果“压轴戏”能够出彩,就可以使整台晚会能够掀起一个高潮,让观众能够留下一个深刻的美好印象。通过压轴戏的演出,可以把观众的情绪调整到最高点,这样做的目的,就会使观众对整台晚会留下深刻影响,而久久不能忘怀。

应该说,晚会主办者这样处理,就是突出了晚会的结尾,这种强化和突出结尾的做法,可以有效地增强观众(顾客)的满意度,达到事半功倍的效果。要知道,晚会的演出本身就是一种服务活动,一种通过文艺的方式来提供的服务,它不仅符合服务定义的全部特征,如它同样需要有顾客(这里应该指的是观众),也需要有供方——提供演出的文艺团体,更需要与顾客(观众)进行直接的接触等。我们更应该看到,所有服务行业提供的服务都是具有相同共性,完全可以达到各服务行业之间,能够相辅相成和共同提高的目的。

4. 一点结论

由此可以得出这样的结论,在整个全部的服务过程当中,要让顾客获得较高的满意程度,不仅在服务的开始阶段和中间过程及时满足顾客的要求,同时更应该在服务的最后阶段,争取能够尽可能地超越顾客期望,让顾客对服务的全过程有一个较高的评价,这样就可以达到“事半功倍”的效果。这就意味着我们在提供服务的全过程中,为了有效地增强顾客的满意程度,我们不仅要有一个好的开头,更应该有一个好的结尾(服务的结尾比服务的开头更重要),这一观点的提出,不仅充分体现了以顾客为关注焦点的理念,更会使顾客对服务的全过程作出满意与否的评价,绝对是至关重要的。这也是我们之所以要强调顾客满意最后一公里的重要理由之一。总之,突出结尾为企业关注顾客满意最后一公里提供了一条新的思路。

三、对 100 -1 =0 公式的另一种理解

人们还可以再换一个角度,来认识顾客满意最后一公里的重要性。过去,人们经常用 100 -1 =0 公式来说明服务细节对顾客满意的

作用。也就是说，就算 99 件事做好了，只有 1 件事没有到位，就会造成顾客不满意，这就是 100 - 1 = 0 的真正含义。由此可见，服务的细节是否做到位，就会直接影响到顾客满意程度。它告诉企业，注意细节实际上已经成为顾客满意服务中另一个很值得关注的广阔领域（见第四章第三节注意细节准则）。

但是在这里，我们要运用 100 - 1 = 0 这个公式来说明顾客满意最后一公里的重要作用。如果用公式左侧的 100 比喻一个人行进全过程的总距离 100 公里，就可以达到目标的话，那么公式左侧的 1 就可以比喻成一个人已经行进到最后一公里。而公式右侧的 0 代表了这个人没有达到目标，即没有走完最后一公里的结果。这样我们完全可以对 100 - 1 = 0 这个公式赋予一种完全崭新的含义：这就是说，虽然这个人经过长途跋涉，已经走完了 99 公里的行程，但是由于种种原因，没有走完最后一公里，其最终结果只能是为 0！结果为 0 意味着什么呢？它意味着由于最后一公里没有达到预期的目标，在此之前行走 99 公里的所有付出都白白浪费掉了！换言之，由于最后一公里没有完成，所以它否定的不仅仅是最后一公里的付出，而是把之前的所有努力都化为了泡影。如果从最终是否达到目标的角度来看，最后一公里没有走完的结果和一开始就没有走的结果，两者实际结果是一样的。由此看来，如果没有走完最后一公里的决心和能力，还不如当初不走！至少还可以节省许多体力上的消耗。

如果把上述观点作进一步延伸，要在此基础上，运用 100 - 1 = 0 这个公式，来说明打通顾客满意最后一公里的重要作用，就很容易理解了。在这里我们可以把公式左侧的 100 比喻成企业为追求顾客满意目标所必需做出各种付出，那么公式左侧的 1 就代表着企业为追求顾客满意所做的最后一次努力——顾客满意的最后一公里。而公式右侧的 0 代表了企业并没有达到顾客满意这个目标的。当然，对于顾客满意的结果来讲，100 - 1 等于零（0）的顾客满意结果，似乎有点太绝对，但是 100 - 1 绝对会小于 99。也就是说，在最后一公里这个阶段中造成顾客的不满意，必然会使顾客满意度大幅度下降，这一点，应该是毫无疑义的。尽管这种评价方式对企业来讲十分不公平，但这是客观事实,这是市场经济的客观规律所决定的,是不以人们意志为转移的。所以,对企业来讲,就意味着,如果缺少最后一公里的努力,不仅顾客满意的目标没有达到,而且会浪费大量的人力、物力和财力。很显然,有些企业忽视顾客满意最后一公里的做法,是非常不值得的。京沪高铁的案例中所引发的顾客不满就是对 100 - 1 = 0 这个公式另一种理解的很好说明(见第六章第一节)。

四、要区分必要条件和充分条件

本书在探讨顾客满意最后一公里的概念时,还特别强调"质量只是顾客满意的必要条件,而并非充分条件"这样一个逻辑关系(见第三章第一节)。因为从必要条件和充分条件的逻辑关系中,可以进一步深刻理解顾客满意最后一公里的重要作用。因此只有掌握必要条件和充分条件的基本概念,才能进一步分析质量和顾客满意最后一公里它们之间的关系。

1. 必要条件和充分条件

什么是必要条件呢?先举一个例子进行说明。如果我们把认识 26 个英文字母看作是 A,把读懂,看懂英文看作是 B,那么大家认为:没有 A,肯定就没有 B,这个结论是对的。但是如果大家认为,有 A 就一定有 B 的这种结论,显然是错误的。所以我们称 A 只是 B 的必要条件。在我们的生活中,事物之间存在必要条件这种关系的现象是很多的。如会讲北京话,不一定就能听懂京剧,会吃,不一定长胖等。

什么充分条件呢?还是先举一个例子进行说明。如果我们把 A 比喻成下雨;把 B 比喻成地湿。那么可以说,只要天一下雨(A),就一定会地湿(B)。也就是说,有 A,就一定有 B。那么 A 就是 B 的充分条件。在日常生活中,事物之间存在充分条件这种关系的现象也是很多的。例如烧柴,一定会产生二氧化碳;锻炼身体,一定会保持健康等。

2. 区分必要条件和充分条件的意义

其实在这里探讨必要条件和充分条件的概念并不是目的,而只是

一种手段,目的只是想帮助大家来更好地认识产品(包括服务)质量和顾客满意之间的关系。

在一般情况下,许多人常常有这样的看法,有了高质量的产品,就一定会有高水平顾客满意。其实这一观点并不准确的。因为高质量的产品只是高水平顾客满意的必要条件,而并非充分条件。也就是说,高质量的产品,它可以为高水平顾客满意创造良好的条件,奠定可靠的基础,但是它不一定就能够直接达到高水平顾客满意的目的。因为高质量的产品它离顾客满意这一最终目标,还有一段最后一公里的距离。在最后一公里的领域中,包括企业在这些高质量产品交付以后的一系列活动——如产品承诺、产品运输、产品安装和调试、产品的维修和投诉处理等环节,如果出现了差错(有时那怕是一点点差错),也同样会造成顾客不满意,此时尽管企业提供产品的质量再高,顾客也不会买账的。企业如果不能打通顾客满意的最后一公里,高水平顾客满意的最终目标是不能实现的。

在本书的引子中,所引用的京沪高速铁路停电事故频发的实例充分地说明了这一点。应该说,不满意的旅客之所以向京沪高速铁路进行投诉,最根本的原因在于,质量可靠的产品只能是顾客满意的必要条件,或者说它只能为顾客满意奠定可靠的基础,但决不等于就是高水平顾客满意。而只有解决好顾客满意的最后一公里所出现的种种问题,包括对顾客提供各种方便的服务等,只有具备了上述条件,质量可靠的产品才能成为高水平顾客满意的充分条件(见第六章第一节)。因此从这个角度上看,GB/T 19010 标准所提出的顾客满意行为规范,为高质量的产品转化为高水平顾客满意创造了条件、提供了可能(详见本书第二章)。

五、精确打击和顾客满意最后一公里

这里还可以借用一种军事领域中精确打击的思路,来强调打通顾客满意最后一公里对于提高顾客满意的重要作用。虽然军事和质量两者都处于不同领域,但是在强调实现目标的有效性角度看,应该完全是一致的。

20世纪80年代末90年代初以来,世界军事领域兴起了一场被称为"新军事变革"的深刻变革。与此同时,以信息技术为核心的高新技术迅猛发展,精确打击是信息化战争的显著特征之一。精确打击可以直接摧毁敌人重心。任何战争都有一个核心问题,就是认清敌人重心和关键之所在。"打蛇打七寸",就是精确打击思想的一种朴素反映。下面是精确打击的一个典型战例。

案例1-10

2011年8月23日,在利比亚战事的最后关头,一架北约战机——英国皇家空军"台风"战斗机从意大利南部的空军基地呼啸而起,机翼下挂着四枚精确制导导弹。目标就是阿齐齐亚军营,它是利比亚卡扎菲部队在首都的最后一个据点。随着一声巨响,4 m多高,0.5 m厚的阿齐齐亚军营的防弹围墙,被炸开了一个大口子,北约战机炸毁了阿齐齐亚军营的一面墙,反对派武装一拥而入,占领了卡扎菲最后一个大本营。而立下汗马功劳的就是北约战机的精确打击。

北约战机所携带的这种精确制导导弹,就是增强型的宝石路‖型激光制导炸弹。在这场战争中,「宝石路」炸弹成了「倒卡」的急先锋。在利比亚战事中,「宝石路」炸弹大出风头,最后把反对派送进了的黎波里。其实它本来只是一种普通的航空炸弹,而现在只不过在航空炸弹上加装了激光制导系统,就使得本来身家只有几千美元的普通炸弹,价格上涨到三万多美元,但它的打击精度从原来的几十米偏差,大幅度提高到只有1米,而打击目标的成本效益却一下子上涨50多倍。强调精确打击就能够节省弹药,提高作战效能,加快作战节奏,增大了摧毁的威力等。利比亚之战在提醒人们,在今后的战场上,精确打击会有着多么巨大的威力。

俗话说"商场如战场"。这也就意味着在军事领域中的一些思想和观点,也应该可以在为顾客服务的过程中得到充分的体现。强调最后一公里就体现了一种精确打击的思路。因为在顾客满意的领域里,强调最后一公里的重要性,实际上就是精确打击的观点,在服务领域

中应用的最好说明。

首先,强调精确打击,就是要做到"有的放矢"。精确打击是相对于狂轰滥炸而言的。在顾客满意最后一公里的领域内,最大限度地提高顾客满意程度,是企业追求的主要目标。那么精确打击的相关理论虽然产生于军事领域,但是它也完全可以运用到企业对顾客满意追求的这一领域,因为只有把目标确定得越清晰,精确打击的效果就越显著。相反,任何的狂轰滥炸,不仅会造成了大量人力、财力的浪费,也一定会大大影响对最终目标的追求。这说明无论是军事领域,或者是服务领域,两者所存在的内在规律其实是相通的。

其次,精确打击可以提高投入产出比。强调顾客满意最后一公里就是要强调服务的有效性,就是要提高投入产出之比。强调精确打击,实际上就是要强调抓重点,抓要害,要用最少的投入,得到最大的产出。作为一名企业管理人员,他的精力和时间是有限的。如何在有限的时间和空间内,提高投入和产出之比,就需要突出重点,抓好关键环节。如果从追求顾客满意这个最终目标的角度来看,强调打通顾客满意的最后一公里,就是精确打击在企业质量管理领域的实际应用。因为相对于全过程来讲,最后一公里的空间和时间的范围要缩小了许多,它可以使企业的最高管理者能够集中有限的精力,在有限的范围内,来解决关键问题。

最后,要提高精确打击目标的有效性,必须最大限度地明确打击的目标。相对于精确打击这一理念来讲,顾客满意最后一公里的范围也显得过于宽泛,特别是现在顾客的个性化、多样化的要求与日俱增情况下,因此更有必要再进一步把它的范围缩小。这也就意味着,要打通顾客满意的最后一公里,就必须要针对在"最后一公里"过程中的几个主要的"梗塞点"进行"精确打击",才能收到成效,而这些"梗塞点",实际上就是企业必须要识别、确定和满足的顾客隐含要求(见第五章第二节)。所以在打通顾客满意最后一公里的活动中,笔者提出的顾客满意服务准则(见第四章第三节),就是一种特别有利于"精确打击"的重要工具。因为有了这种能够进行"精确打击"的工具在手,就可以帮助企业选择好"突破口"——它就是在顾客满意最后一公里的范围中,找到最容易出现“梗塞”的某个环节,如果把这个环节能够打通,也就意味着顾客满意的最后一段的路程都已经畅通无阻。本书第五章、第六章所涉及的不少案例,就是精确打击理论在顾客满意领域中的一种实际应用。

第四节　强调顾客满意最后一公里是一个十分重要的话题

通过以上对最后一公里重要性的认识和思考,强调顾客满意最后一公里实际上是一个十分严肃、十分重要的话题。且不说强调顾客满意最后一公里,对于体现党和政府执政为民的重要性,对于协调全社会人与人之间的关系,构建和谐社会的重大意义,仅就围绕着本书的主题,企业也应该把重视和关注顾客满意最后一公里提到议事日程上来。因为它不仅能够确保顾客得到满意的感受,而且可以充分体现企业质量管理的有效性和效率,可以提高企业的投入产出之比,它更可以为企业的生存和发展提供了一条新思路,因此决不能等闲视之。

一、关注顾客满意最后一公里就是关注质量领域中的“民生工程”

要强调顾客满意最后一公里,关键在于提高企业最高管理者对这一问题的认识,这一点非常重要。企业最高管理者必须要认识到:如果说,国家之所以强调民生工程,就是因为它是国家经济建设最后一公里的话,那么在质量管理的领域里,关注顾客满意最后一公里,实际上就是关注质量管理领域里的“民生工程”。要知道,作为民生工程应该有这样几个特点:首先,民生工程所涉及的各种活动都产生在与老百姓的接触面中,它会直接影响到老百姓亲身感受。其次,民生工程是否实施到位,还会直接影响到老百姓的满意程度。再次,通过实施民生工程,可以让广大老百姓最大限度地享受我国改革开放和经济发展的成果。因此尽管顾客满意与国家民生工程两者之间并不能完全相提并论,但是作为企业最高管理者应该看到两者之间在许多方面,还是有许多相同之处。

1. 强调顾客满意最后一公里，就是要关注顾客最需要得到的感受

和民生工程中的就业、教育、医疗、社会保障等问题倍受老百姓关注一样，在质量管理领域中，顾客满意就是在接受产品和服务之后，顾客所最关心、对顾客影响最直接、也是顾客最迫切需要得到的感受。顾客满意与否的感受，直接产生在与顾客接触面的过程之中，它能够最大限度反映顾客的内心感受，它也是顾客最为关注的那一部分内容。因为只有顾客满意的结果，才能最大限度地体现质量管理体系的有效性，以及质量管理和标准化领域中开展各种活动中所体现出来的成果。因此从这个意义上讲，如同关注民生一样，关注顾客满意的感受，就是关注企业质量领域里的“民生工程”。

2. 顾客满意最后一公里体现了对企业提供产品的最终评价

温总理指出：“改善民生是经济发展的根本目的”。同样的道理，在质量管理领域里，顾客满意就应该是质量管理追求的根本目标。一方面，质量管理方法和手段的应用，如六西格玛法、顾客满意测评固然十分重要，因为它可以为顾客满意奠定可靠的基础。另一方面，企业在质量管理过程中，各种质量管理的手段和方法运用得再好，如果不能在顾客满意的结果中反映出来，也是没有意义的。因为与现在企业开展的各种质量管理的方法和手段相比，顾客更加关注的，只是自己的要求是否得到满足，以及由此而产生的各种满意或者不满意的感受。因此，也可以这样讲，企业在质量领域中所做的一切，都是为了使顾客更加满意。

3. 重视和关注顾客满意，就必须要研究顾客满意的客观规律

要关注民生工程就必须要按照民生中的客观规律办事，如就业是民生之本、教育是民生之基 、分配是民生之源等。关注顾客满意最后一公里，企业也必须要尊重顾客满意的种种客观规律。尊重顾客满意的客观规律的前提，就是必须要研究和探索顾客满意的客观规律。必须要指出的是，研究顾客满意的领域显然要比质量领域，可以为企业提供更广阔的探索空间。关注顾客满意最后一公里，它可以使企业以

更少的投入,得到更大的产出,尤其能大大提高企业建立质量管理体系的有效性,最终可以更加高效地达到增强顾客满意的目的。

二、要纠正对顾客满意最后一公里认识上的种种误区

要打通顾客满意的最后一公里,还必须要纠正思想上存在的各种误区。其中就包括以下方面。

1. 只讲万事开头难,不讲最后一公里

俗话说万事开头难,此话一点也不假。那么和最后一公里比较,是开头重要呢?还是结尾重要?应该说,开头和结尾都重要。那么为什么在这里要突出强调最后一公里的重要性呢?其中一个很重要的原因就是,与开头所付出的相比,企业在结尾时的付出要多许多。虽然对于顾客来讲,没有开好头,和没有结好尾,都会造成顾客的不满意,但是如果从投入和产出的角度比较,没有结好尾,可能要比没有开好头,对企业来讲,可能会损失更多,更大,因为从顾客亲身感受来讲,顾客对服务全过程的结尾会更敏感(见本章第三节突出结尾和对100-1=0公式的另一种理解)。

2. 只关注生产和利润,不关注顾客的感受

当前,有一种现象令人十分不安:就是许多企业的大量顾客投诉和不满往往都产生于顾客满意最后一公里的领域里。根据有关部门统计,除了有一部分顾客投诉是与企业提供的产品质量有直接关系之外,其余部分顾客投诉的产生都与企业提供的服务质量和产品承诺有直接的关系(这也是 ISO/TC176 出台 ISO 10001 的重要原因之一)。也就是说,产品交付以后的领域,已经成为顾客投诉的“重灾区”。更加令人遗憾的是,这些顾客不满和投诉的产生,往往与企业的付出(造假企业除外)是不成比例的,在有些情况下,甚至会出现这样的情况:这些企业的付出越多,而顾客的不满情绪也在与日俱增等,这些不正常现象出现。很显然,这些问题的出现,除了与在观念上存在的急功近利的思想有关之外,对企业的最高管理者往往忽视顾客满意最后一公里有着千丝万缕的联系。

现在有些企业往往只关注产品、质量和利润，却忽视对顾客感受的关注等这些现象的存在。例如，对于某些行业管理职能部门来讲，有些领导只讲创意和策划，却不讲监督和落实，而监督落实恰好是这些管理职能部门的最后一公里。其实这就如同与某些政府部门的官员只讲 GDP，而忽视对民生工程的关注一样，说明这些政府职能部门也同样会忽视对最后一公里的重视等。这只说明了一个同样的问题，就是对各种顾客满意最后一公里的问题，还没有引起一些企业管理者足够的认识。

因此无论从哪个角度讲，无论从投入产出的角度看，还是从提高有效性和效率的角度看，或者从保持高水平的顾客满意程度看，企业的最高管理者都必须关注和重视顾客满意的最后一公里问题。

3. 只重视产品质量，忽视服务的各种最后一公里

在质量管理领域里，忽视服务的最后一公里的现象还比较普遍。对于制造加工企业来讲，只重视产品质量，而往忽视服务，但服务领域恰好是制造加工企业的最后一公里。对服务企业来讲，只讲售前服务，而忽视售后服务，而售后服务恰好是服务企业的最后一公里。而对于提供售后服务的企业来讲，只讲售后服务的提供，而忽视对顾客投诉的处理，而投诉处理恰好又是售后服务企业的最后一公里。对处理顾客投诉的企业，只讲投诉处理，忽视投诉顾客的感受，而顾客感受恰好是投诉处理企业的最后一公里。而对于关注和重视顾客感受的企业来讲，只关注顾客的感受，却忽视顾客是否能获得满意的感受，而顾客满意的感受恰恰是关注顾客感受企业的最后一公里。这些都是在企业做实际工作中，确实存在的种种不正确的看法和做法，都会直接影响到顾客满意程度。

4. 只讲服务，不讲顾客满意服务

最后，我们还必须强调，就如同“并不是所有牛奶都能叫特伦苏”这句广告语一样，也并不是所有服务都会有顾客满意这一结果的。要知道，在许多情况下，企业虽然也提供了各种各样的服务，也同样付出了人力、物力和财力，但由于没有遵循顾客满意服务准则所提出的基

本要求(见本书第五章第三节),同样不会有顾客满意的结果。甚至有时还有可能会造成顾客的不满和投诉(如好心办坏事等),这不仅会有损于企业的品牌和形象,更会造成顾客大量流失,这当然非常可惜。因此,强调要关注顾客满意最后一公里,就是要求大家重视和关注这一特殊领域,并认真探讨和研究顾客满意服务的种种客观规律,以最大限度地确保企业提供的服务和高水平顾客满意目标实现。

三、关注顾客满意最后一公里是从质量保证向顾客满意转变的必由之路

早在2000年,在GB/T 19000标准的ISO前言就明确指出:"本标准的名称发生了变化,不再有'质量保证'一词。这反映了本标准规定的质量管理体系要求除了产品质量保证以外,还旨在增强顾客满意"。强调这一观点的重要意义,不仅仅在于标准的名称发生了变化,即在标准的名称中不再使用"质量保证模式"一词,最关键的是ISO/TC176对质量管理的理念有了新的突破——即要求企业更加关注顾客满意。因为仅仅有质量保证,并不意味着一定有顾客满意。但是反过来讲,顾客满意(必须是符合法律法规的顾客满意)一定是建立在质量保证的基础之上的。因为企业提供的产品和服务,如果达到了顾客满意的目的,就说明该产品和服务已经达到了顾客的要求。因此企业强调质量保证的同时,更强调顾客满意。这也是GB/T 19000:2000标准不再使用"质量保证模式"名称的根本理由。

这就是说,随着人们思想理念的变化,对于质量保证在质量管理体系应该起到的作用也有了新的认识。俗话说,"知己知彼,百战不殆",说这是企业不仅要"知己"——了解和掌握企业内部建立质量管理体系,同时还要"知彼"——要了解企业外部的服务对象——顾客。因为从今后发展趋势看,由于顾客满意的地位日益重要,由顾客参与的质量管理体系活动,已受到越来越多人们的关注。因此,当企业为顾客交付了具有各种质量的产品之后,并不意味着质量管理过程的完成,而只有获得顾客满意的认可之后,才能表示企业质量管理体系全过程的结束。所以企业在建立质量管理体系的过程中,还必须要把本属于企业外部的,即顾客接受产品和服务的这个阶段也作为一个过程

来看待,并且把它纳入到企业质量管理体系之中来进行控制(见第五章第二节)。所以打通顾客满意最后一公里,就是确保企业从质量保证阶段进入顾客满意阶段的必由之路。

四、现在有越来越多的企业开始关注顾客满意的最后一公里

随着市场经济的不断深入开展,现在有越来越多的企业开始对最后一公里的问题给以高度的关注。例如现在许多大型企业都投入巨资在企业中建立了客户管理系统(Customer Relationship Management 简称 CRM),这就是企业开始关注顾客满意最后一公里的具体表现之一。因为它可以通过与顾客的接触,并且根据客户的喜好、需求提供针对性和个性化的服务,从而提高客户的满意度,吸引和保持更多客户的一种现代化管理手段。又如,有更多的企业则开设了服务热线、专门设立客户服务中心、顾客投诉处理办公室等硬件投入的方式,以及开展对顾客满意度的测量等软件投入的手段,来体现对顾客满意最后一公里这一领域的重视和关注。然而,所有这一切的努力都不能代替企业最高管理者对打通顾客满意最后一公里的认识和思考,以及他们所应该起到的作用。请看下面一则关于医院院长为什么要亲身体验就诊过程的案例。

案例 1－11

据《新华每日电讯》2010 年 7 月 27 日报道,北京 19 家三级医院院长近日分别到其他医院扮作普通患者,亲身体验就诊过程,感受到看病确实“难”。

北京安贞医院院长张兆光特意挑了一家全国大名鼎鼎的医院。让他郁闷的是,一大早就到了这家医院,转了半天愣是没找着挂号处。好不容易根据导医的指引找到了挂号处,又被眼前人山人海的场景吓了一跳。张兆光本想挂的内分泌号早就没有了,他只好选择了骨科。两个多小时的等待换来了六七分钟的问诊,而超声检查一下就预约到一个星期之后了。张兆光总结了一下:看一次病至少要排 4 次队,挂号、拿药、检查得交 4 次费。

北京回龙观医院院长杨甫德在一家三甲专科医院就诊时掐表计时,从他排队挂号到离开医院共用了7个小时,其中绝大部分时间都在等待,真正看病也就20分钟,看病时间只占整个就诊过程的4.9%,其余95.1%的时间他都在排队等候。他说:“看病等候过程漫长而就诊时间短暂,是我这次体验的最大感受”。

北京积水潭医院院长田伟说,当了一天“患者”,才真正体会到患者看病有多难。看一次病至少要排4次队,前后没3个小时还真下不来,可真正看病的时间只有10来分钟。

北京市卫生局局长方来英说,北京组织“院长当一天患者”活动的目的是要求院长们换位思考,站在普通患者的角度去了解看病难问题,让院长们亲身体会普通患者有多么不容易,为今后医院的医疗卫生改革做充分准备。

北京市有关部门专门组织了“院长当一天患者”活动,开展这项活动的重大意义就在于,各类企事业最高管理者现在开始越来越认识到,关注顾客(这里指患者)满意最后一公里的重要性。应该说,在北京各大医院不但数量多,而且硬件设施最为完备。可是为什么患者还是抱怨不断?其中一个重要的原因,就是有许多医院最高管理者往往只重视对先进医疗设备的引进,而忽视了顾客满意最后一公里所能提供的服务。但在这一领域中,却存在着许多意想不到的薄弱环节,这恰恰成为提高医院服务质量和满意程度的重要“瓶颈”——因为顾客的不满意,往往都集中在最后一公里的领域之内。所以从这个意义上讲,北京各大医院的院长亲自体验患者就诊的全过程,本身就是抓住了产生顾客不满意的关键环节——顾客满意最后一公里,而只有抓住了这一关键环节,才能使各大医院的各种硬件和软件的投入发挥其最大的作用,北京各大医院的顾客满意度,才可能有大幅度的提高。

由此我们又想到了一句成语“功亏一篑”。功亏一篑强调的是,我们做事一定要善始善终,含有“以前的努力全白费,最后未完成”的意思。功亏一篑的古代成语和从国外引进的最后一公里的现代理念等,虽然两者相距的年代十分遥远,空间相差十万八千里,但是讲的道理却是完全一样的。但是,最后一公里和功亏一篑的区别在于:前者比

后者更形象，更直观，更容易为大家所理解吧！

在我国，以海尔为代表的家电企业，在售后服务领域中取得了令人瞩目的成绩，它们就是关注顾客满意最后一公里的典范。关于海尔是如何关注最后一公里问题的相关内容，将在本书的第六章第六节专门进行重点介绍。除了家电行业，其他的许多行业，特别是服务行业，也开始越来越关注顾客满意最后一公里中存在的问题。关注顾客满意的最后一公里，当然不仅仅在于硬件设施和软件程序的投入，更重要的是企业的管理人员（特别是最高管理者）必须要从思想上和认识上提高对顾客满意最后一公里重要性的认识，以及要掌握打通顾客满意最后一公里所必须采取的各种方法和手段。而 GB/T 19010 标准的出台为企业提供了这样一次难得的机遇。

五、结论

当理解和掌握了关于顾客满意最后一公里的基本概念之后，在这样一个大背景下，对于理解 GB/T 19010 标准的出台的原因，以及掌握 GB/T 19010 标准和顾客满意最后一公里之间的关系要容易得多。因为顾客满意行为规范是 GB/T 19010 标准的核心内容，顾客满意行为规范恰恰又处在质量管理的领域中顾客满意最后一公里的位置上。所以下一章重点向大家介绍关于 GB/T 19010 标准和顾客满意行为规范的相关内容。

第二章　GB/T 19010 标准和顾客满意行为规范

实施由 GB/T 19010 标准提出的顾客满意行为规范，是打通顾客满意最后一公里的一种非常有用的工具。因此，在本章首先必须要对 GB/T 19010 标准和顾客满意行为规范的内容作必要的了解。

为了帮助读者能够更好地理解这方面的重要内容，本章将首先向读者介绍 GB/T 19010 标准的相关内容以及它与处理顾客投诉之间的关系（见第一节）。然后向大家介绍实施 GB/T 19010 标准的核心内容顾客满意行为规范的根本作用（见第二节）。由于实施顾客满意行为规范的目的是为了确保高水平的顾客满意，因此还必须要了解和掌握顾客满意行为规范和顾客满意之间的关系（见第三节）。最后要强调的是，国际标准化组织（ISO/TC176）之所以要在 GB/T 19001 标准之后，再出台 GB/T 19010 标准，提出顾客满意行为规范的概念，其最终目的就是为了打通顾客满意最后一公里（见第四节）。

第一节　GB/T 19010 顾客满意行为规范的实施和处理顾客投诉

众所周知，国际标准化组织（ISO/TC176）从 1988 年就陆续开始出台企业质量管理的国际标准。其中就包括 1988 年版、1994 年版、2000 年版和 2008 年版的质量管理国际标准。从 1994 年版的质量管理国际标准开始，就第一次正式提出“质量和顾客满意是受到全世界日益关注的重大问题”这一观点（见 ISO 9004 – 2 首括句）。在以后的 2000 年版和 2008 年版的质量管理国际标准中，对于顾客满意在企业质量管理领域中的重要作用，得到了进一步强调。其中无论是 2000 年版

和 2008 年版的 GB/T 19001 都是企业建立质量管理体系的一套重要国家标准。出台该标准的目的就是为了达到增强顾客满意的目的(见 GB/T 19001.1 总则)。既然如此,那么为什么国际标准化组织(ISO/TC176)还要在 2007 年专门出台 ISO 10001(即 GB/T 19010)标准呢?因此有必要先进一步分析 GB/T 19010 标准出台背景。

一、GB/T 19010 标准的出台背景

在 GB/T 19010—2009《质量管理　顾客满意　组织行为规范》国家标准“总则”中的首括句,特别强调“保持高水平的顾客满意是许多组织面临的重要挑战,迎接这种挑战的途径之一就是实施顾客满意行为规范”。请大家注意,这段首括句的内容非常重要,因为它明确提出 GB/T 19010 标准出台的根本目的,就是为了保持高水平的顾客满意,当然,更是为了打通顾客满意的最后一公里。

因为从质量管理的全过程看,即对于 GB/T 19001 标准来讲,就等于全过程的前 99 公里,其中就包括从产品的设计开发、加工制造、一直到产品交付的全过程。但是在产品交付以后的过程,在 GB/T 19001 标准中并未详细涉及。而 GB/T 19010 标准作为 GB/T 19001 标准的重要补充,所重视和关注的,就是质量管理的全过程的最后一公里——即产品交付以后的领域。由于质量管理追求的最终目标是顾客满意,这也就意味着,要达到顾客满意这一最终目标,企业除了要实施 GB/T 19001 标准所提出的各种要求之外,还离不开要通过对 GB/T 19010 标准的出台和实施,以确保高水平的顾客满意。

也许有人会问:企业向顾客提供的高质量的产品,不就是可以达增强顾客满意的目的吗?当然,这是毫无疑问的。但是这方面内容应由 GB/T 19001 标准负责。而实施 GB/T 19010 标准是建立在 GB/T 19001 标准基础上的,它与 GB/T 19001 标准的最大区别是,GB/T 19010 标准主要涉及的是产品交付之后的领域(见本章第二节)。

为了能够更好地帮助读者了解上述观点,在本节中,首先向大家介绍关于 GB/T 19010 标准和 GB/T 19012、GB/T 19013 标准之间的关系,以及 GB/T 19010 标准的主要内容和重要作用,为进一步理解

GB/T 19010标准的核心内容——顾客满意行为规范奠定良好的基础。

二、GB/T 19010 和 GB/T 19012、GB/T 19013 之间的关系

作为世界上最大的国际标准化组织(ISO/TC176)在 2004 年首先推出了 ISO 10002《质量管理　顾客满意　组织处理投诉指南》国际标准。不久后,在 2007 年又推出 ISO 10001《质量管理　顾客满意　组织行为规范指南》国际标准和 ISO 10003《质量管理　顾客满意　组织外部争议解决指南》国际标准。我国有关部门分别在 2008 年和 2009 年把它们转化为 GB/T 19010、GB/T 19012、GB/T 19013 国家标准。它包括:

GB/T 19010—2009《质量管理　顾客满意　组织行为规范指南》;

GB/T 19012—2008《质量管理　顾客满意　组织处理投诉指南》;

GB/T 19013—2009《质量管理　顾客满意　组织外部争议解决指南》。

GB/T 19010、GB/T19012、GB/T19013 标准的出台绝不是偶然的,可以说它是生产力发展到一定阶段的必然结果。因为随着人们生活水平的不断提高,顾客对企业提供产品和服务质量要求越来越高的情况下,今后每一个企业不可能没有顾客投诉,因此如何有效地处理投诉,可能成为企业间竞争的一个新的焦点。为了让更多的企业能够学会如何处理顾客投诉,国际标准化组织(ISO/TC176)推出这套系列国际标准。GB/T 19010、GB/T 19012、GB/T 19013 国家标准的出台,只不过是顺应了这一客观规律罢了。从企业角度看,GB/T 19010、GB/T 19012、GB/T 19013 标准所提出的思想、观点和方法,用于处理顾客投诉,已经不是一件可有可无的小事,而是一项义不容辞的责任,这也正是目前现在许多企业迫切需要解决的问题。学习和掌握这套标准是企业今后面临市场经济深入发展的一条必由之路。

GB/T 19010、GB/T 19012 以及 GB/T 19013 三套标准之间有着密切的联系。对这三个国家标准之间联系的论述,集中体现在 GB/T 19010 国家标准总则和附录 B(见书后附件一)当中。换句话说,GB/T 19010、GB/T 19012 和 GB/T 19013 三套国家标准是相兼容的,它们分工明确,各有侧重,构成了与 GB/T 19000 族质量管理体系国家标准相

配套的投诉处理的系列国家标准。

在 GB/T 19010 国家标准的附录 B 中，对三套国家标准的关系是这样描述的：GB/T 19010、GB/T 19012、GB/T 19013 在投诉处理过程中各自发挥不同的作用。

首先 GB/T 19010 国家标准的作用主要体现在顾客与组织的互动过程中（见书后附录一中的附录 B）。也就是当顾客对企业提供的产品和服务产生兴趣之后，在这个阶段中，该标准作用是，通过有效地控制、约束和降低顾客的期望值，来达到预防和减少顾客投诉的目的。只有把产生顾客投诉的“源头”堵住了，才能为企业有效和高效地处理顾客投诉奠定良好的基础。

其次 GB/T 19012 国家标准的主要作用是在企业内部采取各种措施来达到有效和高效地处理顾客投诉的目的。GB/T 19013 国家标准的主要作用在于，当企业内部有一小部分顾客投诉得不到有效处理时，通过外部的第三方来解决。关于这两套标准的内容，本书不做详细探讨。如果需要详细了解，可见笔者主编，由中国标准出版社出版的另外两部著作：《投诉处理的理论与实务——解读 ISO 1002》和《投诉处理的外部争议解决方案——解读 ISO 1003》。

通过以上分析，可以看到 GB/T 19010、GB/T 19012、GB/T 19013 三套国家标准相辅相成，构成了一个相互依存的整体。

三、GB/T 19010 的主要内容

作为 GB/T 19010、GB/T 19012、GB/T 19013 系列国家标准的第一套，GB/T 19010：2009《质量管理　顾客满意　组织行为规范指南》等同采用了 ISO 10001：2007《质量管理　顾客满意　组织行为规范指南》。出台该标准的直接目的在于为企业如何减少顾客投诉的产生提供指南。企业要有效和高效地处理顾客投诉，首先必须要预防和减少顾客投诉的产生。只有顾客的投诉减少了，才能为有效处理顾客投诉奠定良好的基础。

GB/T 19010 标准的主要内容中，除了论述顾客满意行为规范术语以及必须遵循的指导原则，如承诺、能力、方便、准确等内容（详见本

书第三章第二节)之外,就是对如何实施顾客满意行为规范提出了具体要求,即该标准的第5章、第6章、第7章、第8章。

1. GB/T 19010 的第5章《规范框架》

在GB/T 19010国家标准的第5章《规范框架》中,重点论述了三个主要方面的内容:一是论述建立顾客满意行为规范框架的具体内容;二是在建立顾客满意行为规范框架过程中最高管理者的职责权限;三是建立顾客满意行为规范的框架和其他各种管理体系,特别是与GB/T 19001质量管理体系之间的关系,而且强调了建立顾客满意行为规范的框架应该作为企业建立质量管理体系中不可分割的一部分。

2. GB/T19010 国家标准的第6章《策划、设计和开发》

在GB/T 19010国家标准的第6章主要论述了如何制定顾客满意行为规范和各项承诺。这一章是GB/T 19010标准的核心内容。它包括以下要点。

(1)确定顾客满意行为规范的目标。确定顾客满意行为规范的目标,是企业制定顾客满意行为规范各项准备工作的第一步。

(2)收集和评审与顾客满意行为规范有关的各种信息。收集和评审各种信息的目的就是为确定顾客满意行为规范奠定可靠的基础。

(3)制定顾客满意行为规范。在获取和评价与确定顾客满意行为规范有关的各种信息之后,就进入了制定顾客满意行为规范的实质性阶段。6.4条款首先强调:以承诺为核心内容的顾客满意行为规范,应该是“清楚、精练、准确,不会引起误解,语言简炼”。这是对顾客满意行为规范一项总体性的要求。同时,在GB/T 19010国家标准的6.4条款中提出的制定顾客满意行为规范必须达到的五条具体标准,这五条标准非常重要。

(4)确定顾客满意行为规范的业绩指标。企业制定顾客满意行为规范和各种承诺之后,必须确定顾客满意行为规范的业绩指标,以考核企业制定顾客满意行为规范的有效性。

(5)确定企业内部和外部沟通的计划。企业制定顾客满意行为规

范和各种承诺,如何在企业内部和外部进行很好地沟通,GB/T 19010 国家标准的6.7 条款专门对此提出了要求。

3. GB/T 19010 的第 7 章《实施》

GB/T 19010 国家标准的第 7 章所论述的内容相对要简单一些。它重点论述企业在实施顾客满意行为规范过程中应该注意的几个问题。其中就包括,要按照制定的顾客满意行为规范进行实施。该条款主要强调两点内容:第一点,强调必须按照计划的要求来开展实施活动。第二点,强调在实施顾客满意行为规范的过程中要加强管理。

4. GB/T 19010 的第 8 章《保持和改进》

对顾客满意行为规范进行不断的持续改进,是 GB/T 19010 国家标准第 8 章对企业提出的核心要求。其中就包括:收集实施顾客满意行为规范的各种信息、对顾客满意行为规范的业绩评价、对规范顾客满意程度的调查、对顾客满意行为规范的管理评审以及对顾客满意行为规范的持续改进。

四、GB/T 19010 的直接作用可以预防顾客投诉的产生

由于 GB/T 19010 标准强调,实施顾客满意行为规范当然可以达到"减少误解和投诉的可能"的目的。这意味着实施顾客满意行为规范的一条重要直接用途就是可以达到预防和减少顾客投诉产生的目的。

对于 GB/T 19010,GB/T 19012,GB/T 19013 系列标准来讲,GB/T 19010 标准中强调实施顾客满意行为规范的直接目的有三:一是为了预防和减少顾客投诉的产生;二是可以有利于顾客投诉处理的解决;三是可以有利于企业外部争议的解决(见 GB/T 19010.0.1 总则)。可以说这是出台 GB/T 19010 标准的直接目的。因为对于企业处理顾客投诉的领域来讲,企业如果能够实施以遵守承诺为主要内容的顾客满意行为规范,不仅可以预防和减少顾客投诉的产生,而且有利于投诉处理和外部争议的解决,这样才能为有效和高效地处理顾客投诉(包括解决外部争议)奠定最可靠的基础。

对于这一部分内容，不是本书要探讨的重点，详细内容可详见笔者的另外一部著作，由中国标准出版社出版的《遵守承诺和投诉处理——解读 ISO 10001》一书。

第二节　实施顾客满意行为规范的根本目的是为了确保高水平的顾客满意

在 GB/T 19010 国家标准的总则中指出："顾客满意行为规范可以是有效投诉管理方式的一部分"。请大家注意：在这里用了一个"可以"的词，就非常清楚地说明了顾客满意行为规范与处理顾客投诉之间的关系——即顾客满意行为规范在投诉处理领域中的应用只是实施顾客满意行为规范的一部分目的，或者说是直接目的，而不是根本目的。这就意味着，顾客满意行为规范不仅可以在投诉处理领域中应用，而且在投诉处理之外，如产品的交付、产品的退回（见本书第三章第三节）等领域，都可以得到广泛的运用。因为保持高水平的顾客满意才是实施顾客满意行为规范的根本目的。也就是说，企业通过实施顾客满意行为规范，可以预防和减少顾客投诉的产生，这仅仅是保持高水平顾客满意的一部分内容而已。而 GB/T 19010 国家标准出台的根本目的，在于强调企业必须要通过实施顾客满意行为规范，以保持高水平的顾客满意。因此，本书将如何从保持高水平顾客满意的这一角度，对 GB/T 19010 国家标准和实施顾客满意行为规范做一种全新的解释。

在 GB/T 19010 国家标准的总则一开头就强调："保持高水平的顾客满意是许多组织面临的重要挑战，迎接这种挑战的途径之一就是实施顾客满意行为规范"。这段话讲的意思实际上还包括：在企业内部制定和运用一套顾客满意行为规范，就是保持高水平顾客满意的主要措施之一。换句话讲，企业要保持高水平的顾客满意，仅仅依靠企业内部能够生产和提供高质量的产品已经不够了，还需要在这一基础上，实施顾客满意行为规范。因此，实施 GB/T 19010 标准所强调的顾客满意行为规范的根本目的就是为保持高水平的顾客满意。

一、实施 GB/T 19010 标准的最终目的是为了保持高水平的顾客满意

要保持高水平顾客满意，有许多工作要做（这里暂时把顾客本人情绪不佳等因素排除在外）。仅从企业角度看，就必须要建立符合 GB/T 19001 标准的质量管理体系，对企业内部生产和加工产品的全过程进行严格的监督和控制等。这一切当然可以为保持高水平的顾客满意奠定可靠的基础。但是可靠的产品质量仅仅是保持高水平顾客满意的必要条件，而不是充分条件（见第一章第四节）。因为对于顾客来讲，企业仅仅提供质量可靠的产品，还不足以确保顾客能够达到高水平的顾客满意。因为要达到高水平的顾客满意，除了企业必须提供高质量的产品之外，企业还必须在产品交付之后的一系列各种活动中，也必须提供各种能够使顾客满意的服务，才能最终确保能够达到高水平的顾客满意。因此，在 GB/T 19010 标准中，突出强调除企业要不断提高产品质量之外，还有一项十分重要工作就是要制定和运用一套顾客满意行为规范。可以说，ISO/TC176 就是采用这种方式，告知企业不要对实施顾客满意行为规范重要性有任何忽视。因为如果企业不实施顾客满意行为规范，不仅会造成顾客投诉的增多，更为严重的是，还可以造成大量产品的积压，市场份额的减少，大量客户的流失等一系列更为严重结果。

更何况，对于顾客来讲，顾客非常关注的是所获得产品的第一次亲身感受。因为第一次获得的感受如果是不满意的话，这种感受是很“难从头再来”的。如果说，商品可以召回或者更换，但是服务和顾客满意是不能够做“召回或者更换”的。正因为如此，国际标准化组织特别强调企业不仅要提供质量可靠的产品，而且必须要实施顾客满意行为规范。

那么企业应该如何制定和运用一套顾客满意行为规范呢？其中最好的办法就是首先要学习和掌握 GB/T 19010 国家标准的相关内容。正如在总则中所提出的：“本国际标准为帮助组织确定其顾客满意行为规范能满足顾客需求和期望，以及其顾客满意行为规范准确并且不会被误导提供指南”。因为实施 GB/T 19010 国家标准的最终目的就是为了确保高水平的顾客满意。

二、顾客满意行为规范概述

在 GB/T 19010 国家标准中,实施顾客满意行为规范是该标准提出的核心内容。因此,准确掌握顾客满意行为规范的内涵及其作用,对于理解和掌握 GB/T 19010 标准有着十分重要的意义。

企业必须要实施以承诺为核心内容的顾客满意行为规范,这是 GB/T 19010 国家标准所提出的核心思想。要实现这一目标,一定要理解和掌握 GB/T 19010 国家标准中,顾客满意行为规范这一最基本的术语。

GB/T 19010 的 3.1 条款对"顾客满意行为规范"定义(见本书附件一)的表述如下:

组织为提高顾客满意度就其行为对顾客做出的承诺及相关规定。

注 1:相关规定可以包括目标、条件、限制、联系信息和投诉处理程序。

注 2:本标准中,术语"规范"即代表"顾客满意行为规范"。

对顾客满意行为规范定义的理解。对该条款的理解可以分为以下方面。

1. 指出顾客满意行为规范的内涵

在 GB/T 19010 国家标准的 3.1 条款对顾客满意行为规范的定义中,主要包含两层内容。第一层"对顾客做出的承诺及相关规定",这是指顾客满意行为规范的主要内容。即如果不是与承诺以及相关规定有关的内容,就不应该属于顾客满意行为规范的领域之内。在这里必须指出,对承诺的理解有两种:一种是把承诺作为名词进行理解。这里的承诺主要是指一种产品——是一种过程的结果。我们可以把这种承诺称为正式承诺。另一种是把承诺作为动词进行理解,即把它理解为是企业为顾客提供服务的一种行为,属于非正式承诺。因此在 GB/T 19010 标准所提出的实施顾客满意行为规范定义中,对承诺的理解,就应该包括正式承诺和非正式承诺两个部分(见下文)。第二层就是顾客满意行为规范必须是能够达到提高顾客满意程度目的的一种行为。当然这种行为主要体现在企业把产品交付之后所开展的各

项活动之中。如果这种行为不能达到提高顾客满意程度的目的,也不应该属于顾客满意行为规范的领域。简单地进行归纳:就是在 GB/T 19010 国际标准中所强调的顾客满意行为规范,必须具备两大主要特征:一是与承诺及其相关规定有关;二是能够提高顾客满意程度。

2. 必须明确对承诺的理解

还必须指出 GB/T 19010 国际标准中所强调的顾客满意行为规范,除了包括以上所讨论的各种正式承诺如产品承诺、服务承诺之外,实际上还包括其他一些形式:比如企业的营业地点、营业时间、服务项目、计量设备、商品价格、服务标识等,都需要向顾客进行公开明示和告知的,而且同样需要企业认真履行的。这些内容虽然与企业的一种正式承诺有所区别,但它也应该属于对顾客做出的一种"非正式"的承诺(这只是相对于正式承诺而言),因为它也需要"说到做到,言而有信",而且它与提高顾客满意程度也有直接的关系。因为如果这些内容达不到企业公开明示的要求:例如已经到了规定的营业时间,但是企业仍然没有开门营业;由于计量设备不准确,造成缺斤短两;企业营业场所的服务标识,与企业的实际情况不一致等,也同样会造成顾客不满意。所以严格地讲,这些内容也可以作为顾客满意行为规范的一部分,因为无论是正式承诺,或者是"非正式"承诺,都需要说到做到,也都需要企业进行认真地评审,更需要企业进行认真地遵守和履行。所以在 GB/T 19010 标准提出的顾客满意行为规范中所涉及的承诺概念,应该是一种广义的承诺,它不仅包括正式承诺,而且也应该包括各种非正式的承诺。由于企业之间的差别巨大,因此不同企业可以根据不同情况划分和界定适用于本企业的顾客满意行为规范的内容。这也是 GB/T 19010 的范围中,强调指出:"本国家标准不规定顾客满意行为规范的实质内容"的目的之一。

3. 明确承诺和顾客满意行为规范的关系

遵守承诺和顾客满意行为规范之间有着密切的关系。企业提出的各种服务承诺和产品承诺等各种正式承诺和非正式承诺,只要是以增强顾客满意程度目的的,就都应该属于顾客满意行为规范的范畴之内。对于其他一些类型的承诺,如虚假承诺、霸王承诺等,由于这些承诺根本不能达到增强顾客满意的目的,而只能造成顾客的强烈不满,所以就不应该属于 GB/T 19010 国际标准中关于顾客满意行为规范探讨的范畴之内。至于对于其他类型的各种行为规范,比如在企业内部提高产品质量等这些行为规范的活动,虽然这些行为规范的实施,其最终目的都是为了达到顾客满意,但是因为它和各种承诺没有直接关系(只有间接关系),因此也不属于本标准顾客满意行为规范讨论的范围之内。

4.关于该定义中的注1

在顾客满意行为规范的定义中,特别强调与承诺有关的各种相关规定所包括的内容。根据该定义注 1 内容,顾客满意行为规范不仅包括各种承诺内容的本身,而且还包括与承诺相关的各项内容(规定)。因为企业提出的各种承诺不仅与企业确定的目标有关,而且也与企业的各种客观条件、各种时效性、联系方式及其投诉处理程序也都有关。所以作为顾客满意行为规范的主要内容,企业提出的各种承诺必然与企业的方方面面都有密切关系:例如企业做出的任何承诺与企业制定的相关目标有直接关系,而且会受到时效性与各种客观条件的限制,同时也会受到与顾客沟通和联系方式以及投诉处理的程序内容的影响等(见 GB/T 19010 国家标准附件 A),由于这些内容都是属于与承诺有关的相关规定,因此都应该属于顾客满意行为规范的范畴之内。

5.关于该定义中的注2

在该定义中还强调指出:“规范”即指“顾客满意行为规范”。之所以做出这一强调,有两个原因:一是为了区别在 GB/T 19000 标准中对规范的定义。在该标准的 3.7.3 条款中,对“规范”有明确的定义,它主要是指:“阐明要求的文件”。很显然,GB/T 19010 国际标准强调的规范是指顾客满意行为规范,它与 GB/T 19000 国家标准 3.7.3 条款所强调的规范是有不同的内涵。为了避免混淆两者不同概念,因此在注 2 中做出说明。二是为了使 GB/T 19010 国际标准使用的文字更加精炼。

三、结论:保持高水平的顾客满意必须要实施顾客满意行为规范

从 GB/T 19010 标准看,实施顾客满意行为规范就是保持高水平的顾客满意的重要途径之一。

先从减少顾客投诉产生的角度来分析。顾客之所以对企业提出投诉,重要的直接原因之一,就是企业没有认真地遵守和履行自己提出的承诺。因此要减少顾客投诉的产生,企业首先必须从认真履行和遵守承诺开始做起。

再从保持高水平顾客满意的角度来分析。更为重要的是,企业实施顾客满意行为规范之后,可以在产品交付之后的领域里,进一步提高顾客满意程度。还必须明确,如果产品质量不过硬,这当然无法满足顾客需要,一定会造成顾客不满意。但是如果企业即使有了高质量的产品,但是这些企业在产品交付的过程中,出于种种原因;有的企业仅仅是为了吸引顾客的注意力,达到扩大促销的目的;有的企业只把这种承诺看作是一种短期行为,是“一锤子买卖”,“打一枪换一个地方”;有的企业是为了“赶时髦、随大流”;有的企业是为了怕麻烦等;甚至有的企业,为了急功近利,盲目追求扩大销售的目的,不顾企业的实际能力,而提出了一些企业无法兑现的承诺。本来只是为了求得一种“广告促销”的结果,可以“大捞一把”等,这些问题都有可能造成顾客的投诉。尽管这些企业提供的产品质量也许是可靠的,但是在产品交付之后的领域里,由于忽视实施顾客满意行为规范,常常会使这些企业不但促销的目的没有达到,反而造成了许多顾客的不满意,在这种情况下,严重地损害了企业的品牌和形象,会使企业处在一种更加被动和不利的局面。因此,企业在产品交付之后的领域中,学习和掌握 GB/T 19010 标准,认真实施顾客满意行为规范,对于保持高水平的顾客满意是非常有意义的。

第三节 顾客满意行为规范和顾客满意

由于 GB/T 19010 标准中的顾客满意行为规范是以直接提高顾客

满意为目的的企业行为规范，所以要进一步探讨企业实施顾客满意行为规范的重要作用，还必须要理解顾客满意的深刻内涵。因为它是理解顾客满意行为规范和顾客满意之间关系的重要前提。

一、顾客满意概述

过去顾客满意只是一种生活用语，用来形容和评价顾客在购物、用餐之后的一种感受。作为一名顾客，在许多情况下会都把“你是否满意?”作为一句口头禅，来加以广泛的传播。但是对顾客满意的深刻内涵，往往缺乏更加深入的探讨，也可以说，它已经成为我们身边一个最熟视无睹的重要概念。

现在随着人们生活水平的不断提高，现在大家对顾客满意的要求也会有越来越高的期望，而且会越来越关注顾客满意这一重要概念。人们对顾客满意这一概念的理解，一定会随着人们生活水平的不断提高而发生许多变化。例如，过去许多人把顾客满意仅限于对物质生活的满足这一较低层次的范围内，但是今天许多人把对顾客满意的理解会更多地延伸到精神生活的领域之中。即现在企业在提供的高水平顾客满意，不仅在物质领域，而且必须在精神领域也同样能够满足顾客需求。而今天的顾客满意恰恰是建立在满足顾客精神需求或者是心理需求之上的。强调必须要关注顾客满意的最后一公里，就是追求高水平顾客满意的一种具体表现。因此更有必要深刻理解顾客满意的重要内涵。

1. 顾客满意的定义

必须看到顾客满意理论的导入，是 GB/T 19010 国家标准中实施顾客满意行为的重要理论基础。GB/T 19010 国家标准的 3.5 条款引入顾客满意的定义，并且突出强调该定义是采用 GB/T 19000：2008.3.1.4 条款的顾客满意定义。

因此，在这里首先对 GB/T 19010 标准中的顾客满意定义，进行比较深入的探讨。在 GB/T 19010 的 3.5 条款对顾客满意下了一个科学的定义，它如同一条红线贯穿于 GB/T 19010—2008 标准的始终。所以首先向大家介绍顾客满意的定义。在该标准 3.5 条款中对顾客满

意作了如下描述：

顾客对其要求已被满足的程度的感受。

注 1:顾客抱怨是一种满意程度低的最常见的表达方式,但没有抱怨并不一定表明顾客很满意。

注 2:即使规定的顾客要求符合顾客的愿望并得到满足,也不一定确保顾客很满意。

下面分别对它的含义做进一步探讨。

2. 对"顾客满意"定义的理解

在 GB/T 19010 标准 3.5 条款中,顾客满意是"顾客对其要求已被满足的程度的感受",这一定义包含了两层内容。

一是顾客满意只是顾客的一种感受。从顾客角度看,顾客的这种感受是在与企业提供的产品和服务的接触中产生的,这是一种"纯主观"的感受,而且这种感受会受到多种因素的影响。例如,顾客的感受可以通过企业形象的宣传和他人介绍等渠道来获得;又如,顾客从与企业的亲身体验得到的实际感受也可以是最重要的感受。应该说,顾客自己亲自得到的实际感受是最重要的感受,也是企业了解顾客满意或者不满意信息的最重要的渠道。虽然顾客满意的形式有一定的规律(如顾客都希望得到热情的服务、希望产品使用方便等),但是由于这是一种"主观"的感受,不同的顾客对同一产品和服务其满意程度是可能不同的。所以所谓"顾客满意",它可能是因人而异、因地而异、因时而异的。这就告诉企业,在了解顾客满意程度时,仅仅调查少数顾客的感受是不够的,一定要调查足够的样本才能代表顾客的总体。

二是顾客满意与否的这种感受与"对其要求已被满足的程度"(见"顾客满意"定义)有着直接的联系。如果顾客的要求已被满足(当然顾客满意必须要符合法律法规要求),其感受就是顾客满意;相反,如果顾客的要求没有被满足,顾客的感受就是不满意。顾客被满足的程度越高,顾客就越满意;反之,就越不满意。由此,可按顾客的满意程度划分为若干的等级。例如:

很满意。顾客的要求不仅得到了满足,而且还大大超越了顾客的期望,其表现形式为:高兴、激动、感激等,表明自己兴奋的心情和信任感。

顾客很可能因为很满意,从而成为企业的忠诚顾客——“回头客”。

较满意。顾客的要求已得到很大的满足。其表现形式为称心、满足、得意等。这种满意程度仅次于很满意。

一般满意。顾客的要求只是基本得到了满足,仅仅达到了顾客的期望。由于没有超越顾客的期望值,所以只能给顾客一种“不出所料”之感。因此,顾客对于这种感受没有明显的情绪反应,只是有一种“不好不坏”的感受。

较不满意。顾客的要求并没有得到基本满足,有一种“略有所失”的感受。其表现形式为指责、抱怨、表示遗憾。如果企业没有对此采取积极的补救措施,就可能永远失去这位顾客。

很不满意。顾客的要求根本没有得到满足,有一种“大失所望”的感受。顾客的表现形式为情绪激动、生气、投诉、愤怒、极为反感等,这是企业最不希望得到的一种感受。因为很不满意的顾客,很可能再也不会光临该企业,甚至还会尽力传播对企业的不满等,这会给企业造成极大的损害。这也是为什么本章要研究和探讨顾客投诉处理相关理论——顾客满意理论的重要目的之一。

从以上几种顾客满意的不同程度划分看,顾客对产品和服务的感受直接取决于顾客对要求被满足的程度。简而言之,只要顾客的要求得到了满足,顾客就会满意。反之,顾客就不满意。

3. 对注 1 的内容的理解

在 GB/T 19010 标准 3.5 条款中,指出“注 1:顾客抱怨是一种满意程度低的最常见的表达方式,但没有抱怨并不一定表明顾客很满意”。

顾客抱怨,包括投诉都是顾客不满意的一种表达方式,它说明顾客的要求没有(甚至完全没有)被满足。因此,有顾客抱怨和投诉就表示顾客不满意,这是完全准确的。反过来讲,如果没有抱怨和投诉,就等于顾客满意了吗?也不一定。那么,为什么没有顾客抱怨(包括投诉)并不等于顾客是满意的呢?

大家知道,如果有 100 个顾客对企业提供的产品和服务不满意,并不是所有顾客都会前来投诉的。也就是说,前来投诉的顾客只占不满意顾客中的一小部分。而其他顾客,因为各种原因只是没有前来投

诉罢了。但是如果说这些不满意的顾客没有投诉,就等于为企业提供的产品和服务顾客是满意的,这种结论显然是错误的。

4. 对注 2 的内容的理解

在 GB/T 19010 标准 3.5 条款中,注 2 指出:“即使规定的顾客要求符合顾客的愿望并得到满足,也不一定确保顾客很满意”。

该注解指出,如果仅仅满足顾客的规定(即明示)的要求是不能确保顾客很满意的。要使顾客很满意,不仅要满足顾客规定的要求,还要满足顾客的隐含和潜在要求。而且在条件许可的情况下,还要争取超越顾客的期望,才使顾客很满意。这里顾客满意定义的注 2 给企业提出了一条非常重要的,值得企业深思的问题:就是为什么顾客规定的要求得到满足,也不能确保顾客很满意?这与如何有效和高效地处理顾客投诉有密切的关系,由于该注的这些内容强调指出:企业不仅要关注顾客的明示(即规定)要求,同时还必须关注顾客的隐含要求(详见第五章第二节)。

总之,从顾客满意的定义中,可以看到有两层含义:第一层含义强调,顾客满意是企业建立质量管理体系追求的重要目标,关于这一点,无论在 2000 年版或者是 2008 年版的 GB/T 19000 标准中都明确地得到了强调(见该标准的范围)。第二层含义强调的是,在 GB/T 19010 国家标准中引入顾客满意的定义,就必须要关注在产品交付之后的领域,在这一领域中也必须要关注顾客满意。从产品生产的全过程来看, GB/T 19010 标准更强调的就是顾客满意最后一公里(见本章第四节)这一领域。

二、顾客满意公式概述

顾客满意公式实际上是对顾客满意定义的另一种更为形象的表达方式。顾客满意公式和顾客满意定义虽然两者的本质是一样的,而且都与顾客满意有密切关系,只是表述方式各有不同。要深刻理解顾客满意的内涵,运用顾客满意公式可能更加形象直观,更加一目了然。因此企业要懂得和理解顾客满意的内涵,就离不开对顾客满意公式的掌握。下面就对顾客满意公式作些探讨。

顾客满意程度的公式

这里提出的顾客满意程度公式,实际上是对顾客满意定义的另一种理解。它也同样可以帮助大家理解实施顾客满意行为规范的重要作用。

在现实生活中,人们常有这样的感觉,想要购买某项服务的顾客,在接受服务之前,在他的心里,总会有“我总可以得到对方提供某种水准服务”的期待,这种“事先期待”就是顾客的预先的期望值——一种期望得到的感受。而顾客在得到该项服务以后,顾客必然会给服务的实际水平有一种评价,这种“实际评价”——就是顾客的一种实际感受。顾客的满意程度,即顾客对服务质量的评价,就取决于顾客的现实感受和顾客期望感受的相对关系。

对此,在西方服务业管理学中,把它归纳为这样一个公式:

顾客的满意程度 = 顾客的实际感受 - 顾客的期望感受(值)

对这一公式的理解,应从公式中所表示的三个要素,即顾客的实际感受、顾客的期望感受和顾客满意程度之间的一种定性关系来认识(注意,这不是一个数学公式,而是一种理论模式。因此,三个要素之间的定性关系,并不代表绝对的,数量加减的关系)。应该认识到企业可以通过调整公式右侧的两个要素(即顾客的实际感受和顾客的期望感受)来提高顾客的满意程度。请看这样一个实例。

案例 2-1

“今天买,明天装”、“24 小时免费安装”。这是在某市媒体上刊登的购买××品牌空调的广告。在炎热的夏天,顾客之所以买空调,其目的就是安装越快越好。家住某市宝泉路 301 弄的居民李先生,就是在当日报纸上看到购买××空调“今天买,明天装”的广告,才来到了该贸易公司购买了一台空调的。营业员讲两天内就会有人上门安装,要顾客在家等。谁知他在家等到第三天下午,也没有人来安装,李先生不得不再去商店,店方称已将李先生的地址报上去了,第二天肯定安装。可到了第二天的晚上八点仍然没有人来。当然像这样的厂家、

商家不可避免地会被顾客投诉。

仔细分析一下，为什么顾客会感到不满意，而要投诉企业呢？如果运用上述公式来对照的话，就不难题解了。“今天买，明天装”、“24小时免费安装”是企业向顾客做出的服务承诺，企业做出的承诺，总是应该遵守的吧！但是，也许是要安装空调的客户太多，忙不过来，也许是由于信息传递的某一个环节出现了脱节，也许是安装人员责任心不强等。总之，在24小时之内没有来人安装，也就是说，顾客的实际感受远没有达到顾客的期望感受，这自然会引起顾客的不满了。那么相反，如果顾客买了空调以后，马上能做到即买即装——比“今天买，明天装”的服务承诺做得还要好，这肯定会得到顾客的好评。因此，通过上面的例子，企业看到顾客满意与否，是与顾客期望值能否实现有着极为密切的关系。

由此从上述公式中得出以下三点结论。

一是顾客的实际感受高于顾客的期望感受时，当然顾客得出“比听说的还要好！”的评价，该顾客对服务肯定是满意的，而且他也就有可能成为再次光临的顾客。

二是顾客的实际感受与顾客的期望感受相同时，就会有“这是会被顾客认为只不过是受到一般的、理所当然的服务而已，不易留下印象”。

三是顾客的实际感受低于顾客的期望感受时，就会使顾客产生不满，如果顾客对这种不满意积累到一定程度，就必然会产生顾客投诉。顾客投诉是顾客不满意的最常见的一种表达方式，企业如果对顾客投诉不能有效和高效地进行处理，就必然会造成客户的大量流失。

总之，要避免顾客投诉，要提高顾客满意程度，就必须使顾客的实际感受高于或等于顾客的期望感受。因此从这个意义上讲，GB/T 19010 国家标准出台的基础，就是顾客满意的相关理论。

三、提高顾客满意程度的思路和方法

1. 提高顾客满意程度的两种渠道

根据上面介绍的顾客满意公式（包括对顾客满意定义的理解），要使顾客满意程度提高有两种最基本的方法。一种是假设顾客的实际感受是相对稳定的，就应该尽量降低顾客的预先的期望，则会使顾客的满意程度提高。用公式表示为：

顾客的满意程度↑=顾客的实际感受(值)-顾客的期望感受(值)↓

另一种情况，假设顾客的期望感受没有被影响，保持相对的稳定，那么，尽量提高顾客的实际感受，也可以达到使顾客满意程度提高的效果。用公式表示为：

顾客的满意程度↑=顾客的实际感受(值)↑-顾客的期望感受(值)

这就是说，企业为了提高顾客的满意程度可以采取以下措施：即降低顾客的期望感受或者增强顾客的实际感受，都可以达到提高顾客满意程度的目的。

为了能更好地说明对以上两种方法的运用，再举一个实例来说明对公式的运用。

案例2-2

一位来××银行的老同志抱怨说：他现在离休在家(外地)，工资由××银行分行发行的银行卡代发。开始的时候，觉得挺好、挺方便，银行也不收费，但现在“突然”宣布在异地支取现金时要收取一定的手续费。他与老伴非常不满意，觉得有一种“上了贼船的感觉”。尽管有关人员极力解释，但这位老同志最终还是不满意。

事实上，作为银行，收费是完全应该的，因为银行作为企业，有它的经营成本，如果银行不计成本地推广一项服务，其后果是可想而知的。当然，为了推广某种新的服务产品，打出知名度，暂时为客户垫付了一部分费用，如异地支取现金暂时免收服务费，作为吸引客户参加的一种促销手段，也是无可非议的。但是，作为客户，这位老同志的不满意也是可以理解的，本来嘛，异地支付工资一直是是免费的，可是“突然”又改成收费，一下子难以接受。

看起来，双方都有道理，那么问题出在什么地方呢？其实，我们用顾客满意公式来进行分析，就很容易发现问题的结症所在——银行

“突然”把免费服务改为收费服务，使顾客的实际感受大大低于顾客的期望感受，这当然就引起了顾客的不满，从而产生一种“好像上了贼船似的”抱怨。因为在这位老同志的期望值中，一直认为异地支付工资就是应该免费的，而且他过去的亲身感受也证明了这一点。现在“突然”又变成收费，老同志自然不满意。

不过，如果从“顾客永远是对的”角度看，问题还是在银行方面。因为从银行角度上看，当推出这项新的服务品种时，应事先降低顾客的期望值——即对免费的期限为几个月（或者几年）作出明确规定，期限一到，就要改成收费服务，而收费服务，其费用又是多少等内容，必须事先明示（见第四章第三节遵守承诺准则）。如果银行事先把解释工作做好了，就不会出现这么大的麻烦。用我们的行话来讲，就是我们先把客户的期望值降下来，这样把免费改成收费就不会感到突然了。这里我们就和上面讲的第一种方法结合起来，即在提供服务前，先降低（或控制）顾客的期望值，不要盲目地提高顾客的期望（以为异地支付现金可以永远免费的），那么就可以达到使顾客满意的目的。

尽管异地支付工资早晚要收费，而免费只是暂时的，那么，我们还可以运用第二种方法，在顾客的期望感受保持相对稳定的情况下，再尽量提高一下顾客的实际感受：如规定对于一些特殊顾客（如离休的老同志）可把免费再延长一年（或者几年），使顾客的实际感受超越他原有的期望（以为和一般职工一样），说不定这位老同志还会对银行的这种优惠措施感激不尽呢！

由此可见，运用顾客满意公式，通过提高顾客的实际感受，或者降低顾客的期望感受，都同样可以达到提高顾客满意程度的目的。

2. 提高顾客的实际感受的几种方法

提高顾客的实际感受，可以达到使顾客满意程度的目的。所以提高顾客的实际感受是提高顾客满意程度的主要措施之一。由于顾客的满意程度很大程度上取决于顾客的期望感受和顾客的实际感受这两个因素，因此，设法增强顾客的实际感受应该成为提高顾客满意程度的一条重要途径。例如，增强顾客实际感受的有效途径之一就是突出服务的针对性，从而增强顾客现时实际感受和期望感受的差异性。

例如，在实际提供服务中，处处体现我们是按您的需要为您服务，强调把满足“您”的需求作为特色，在可能的条件下，尽可能满足“您”在标准之外的一些需求，这样就恰恰可以弥补标准化服务中的不足，使顾客光临以后，实际感受就有了升级。从而可以大大提高顾客的满意程度。增强顾客实际感受的另一条有效途径就是尽可能地加强企业所提供服务中的无形部分。这些部分包括人性化的服务细节，强烈的气氛渲染，方便的服务程序，来影响顾客的实际感受等（详见第四章第三节注意细节等准则）。

3. 控制顾客期望值的几种方法

控制（或降低）顾客的期望感受，是提高顾客满意程度的主要措施之二。

顾客的期望感受是一种“纯主观”的感受，而且是因人而异的。要通过降低顾客的期望感受，就首先要了解顾客的期望感受是如何形成的，我们把形成顾客期望感受的渠道归纳为以下几种。

（1）广告和承诺。不管是航空公司、公共交通，还是银行、商店，这些服务企业对顾客期望感受的影响，就是这些企业通过大众媒体所进行的各种广告宣传和服务承诺。顾客都是因为接受了广告攻势和承诺的宣传之后，对自己将要受到的服务就会在心目中描绘出一幅“形象图”——并想象，如果到这些企业之后，所接受的服务应该与广告和承诺是一样的。

（2）推销人员推销语言的影响。在顾客与企业服务人员进行沟通联络时，顾客往往是根据服务人员（推销人员）的推销内容，去描绘心目中的服务印象，从而形成顾客的预先期望。

（3）第三者的宣传。所谓第三者是指曾经接受过该企业服务的顾客。这些顾客的宣传，其影响力是很大的，因此企业可以利用曾经接受过该项服务的顾客进行必要的宣传，并有效地左右其他人的期望感受。

（4）顾客自己的亲身感受。这可能是形成顾客期望感受最强有力的因素。因为有许多顾客都认为自己亲身体会的服务才是最有把握的。专家研究后一致认为，对顾客影响最大的不是大众传播广告，而是熟人朋友之间的口头相传，自己亲身经历的购物感受。因为大众广告虽然覆盖面大，但无特定的传播对象，并且常混杂有任意夸大、偷梁换柱等虚假广告的内容，不可靠因素很多，往往会误导顾客，盲目提高顾客的期望值。而口传广告是封闭的，只是以亲身经历和感受为基础，以朋友、熟人等为传播对象，可靠性和可信性高。正因为如此，我们在做广告宣传和服务承诺时一定要留有余地，话不说绝，词不用尽，尽量力求客观。总之，在通过广告宣传服务承诺来调节顾客期望值时，不能过高使顾客产生期望感受。

作为企业在做广告宣传时，同样要注意这一点。作为广告，其目的在于通过宣传自己的长处来吸引更多的顾客，但是这样的结果又可能会提高顾客的期望感受。因此广告艺术的技巧在于：使顾客形成可以兑现的，而不是非分的期望，甚至在某些方面，设法降低一点顾客的期望值，使他们小有失望，但又不失去运用整体广告的吸引力来招徕顾客的机会。此时，如果顾客在到达企业之后，再设法增加顾客的实际感受，自己就可以增大顾客的满意程度。因此，广告宣传和人员推销，即便是有十分的把握，也只须做到八九分就足够了，这是降低顾客期望值最有效的措施（详见第四章第三节遵守承诺等准则）。

4. 结论：控制顾客期望值是实施顾客满意行为规范的重要理论依据

通过以上对顾客满意定义和顾客满意公式的分析和探讨，可以得出这样的结论：由于企业要对顾客期望感受进行理想的控制和调整不十分容易（如广告宣传和人员推销只须做到八九分即可等），所以国际标准化组织（ISO/TC176）专门出台了 ISO 10001 国际标准（即 GB/T 19010 国家标准），希望通过实施顾客满意行为规范，即通过种种降低或维持顾客切合实际的期望感受，来规范企业在产品交付、产品退回和产品广告等领域的种种行为，以最终达到有效控制顾客期望值的目的。而所有这一切的努力，都是为了使后来对顾客的实际感受超越顾客期望值能够更为强烈。换言之，只有有效地控制顾客期望值，才能为增强顾客满意奠定可靠的基础。因此从这个意义上讲，控制顾客期望值是实施 GB/T 19010 标准所提出的顾客满意行为规范的重要理论依据之一。

四、关于顾客满意的一些误区

企业在追求顾客满意目标的过程中，还存在着一些误区和不正确认识，在这里需要得到澄清和说明。因为这些错误的观点必然会不利于实施顾客满意行为规范，更不能确保企业保持高水平的顾客满意。

1. 误区之一：顾客满意是测量出来的

如果套用质量管理领域的一句名言："质量是生产出来的，而不是检验出来的"的话，那么我们完全可以说，顾客满意也是"生产"出来的，而不是被测量出来的。因为顾客满意测量的最大问题在于，它只是事后对过程的结果进行的一种量化评价。这只是一种"死后验尸"的一种传统思路。而这种量化评价并不能改变顾客对结果的最终评价。

如果认识到顾客满意是生产出来的，那么就可以把顾客满意形成提前介入到产品的生产过程之中。它可以在产品进入消费领域过程之前，即在设计、加工和制作的生产过程中，就对顾客满意程度的提升做好必要的辅垫。这就是一种"预防为主"的新思路，因为它可以使从产品的设计开发到加工制作的全过程，包括对顾客满意最后一公里的关注（这是本书探讨的重点），都是为顾客满意的提升做好充分的准备。对顾客满意的这种"提前介入"的理念，与我国著名的健康专家洪昭光教授所强调"预防为主"的健康思想是一致的。

2. 误区之二：顾客满意只是一种测量目标

顾客满意作为 GB/T 19000 族标准追求的目标，都已经为大家所熟悉。但是它绝不仅仅是一种测量目标。因为无论是 2000 年版还是 2008 年版，GB/T 19000 族标准（同时还包括 GB/T 19010、GB/T 19012、GB/T 19013 标准）的最大特点在于，就是始终把增强顾客满意作为实施该标准追求的最终目标。即在该标准中强调："通过体系的有效应用，包括体系持续改进的过程以及保证符合顾客与适用的法律法规要求，旨在增强顾客满意"（见 GB/T 19001. 2008. 1. 1. b）条款），就充分证明了这一点。

美国著名的营销学家科特勒，在他的名著《营销管理》中明确指出："顾客满意是目标，也是工具"。这就为顾客满意在企业的质量管理领域中，发挥它应有的作用，指明了重要的方向。顾客满意不仅仅是质量追求的一个重要目标，而且也可以成为提高质量的一种有用工具。这是因为顾客满意目前已成为一门具有很强操作性的新兴学科，有许多值得总结的客观规律。尤其是 GB/T 19010 标准提出实施顾客满意行为规范之后，就更加要求企业必须对这些顾客满意的客观规律加以科学地总结和归纳，并把它作为企业提高产品质量和服务质量的一种有用工具。本书的第四章第三节专门对顾客满意服务的客观规律进行了比较系统的归纳和总结。

3. 误区之三：有质量保证就有顾客满意

早在 2000 年在 GB/T 19001 的 ISO 前言中就明确指出："质量管理体系要求除了产品质量保证以外，还旨在增强顾客满意"。ISO/TC176 强调这一观点的重要意义在于：要求企业不仅要关注质量保证，更要关注顾客满意。

仅有质量保证，并不意味着一定就能确保顾客满意。现在 ISO/TC176 提出的新理念告诉企业：既要关注质量保证，又要关注顾客满意——它的作用在于，一旦出现了顾客不满意，它就如同一面"镜子"，可以帮助企业从另一个角度，发现在质量保证领域中，一定还会存在着某种"死角"，而对这些死角的监控，应该成为质量保证的新内容。例如现在频频发生的电信欺诈事件（即利用电信服务，向客户骗取钱财）和手机涉黄事件（即利用手机服务，向客户传播黄色信息）中，如果仅从质量保证这一个角度看，企业往往是很难发现质量管理体系中存在的某些漏洞。事实上，一些犯罪分子恰恰利用了这些漏洞，使顾客的财产和身心受到巨大损害！那么企业可以根据顾客不满意的反馈信息，就应该加强在内部对质量保证的监督力度，如电信部门是否能对突然增大的电话流量进行必要的监督？又如移动运营商对服务器使用的层层转包是否能进行更加严格的限制等。当然，出现种种服务不安全事件，其中有许多问题不仅仅限于企业内部，因此清理整顿企业的外部环境是非常必要的，而且对犯罪分子的打击更是必不可少的。

但这一切都说明，企业在强调质量保证的同时，更要关注顾客满意与否。因为只有建立在顾客满意基础上的质量保证，对顾客来讲才有真正的意义。

4. 误区之四：在质量管理的领域里只见“物”，不见“人”

顾客满意和质量是一对“孪生兄妹”。顾客满意和质量两者之间的关系，就如同一辆车上的两个轮子一样，两者相互补充、相辅相成。但是在质量的领域中，顾客满意与质量都在各自扮演着不同的角色。如果说，质量是侧重于研究“物”的话，那么顾客满意则侧重于研究“人”，所以两者之间有着明显的区别。

在这里，我们不得不提到苹果产品。众所周知，在当今世界上，还没有一种产品能够像苹果手机和苹果平板电脑一样受到顾客的追捧和欢迎。而乔布斯作为苹果企业的创始人，是世界上唯一能把苹果这种高科技、高质量产品，作为顾客的“宠物”和“情人”进行设计和开发的人。正因为他能最大限度地考虑到顾客的这种全新感受，不仅能够见“物”，更能够见“人”（顾客），才能使他能够向我们提供如此高水平顾客满意的产品，这也成为乔布斯之所以能够获得成功的根本原因。

因此希望质量部门的各级领导必须要把探索顾客满意的客观规律列入议事日程。要知道，在我国经济发展的过程中，某些地区的领导，也曾经一度出现过一些偏差，例如过度追求 GDP 等经济数据的增长等。而现在党和政府如此高度的重视民生工程，则充分体现了以人为本的执政理念。正因为如此，在企业质量管理里中，对任何质量管理方法的运用都必须真正体现在增强顾客满意的结果上，而不能只见物，不见人。

五、顾客满意行为规范和顾客满意之间的联系

通过以上对顾客满意行为规范（见本章第二节）和顾客满意（本章第三节）的分析之后，可以对两者之间的联系归纳为以下两点。

1. 顾客满意行为规范是确保高水平顾客满意的重要手段

GB/T 19010 标准强调追求高水平顾客满意是实施顾客满意行为

规范的根本目的。而且 GB/T 19010 标准的这些提法与 2008 年版的 GB/T 19001.1.1 条款中所表述的:实施本标准“旨在增强顾客满意”的提法不仅一致,而且是一种更高的要求。

顾客满意行为规范作为确保高水平顾客满意的重要手段,在 GB/T 19010 标准中提出了许多具体要求。例如在 GB/T 19010 标准中,提出了一系列实施顾客满意行为规范指导性原则,其中对于透明、方便、及时、响应、准确等指导原则的提出,都是以顾客为关注焦点和顾客满意的理念,在实施顾客满意行为规范过程中的具体应用。因为只有树立以顾客为关注焦点的理念,才能达到高水平顾客满意的目的,而要达到这一目的,就必须要遵循在该系列标准中提出这些透明、方便、及时、响应、保密等指导原则,才能更好地实施顾客满意行为规范。

2. 顾客满意行为规范是质量保证的重要补充

2000 年在 GB/T 19000 标准的 ISO 前言中强调指出:“质量管理体系要求除了产品质量保证以外,还旨在增强顾客满意”。然而在当时国际标准化组织(ISO/TC176)并没有提出什么质量保证之外的具体措施。一直到了 2009 年 ISO/TC176 出台 GB/T 19010 标准之后,这一切就变得十分明朗化,因为 GB/T 19010 提出的实施顾客满意行为规范,就是企业在质量保证之外的一种重要补充,它可以在企业提供高质量产品的基础上,通过实施顾客满意行为规范,来确保高水平顾客满意的实现。关于这一点,前文已论述,这里不再重复。

第四节　从 GB/T 19001 到 GB/T 19010 说明了什么

国际标准化组织(ISO/TC176)在 2000 年推出 ISO 9001(即 GB/T 19001 标准)之后,到 2009 年又推出的 ISO 10001(即 GB/T 19001 标准),它充分表明国际标准化组织(ISO/TC176)在追求顾客满意这一目标过程中,又迈出了一大步。从国际标准化组织(ISO/TC176)在出台 GB/T 19001 标准之后,又出台 GB/T 19001 标准至少说明以下几点。

一、GB/T 19001 和 GB/T 19010 标准之间有着密切关系

从实施 GB/T 19001 标准再到实施 GB/T 19010 标准,它说明两个标准之间的关系十分密切。

首先, GB/T 19010 标准是对 GB/T 19001 标准的重要补充。由于在 GB/T 19000 族国家标准中,并没有具体涉及在产品交付领域中如何实施顾客满意行为规范的内容。所以在 GB/T 19010 标准中着重对上述内容提出了具体的要求,如 GB/T 19010 标准强调的是要实施顾客满意行为规范等。这些内容都是从一个崭新的角度对 GB/T 19001 标准的最好补充。

其次,GB/T 19010 可以是按 GB/T 19001 标准建立起来质量管理体系中的一部分。在 GB/T 19010 标准 0.2 总则条款中,突出强调:"遵循本标准实施的顾客满意行为规范可以作为质量管理体系的一个要素"这一观点。也就是说,GB/T 19010 可以成为 GB/T 19000 质量管理体系的重要组成部分。国际标准化组织是很希望把 GB/T 19010 作为 GB/T 19000 质量管理体系一部分的。这对于已经通过 GB/T 19000 质量管理体系认证的企业来讲,两者的结合,更有利于补充和完善企业内部建立的质量管理体系。作为一种理想的目标,把 GB/T 19010 标准要求顾客满意行为规范的内容,完全可以全部纳入到企业 GB/T 19001 质量管理体系之中。其主要目的是,只有这样才能把 GB/T 19010 标准所提出的关于顾客满意行为规范的要求,都按照 GB/T 19001 标准质量管理体系的要求进行内审和管理评审,以确保 GB/T 19010 标准所提出的各项要求得到真正的贯彻和落实。

二、顾客满意是 GB/T 19010 和 GB/T 19001 标准追求的共同目标

GB/T 19010 和 GB/T 19001 两个标准最大的共同点,就是都把顾客满意作为其追求的共同目标。但是在追求顾客满意的过程中,这两个标准在发挥着各自的优势,分工明确,相互补充。

1. 充分体现了以顾客为关注焦点的理念

在质量管理的领域中，强调以顾客为关注焦点的理念，其根本目的就是要确保顾客的满意。国际标准化组织出台 GB/T 19001 标准的目的是为了增强顾客满意。国际标准化组织通过 GB/T 19010 标准的出台，强调对顾客满意行为规范的实施，根本目的也是为了使企业能够保持高水平的顾客满意。更加体现出国际标准化组织对顾客满意的不懈追求。因此可以说，实施顾客满意行为规范就是充分体现以顾客为关注焦点为理念最重要的实际行动之一。虽然 GB/T 19010 和 GB/T 19001 两个标准的具体内容和实施领域都各有侧重，但是 GB/T 19010 和 GB/T 19001 两个标准的实施，都充分体现了以顾客为关注焦点的这个理念。

2. 弥补了质量管理体系的薄弱环节

对于 GB/T 19001 标准而言，GB/T 19010 标准提出的实施顾客满意行为规范，正好弥补了质量管理体系的薄弱环节。应该说，按照 GB/T 19001 标准建立起来的企业质量管理体系，对确保企业提供高质量的产品起到了决定性的作用。但在产品交付以后的环节，在 GB/T 19001 标准中却几乎没有过多地涉及，并且没有提出相关要求。由于没有相应的要求和依据，所以如果要对通过质量体系认证的企业进行监督和检查的话，企业和相关部门很难会通过内审活动和外审活动，来发现产品交付领域中存在的不足。很显然，这一领域恰恰是质量管理中的“柔软的腹部”。这里只是借用国际地缘政治中的一个名词来使用，意在指出它是整个质量管理体系中的最薄弱环节。因为在有些人看来，和质量领域这个“巨人”相比，顾客满意最后一公里领域似乎与它不可同日而语，似乎显得无足轻重，甚至可以忽略不计。因为至今还没有更多的企业和部门，对顾客满意形成的客观规律进行比较全面和系统地研究。

然而，GB/T 19010 标准对顾客满意行为规范概念的提出，可以提醒更多的企业在关注产品交付以后的这一领域中，如何能够确保最终的高水平顾客满意。因此从这个角度上看，顾客满意行为规范概念的提出,它从另一个新的角度,突出了顾客满意的重要性。

3. GB/T 19010 和 GB/T 19001 标准可以相辅相成

为了追求顾客满意的共同目标, GB/T 19010 标准可以帮助企业按 GB/T 19001 建立的质量管理体系更加完善,更加有效地运行,更加有利于对顾客满意目标的追求。因为企业实施 GB/T 19010 标准之后,无论是通过顾客满意行为规范和各种承诺实施,这一切都可以使顾客的满意度提高,同时也为企业的持续改进做出有益的贡献,而这些恰恰也是 GB/T 19000 族标准所追求的最终目标。因此,只有把 GB/T 19010 标准和按照 GB/T 19000 标准建立健全质量管理体系,两者得到完美的结合,才能真正起到相辅相成的作用。

三、高质量产品只是高水平顾客满意的必要条件

从 GB/T 19001 到 GB/T 19010 标准,至少还说明:高质量的产品只是高水平顾客满意的必要条件,而并非充分条件。

应该相信大多数企业,在按 GB/T 19001 标准建立和完善的质量管理体系中,通过运用各种质量管理的方法和手段(如六西格玛等),加强对产品加工过程的有效控制,再采用了许多先进的技术和先进的工艺等,这些对于提高产品质量的提高有很大促进作用的。企业辛辛苦苦开发和生产出来的这些高质量产品(注意!在这里我们暂时排除那些质量不高的产品),一定可以为保持高水平的顾客满意奠定可靠的基础。因为高水平顾客满意如果离开了高质量产品这个载体,它就会成了“无源之水、无本之木”。而在 GB/T 19010 标准提出要保持高水平的顾客满意,这是国际标准化组织对企业提出的一个新的、更高的目标。这种高水平的顾客满意,除了有产品价格因素影响之外,还应该包括两个重要方面:一方面应该包括对高质量产品的满意;另一方面还应该包括对企业在产品交付之后,所开展的各项促销和服务活动,其中包括对各种产品的广告宣传、产品和服务承诺、花样繁多的促销活动、产品的售后服务以及对顾客的投诉处理等,也同样要确保顾客满意。因此虽然高质量的产品可以对顾客满意奠定可靠的基础,但是它离高水平顾客满意这一最终目标,还有最后的一段距离。在这一

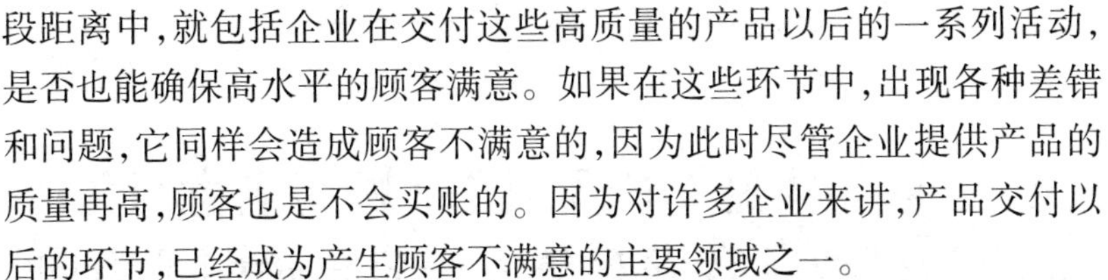

段距离中，就包括企业在交付这些高质量的产品以后的一系列活动，是否也能确保高水平的顾客满意。如果在这些环节中，出现各种差错和问题，它同样会造成顾客不满意的，因为此时尽管企业提供产品的质量再高，顾客也是不会买账的。因为对许多企业来讲，产品交付以后的环节，已经成为产生顾客不满意的主要领域之一。

四、提出了一条保持高水平顾客满意的新途径

GB/T 19010 标准提出的实施顾客满意行为规范，为企业指出了一条保持高水平顾客满意的新途径。因为高水平的顾客满意不仅应该体现在企业可以提供质量可靠的产品，同时还应该在产品营销的过程中，也要确保顾客满意。

如果把营销定义为“促进销售”的话，那么对于企业向顾客提供高质量的产品，也同样离不开企业必须要开展各种营销活动。但是顾客满意行为规范的实施和企业营销活动的实施最大的不同就是：前者以提高顾客满意为目的，而后者则以扩大销售为目的。如果换一种说法：GB/T 19010 标准所提出实施的顾客满意行为规范，实际上应该是以提高顾客满意为目的的一种营销活动。

如果企业能够树立这样的理念，那么完全可以把实施顾客满意行为规范，和企业开展的各种营销活动有机地结合在一起，在企业向顾客交付产品的过程中，不仅可以通过营销，让更多的顾客接受高质量的产品，同时通过实施顾客满意行为规范，确保企业能够获得高水平的顾客满意。这就是 GB/T 19010 标准为企业提供了一条保持高水平顾客满意的有效途径。

因为随着市场经济的深入发展，顾客自我保护意识的不断增强，顾客对企业提供的产品质量要求越来越高，在提高顾客满意度越来越难的情况下，各类企业在开展对质量研究的同时，加强对顾客满意行为规范的探讨，不仅可以提高企业建立质量管理体系的有效性，提高企业的竞争能力，而且也可以为质量的研究开辟一个崭新的领域。当然，其最终目的就是为了打通顾客满意最后一公里。

第三章　实施 GB/T 19010 顾客满意行为规范为打通顾客满意最后一公里指明了方向

如果把 GB/T 19010 标准的出台,放在已经实施多年的 GB/T 19000 族标准这样一个大背景下,就可以看到,ISO/TC176 现在出台这样一套标准其根本目的,就是为了确保企业能够保持高水平的顾客满意。所以实施顾客满意行为规范应该成为在质量管理领域里,保持高水平顾客满意的一条有效途径。因此本章首先必须要理解:在质量管理领域里,为什么要实施顾客满意行为规范(第一节)。然后要掌握顾客满意行为规范的基本特征和实施范围的深刻内涵(第二、第三节)。最后还要明确实施顾客满意行为规范的目的就是为了打通顾客满意的最后一公里(第四节)。

第一节　高质量的产品就能确保高水平的顾客满意吗

企业实施 GB/T 19000 族标准的根本目的是,通过高质量产品的提供,以达到增强顾客满意的目的。因为对企业来说,只有顾客满意,才可能得到应有的回报,也才可能获取真正的经营成效,从而使企业获得生存和发展的必要条件。

在一般情况下,有高质量的产品是可以为顾客带来满意的。但是有高质量的产品就一定能确保能达到高水平的顾客满意吗?那就不一定了!如果要问为什么,我们就必须要对顾客满意与质量之间的关系有一个清晰的认识。为此先看一个《从手机电池的待机时间谈起》的案例。

一、从一则案例说起

案例 3-1

据《××日报》2008 年 4 月 21 日报道,日前,尹先生购买了一款××知名品牌的手机,充足电后只能待机 4 天。而产品使用说明书却称,该品牌原装电池的待机时间在 6~11 天。于是向有关部门进行了投诉。后经查阅,尹先生发现说明书上还有一句解释,“该待机时间是在优化网络环境下通常所能达到的待机时间,实际待机时间可能因使用情况和环境等因素而有所不同”。说到底,最高 11 天的待机时间是在实验室环境中测得的。

由于在实验室环境里,电池不会遇到高温、高湿环境,因此企业或许能得到长时间的待机数据,却不能对电池在正常环境下的性能进行充分评估。类似的情况,在电冰箱、节能灯等产品上也有体现。据了解,××品牌的电冰箱厂商宣传的“日耗电 0.42 度”,但是往往是在产品“空载”状态下的测试数据,只是一个理想值,真正的耗电量与冰箱内食品数量,开关冰箱门的频繁程度等都有关系;而节能灯产品的使用寿命也与开关频率密切相关。

据了解,有关部门在检查中,根据具体的投诉情况对夸大其词严重的产品或企业进行查处。

应该说,××手机和××冰箱都是比较知名的大品牌,它们的产品质量应该是可靠的,也是令消费者信得过的。但是这一切并不一定能确保能够获得高水平的顾客满意。因为有一部分顾客对这些品牌产品性能某些表述提出了质疑。顾客为什么会对这些知名品牌的产品也会产生不满意呢?这是由于这些企业并没有关注和重视顾客满意的最后一公里中的某些环节,而造成的必然结果。

××手机电池的“待机时间在 6~11 天”、××冰箱“日耗电 0.42 度”等内容都写在产品使用说明书上。实际上这些内容就构成了企业对顾客的一种产品承诺。但是令人遗憾的是,这些产品实际性能并没有完全能够达到产品说明书上明示的要求,如××手机电池的实际待机时间只有4天,而××冰箱实际日耗电在1度左右等。对顾客来讲,产品使用说明书上的内容,实际上构成了企业对产品的一种承诺,但是由于顾客的实际感受(顾客实际使用的结果)并没有达到顾客的期望值(使用说明书中提出要求)。也就是说,企业实际上并没有遵守和履行自己的承诺,其结果只能造成顾客不满意,造成顾客投诉是必然的。

按理讲,该品牌手机在产品的使用说明书中强调该手机的电池“待机时间在6~11天”,而且还特别说明“该待机时间是在优化网络环境下通常所能达到的待机时间,实际待机时间可能因使用情况和环境等因素而有所不同”。这种做法比较某些只想通过虚假承诺,来捞取不义之财的企业要强得多。而且我们也相信在实验室条件下,手机的电池“待机时间在6~11天”应该是可以达到的,如果从质量定义的角度看,产品的固有特性(见本节第二部分)也是能够满足要求的。而且目前有相当一部分企业(包括一些知名的大企业)就是这样进行承诺的,同时他们也都认为这样的承诺,应该是无可非议和无懈可击的。但是,问题就出在企业对产品性能的对外承诺上,即手机电池的实际使用时并没有达到“待机时间在6~11天”的要求,所以就引起一些顾客的不满和投诉。请大家注意,顾客的这种不满并没有针对产品本身的质量,而是对于企业这种“言过其实”的表述方式,这也就意味着高质量的产品也并不一定会确保高水平顾客满意。

那么为什么会出现上述情况?在这里如果把某些企业采用虚假承诺有意欺骗顾客的这种恶劣行为排除在外,我们认为一个非常值得关注的原因,就是产品本身的质量(产品的固有特性)并没有造成顾客不满意,造成顾客不满意的,恰恰是属于产品性能的赋予特性未能满足顾客要求,即企业对产品性能承诺的内容不到位造成的。简言之,如果产品的赋予特性不能满足顾客要求,同样也会造成顾客不满意。关于这一点,在本节第二部分(顾客满意与质量之间的关系)中会有专门论述。

同时,这些企业也没有能够很好地遵守承诺这一顾客满意服务准则所提出的要求,掌握遵守承诺和广告促销之间关系(详见第四章第三节)。要知道,如果企业对产品承诺和广告之间的关系处理不好,尽管它与产品质量并无直接关系,但也立即会造成顾客的不满意。企业

必须要通过对遵守承诺和广告促销之间关系的准确把握，企业在向顾客进行明示时，要求对定量的数据一定要慎重行事，千万不要盲目提高顾客的期望值，才能真正消除顾客的不满。所以以手机电池待机时间为例，在产品说明书中，不能只写在实验室环境下的待机时间，而且还应该把在顾客正常使用的情况下，所测量的待机时间同时也告知顾客，才能确保顾客满意。

因为作为一名购买手机的顾客，在一般情况下，往往会先阅读手机的使用说明书，而说明书上的相关内容对顾客来讲就是企业对产品的一种承诺。当顾客看到手机电池待机时间可以达到6～11天时，作为顾客，既然企业提出了这样的承诺（注意，该承诺是企业主动作出的，不是顾客要求的），他们当然就有理由要求企业提供的手机应该达到说明书中所提出要求。那么尽管此时企业在说明书上还有一句“该待机时间是在优化网络环境下通常所能达到的待机时间，实际待机时间可能因使用情况和环境等因素而有所不同”进行解释，但是由于顾客在实际使用环境中，不可能具备这种实验室条件，因此顾客也会不满意的，因为你没有达到顾客要求的“手机电池待机时间6～11天”的期望值。而且这个“手机电池待机时间6～11天”的过高期望值完全是由企业给顾客造成的“假象”。

企业正确的做法应该是，不仅应该告知顾客在实验室条件下，该手机的电池待机时间应该是“手机电池待机时间6～11天”，而且还应该告知顾客在正常条件下，手机电池的待机时间应该是多少，如4～6天等，以有效地控制好顾客的期望值。

也许有些人会认为，如果把手机电池的待机时间说得太短，就会妨碍手机的销售。如果有这样的指导思想在作怪，那么我们就有理由认为，企业之所以只是把实验室条件下的待机时间告知顾客，而没有告知在正常条件下手机的待机时间，就有故意误导顾客之嫌了。难道你们不认为这样的分析有道理吗？

二、顾客满意与质量之间的关系

从上述案例中可以看到，虽然手机和冰箱的产品质量并没有问题,而仅仅是对手机电池待机时间和冰箱日耗电量的表述出现不妥,同样也会造成顾客的不满意。因此很有必要来认真探讨一下顾客满意与质量之间的关系。由于顾客满意定义在前面(见第二章第三节)已有论述,因此在这里先从质量和质量特性的定义开始探讨。

质量:一组固有特性满足要求的程度(GB/T 19000—2008:3.1.1条款)。

注1:术语"质量"可使用形容词,如:差、好或优秀来修饰。

注2:"固有的"(其反义是"赋予的")是指本来就有的,尤其是那种永久的特性。

质量特性:与要求有关的,产品、过程或体系的固有特性(GB/T 19000—2008:3.5.2条款)。

注1:"固有的"是指本来就有的,尤其是那种永久的特性。

注2:赋予产品、过程或体系的特性(如:产品的价格,产品的所有者)不是它们的质量特性。

在质量定义的表述中,把固有特性作为质量的主要特征。同时还把满足要求(主要是顾客要求)作为质量追求的重要目标。可以说,质量为顾客满意奠定了重要基础。而在质量特性定义的表述中,又把质量的主要特征——固有特性作了进一步描述,并且通过该定义的注2,提出了赋予特性的概念,这样有助于对质量定义的进一步理解。通过以上对质量和质量特性定义的表述,可以明确地看到ISO/TC176把所有的产品特性分为固有特性和赋予特性两大类。下面分别进行分析。

关于产品的固有特性。大家注意,根据质量定义,固有特性是质量最主要的特性(见质量定义注2)。产品的固有特性就是指本来就有的,尤其是那种永久的特性(见质量特性定义注1)。例如产品的规格、性能、可靠性、寿命等。这些固有特性有四大特点:一是这些特性都是在企业的产品加工制作过程形成的,大都是一种具有物理形态的产品特性;二是ISO/TC176把这些产品的固有特性一律称为质量特性;三是这些产品一旦形成,就不会随意改变;四是这些质量特性会直接使顾客要求能得到不同程度的满足,也可以直接为顾客满意与否的结果奠定基础。所谓高质量的产品就应该指,能够通过产品的固有

特性,来充分满足顾客要求的产品。

关于产品的赋予特性。产品的赋予特性恰好与产品的固有特性相反，这是可以随着时间和空间等各种企业内外部因素的不同而不断变化的特性(见质量特性定义注2),例如产品的所有者、产品的价格、产品的交付和退回、产品承诺和服务等。这些赋予特性也有四个大特点：一是这些产品的赋予特性大都是围绕着产品固有特性进行的,而且是在企业产品交付的过程形成的,也就是说,大多数产品的赋予特性都产生在顾客满意最后一公里的范围之内;二是这些赋予特性往往会因为在产品交付过程中,受到企业各种内外部条件(如时间、空间、顾客、竞争对手、自然环境等)影响的变化而变化;三是 ISO/TC176 还特别指出一定不能把这些特性称为质量特性,因为质量特性只针对固有特性而言的(见质量定义2);四是虽然这些产品的赋予特性与固有特性有本质的区别,但是它也同样会直接影响到顾客要求是否能得到满足,所以它也构成了追求高水平顾客满意的重要组成部分。

因此,正确的结论是:要达到高水平顾客满意的目的,一方面需要产品的固有特性能够满足顾客要求,即需要企业按 GB/T 19001 标准建立质量管理体系来完成。另一方面还需要产品的赋予特性同时也能满足顾客要求,即必须要企业按照 GB/T 19010 标准的要求,实施顾客满意行为规范。因此高水平的顾客满意应该是产品固有特性(指提供高质量产品)和赋予特性(指实施顾客满意行为规范)共同作用的结果。也可以说,通过产品赋予特性来满足顾客的需求,就离不开对顾客满意行为规范的实施。

因此在本案例中,顾客的不满意,并不是由于产品的固有特性没有满足顾客的需求,而是由于产品的赋予特性(即手机待机时间长短的表述)没有满足顾客的需求才造成的。

三、顾客满意与质量之间的联系与区别

1. 顾客满意与质量之间是不同的

在 GB/T 19000 族标准中,顾客满意与质量都在各自扮演着不同

的角色。除了质量是侧重于研究“物”，而顾客满意则侧重于研究“人”之外，两者之间还有许多明显的区别。首先，质量主要是针对企业提供的产品而言的，而顾客满意是针对顾客而言的。其次，质量反映了产品满足顾客要求的一种能力和程度，而顾客满意反映了顾客对产品的一种评价和感受。最后，质量只是实现顾客满意的一种手段，而顾客满意是质量追求的目的。

2. 产品质量的优劣要通过顾客满意与否来作出正确的评价

产品的质量是否具有满足顾客要求的这种能力，必须而且只有通过顾客满意与否的结果来反映(当然，这种顾客满意必须符合法律法规的要求)。因为“在任一情况下，产品是否可接受最终由顾客确定”(见 GB/T 19000.2.1 条款)。也就是说，产品质量的优劣，只有通过顾客的亲身感受才能得到最终，也是最可靠的检验。如果顾客满意，就必然存在着高质量的产品。相反，低劣产品的质量，只能给顾客带来不满意。而且顾客满意与否的这种感受，必然会直接影响到顾客对产品质量的正确评价和选择——是否可以接受(或者再接受)该产品。所以顾客满意也是顾客需求得到满足的最集中表现。

3. 顾客满意是质量领域中不可忽略的重要组成部分

从 2000 年版开始，在 GB/T 19000 族标准中，之所以要从过去的质量保证(模式)领域，延伸要到顾客满意领域，这说明，顾客满意不仅已经成为提高质量必须达到的一个重要目标，而且应该成为质量领域中不可缺少的组成部分。因为顾客满意概念的提出，实际上给企业质量管理提出了更高的要求。这就意味着，如果过去用质量保证这把“尺子”，去衡量企业提供的产品和服务，是属于合格的话，那么今天企业再用顾客满意这把“尺子”去衡量，就有可能是属于不合格！三聚氰胺、短信欺诈等许多恶性产品和服务质量事件的不断发生，就充分说明：只要顾客不满意，企业质量保证再好也没有任何意义。

四、高质量的产品为高水平顾客满意奠定最可靠的基础

虽然质量不等于顾客满意，但是高质量的产品一定是顾客满意的重要基础。而质量如果离开顾客满意这个目标，就如“同汪洋里的一

条船”,就无法顺利到达增强顾客满意的彼岸。

1. 质量低劣的产品和服务,肯定是无法确保顾客满意的

首先必须明确,低质量的产品和服务肯定是无法确保顾客满意,这一点有大量的事是可以证明。

案例 3-2

山东××市消费者潘女士,在装修完后的新房内安装了一台某知名品牌的太阳能热水器。两个月后的某天早上,潘女士打开新房看到,刚装修的房屋内全部进水,衣柜、地板及家具全部被水浸泡。经仔细检查,发现是安装的太阳能热水器电磁阀的对丝断裂造成的。于是,将此情况向厂方总部反映,要求厂方尽快来人处理。但过了两天后,厂方在电话中向潘女士解释说,对丝属于配件产品,厂方只负责主机质量,不负责配件质量。接到厂方电话后,潘女士很生气,认为当时不仅看重的是这个品牌,更看重的是产品质量和售后服务质量,对于厂方及销售商给出的答复和处理意见非常不满意,因此向有关部门进行了投诉。

从上述案例可以看到,企业提供的产品质量和服务都有问题。例如,在消费者安装的太阳能热水器之后,由于电磁阀的对丝断裂,造成室内大量漏水。造成消费者的严重不满,这完全是由于产品质量差而造成的结果。更为不可思议的是,面对这样差的产品质量,当消费者要求厂家提供售后服务时,却以对丝是属于配件产品,厂方只负责主机质量,不负责配件质量为理由,拒绝向消费者提供售后服务。显然这样的服务质量,更令消费者不满意,所以造成顾客不得不向有关部门投诉。其实类似这种低劣的产品质量和恶劣的服务,在我们的生活中可以说是屡见不鲜的。

如果从 GB/T 19001 标准的角度看,出现上述问题的关键,在于企业没有认真地实施和建立有效的质量管理体系。从太阳能热水器的客户出现的问题看,主要对零配件的采购控制不严造成的。这就充分说明,企业不认真实施按照 GB/T 19001 标准建立起来的质量管理体系,企业根本无法确保能够向顾客提供质量可靠的产品。企业如果没

有以质量可靠的产品为基础，再加上差劲的服务，那么顾客满意将只能成为一句空话。由此可见，低劣的产品和服务是无法确保顾客满意的。当然，也就更无法达到高水平顾客满意的目标了。

2. 高质量的产品则可以为顾客满意奠定可靠的基础

随着市场竞争的日益激烈，和顾客自我保护意识的不断提高，为市场提供的这种产品质量的低劣企业，一定会越来越少，因为它只能给顾客带来越来越严重的不满意，所以最终也一定会被市场所淘汰。而高质量的产品则可以为顾客满意奠定可靠的基础。先举个简单的例子。

案例 3－3

一位顾客在商场购买了某品牌空调。之所以购买这种空调，是由于顾客听到亲朋好友的介绍，说该品牌空调除了品牌知名度高以外，还具有制冷、静音等良好的性能。通过对某品牌空调的使用，它除了具有上述各种良好性能之外，更令这位顾客满意的是，由于它还具有一种“变频”的功能：即这种空调可以根据顾客的需要，调节室内的温度，从而可以达到省电30%的良好效果。这一点大大超越了这位顾客的期望值，即给他带来一种意外的惊喜。这样高质量的产品顾客怎么能不满意呢?

同样的道理，这位顾客又预定了某三星级酒店的一间客房。入住之后，他感觉很好，看到设施设备都是新的，而且很实用，服务也很体贴、周到，完全超越了三星级的水准，还有点四星标准客房的感觉。另外，酒店还向顾客免费提供多品种的早餐服务，这当然会让顾客觉得非常满意。为什么呢? 因为该酒店的服务，超出了顾客的想象和期望值，顾客感到不仅仅是满意，甚至惊喜，认为已经是物超所值了。

这给我们一个启示：高质量的产品和服务就可以为顾客满意奠定最可靠的基础，这是毫无疑问的。特别是如果企业能够提供超越顾客期望值的产品和服务(见本书第五章第三节：超越期望准则)，就会使顾客满意乃至惊喜，就会感受到顾客满意产品和服务的存在，争取超

出顾客的期望值,就可以为顾客满意奠定最可靠的基础。

五、高质量的产品不一定能够直接确保高水平的顾客满意

如果说,高质量产品可以为高水平顾客满意奠定可靠基础的话,那么,我们是否就可以说,高质量的产品就一定能确保高水平的顾客满意呢？不一定。这里有两种可能:除了有一小部分无须通过流通领域的高质量产品,可以直接给顾客带来高水平的满意之外,可以说对于大多数必须通过流通领域的高质量产品来讲,并不一定能直接达到高水平的顾客满意。因为高质量的产品只是高水平为顾客满意的必要条件,而并非充分条件。只有当高质量的产品成为顾客满意的产品——即包括产品的固有特性和赋予特性——都能够充分满足顾客要求时,才能够说高质量的产品能够确保高水平的顾客满意。

当企业向顾客交付产品的过程中,特别是企业在流通领域中确定产品的赋予特性时,有很多因素,很容易引起顾客不满意。其中有两种情况值得大家关注:一种是企业在向顾客交付高质量产品的同时,在对外宣传时,除了产品的性能往往作了过度的承诺(见本节开头的案例)之外,如果还忽视了对顾客提供各种方便,或者使顾客处于一种失控状态等,都会无意识地造成顾客的种种不满意。另一种是在向顾客交付产品的同时,一些企业有目的、有意识地操作概念,故意误导顾客,这当然更会引起顾客的强烈不满。下面分别进行论述。

1. 无意识地“误导”顾客

所谓无意识地“误导”顾客,就是企业的出发点往往是好的,但是由于没有掌握顾客满意的客观规律,即顾客满意服务准则所提出的要求,也许在不经意间,造成了顾客的不满意。为了帮助大家能够更好的理解这种现象,下面以方便顾客准则(见第四章第三节:顾客满意服务准则之四)为依据,通过这样一则案例进行深入探讨。

案例 3－4

邻居李大妈深夜来敲门,原来她孙子发高烧,儿子儿媳不在家,她

自己找出一瓶孙子常用的药救急，但不知让孙子吃多少，就请我来帮她看看用药说明。我不敢怠慢，接过药瓶细看“用法与用量”，写的是“口服，一日500～1000mg，分3～4次服用；小儿每公斤体重日服5～10mg，分3～4次服用，或遵医嘱”。我深知仅凭以上说明还难以算出怎么服用。于是再从药盒上仔细寻找其他线索，终于在侧面角上发现一行数字“100粒×200mg”。这还不够，我又问到李大妈孙子的体重大约是20公斤。我便取出纸笔，动用所学的数学知识，开始紧张地计算。

经过半个小时4步10次计算，我向李大妈汇报了计算结果；每隔6～8小时服药一次，每次0.25～0.67粒。李大妈还是糊涂，我也不敢肯定自己算得对不对，只好打电话请教一位医生朋友。朋友说：“6～10岁儿童一般每日三次，每次半片”，李大妈“嗨”了一声急忙走了。

人家一句话就让李大妈明白无误，而我算了半天还是一锅粥，深感惭愧。今将此事分之于众，以向厂家诉苦：不要再为难我们了！

也许很多人都会遇到这样一些令人哭笑不得的事情。药品说明书所提供的数据应该说是科学的，准确的，但是这样的数据实在不方便病人操作使用。因为在一般老百姓眼里，50mg和100mg是多少重量是没有这样概念的，而只晓得一片或者两片。即使这位患者具有一定数学知识，也需要在服用前，用笔和纸运算半小时，才能准确地服用，这不是把本来很简单事情复杂化了吗？

关于这个案例的内容，在培训时，曾经有制药厂的有关人员向笔者提出质疑：注明药品的使用量，用毫克（mg）作为计量单位等都是国家药监局有严格要求的，而且还有相关的国家标准，是不能随意更改。这一点，笔者当然清楚。但是在满足相关国家标准要求的基础上，企业应尽可能地方便顾客操作，这也是完全可以做到的。例如，如果企业真正从方便顾客的角度出发，直接在药品盒外写清：“6～10岁儿童一般每日三次，每次半片，并且注明一片是多少毫克（mg）”这不就方便患者使用了吗？

必须看到，现在许多药品尽管质量是无可挑剔的，但是药品的说明书，还真有让顾客使用起来十分不便的地方。笔者手头上随意取到一张某药品的说明书。一张药品说明书只有长 20 多厘米,宽 15 厘米的面积,说明书上的文字采用的字体是六号字体,密密麻麻,正反两面共有 16000 多字(应该说,这还不是最多的)。上面按顺序排列有药品名称、性状、药理毒理、药代动力学、适应症、用法用量、不良反应、禁忌、注意事项、孕妇及哺乳期妇女用药、儿童用药、老年患者用药、药物相互作用、药物过量、规格、有效期、包装、储藏、批准文号、生产企业等 20 大项内容。其中,许多大项中,还有许多小项的内容,如"注意事项"中就包括:①一般情况;②患者须知;③警告;④其他。而"其他"小项中又包括致癌、致突变、致畸作用等 5 种更小项情况。

在这里笔者无意评价该说明书是否应该写如此多的内容,也无意评价该说明书是否符合有关药品说明书方面国家标准的要求,更没有权利要求患者,对药品说明书所列出的各项内容都能看懂。在这里,只想从方便顾客的角度,来探讨一下,药品说明书如何编写,才能最大限度地做到方便顾客操作和使用。

例如,在药品说明书中,所列出的各项内容,应该均具有相应的标准提出要求才这样做的。但是,在药品说明书中的相当一部分内容:如药理毒理、药代动力学、以及药品的分子结构图等非常专业的内容,应该说,这些内容只是提供给医院的大夫、药剂师等这些专业技术人员使用的。那么这些内容是否有必要提供给顾客看呢?是否也要求顾客必须看懂这些内容,顾客才能使用呢?恐怕不是吧!因为这些内容对于大多数顾客来讲,恐怕都是看不懂的。顾客最关心的,就是想从药品说明书中,能够找到如何正确使用药品的方法。

又如,也许有关药品的国家标准有规定,上述药品说明书上的各种内容一项都不能少。那么企业能否做到在上述内容中,对于顾客来讲,有关须由顾客操作和使用的主要项目:如药品的用量用法、规格、禁忌,把这些项目集中在一起,用较大的字体(如四号字体)或者用黑体字在药品说明书中,能够明显标出,能够让顾客很快、很方便地找到。而不是需要顾客从 16000 多个六号字中,在吃力地去寻找。

再如,有许多药品是专供老年人使用的,那么对于老年人专用的药品说明书上的文字字体是否可以更大一些?是否可以做到药品说明书上的字体能够让老年人阅读？如果说，有关药品说明书中的国家标准和国际标准没有这方面的具体要求，那么如果我们从方便顾客的角度出发（见第四章第三节：方便顾客准则），今后是否可以对相关的国家标准做一定的修改、补充和完善呢？

2. 有意识地误导顾客

所谓有意识地误导顾客，就是指有些企业当产品在交付之后，只顾为了本企业的生存和发展，与对手开展不正当竞争。即有组织，有目的地进行所谓的“营销策划”，企图通过铺天盖地的广告宣传，来误导顾客。这种情况要比前一种情况更加复杂.因而给顾客造成的不满意也会更为强烈。请看这样一则案例。

案例 3－5

由于家电行业竞争十分激烈，企业为了生存和发展的需要，提高企业的核心竞争力，就不断推出许多新产品。在这些新开发的产品中，其中不乏有许多是属于高质量的产品。但是我们也看到这样一种不正常情况，即不少企业对许多高质量的新产品，往往都会披上一层华丽的“技术外衣”进行广泛宣传，甚至是概念炒作。比如洗衣机市场上的同步离心洗、银离子、模糊风干功能、酶素洗……，平板市场上的量子芯平板、双倍素数字高清、双核芯、六基色……，统统让人摸不着头脑。

不仅如此，就连企业间的口水战也从过去的排行榜之争转向了“技术批判”。2005 年，微波炉两大巨头×××和××爆发“紫微光之争”，险些闹上法庭；2007 年夏季又爆发了空调铜铝连接管之争，“挺铜派”和“挺铝派”的争端在行业协会及相关专家的出面干预下才偃旗息鼓；时隔两年之后，铜铝之争再次在燃气热水器行业上演。此外，在家电行业，针对饮水机也发生过“有胆派”与“无胆派”的大论战，豆浆机行业则就豆浆应干打还是湿打问题起过争执，而变频空调与定频空调谁更节能的争论刚平息不久，变频空调内部就又爆发了关于低频运行技术的争论……

应该说,企业为提供顾客的高质量产品,本应该可以为顾客满意提供可靠的保证。从上述案例中可以看到,应该相信大多数企业在开发各种新产品过程中,采用了许多先进的技术和先进的工艺,这对于提高产品质量,提高顾客满意程度应该说是有很大促进作用的。应该相信企业辛辛苦苦开发出来的这些高质量产品(注意!这里暂时排除那些质量不高的产品),一定可以为保持高水平的顾客满意奠定可靠的基础。

但是更不能忽视的是,企业把这些质量可靠的产品在向顾客交付之后的领域里,必须采取正当的、合理的、合法的营销手段,即企业在确定产品的各种赋予特性时,要充分考虑到对顾客满意的追求,才能最终确保企业获得高水平的顾客满意。如果企业的营销部门,不能采取能够确保顾客满意的各种措施和手段,例如故意采取一些所谓的高科技新概念来包装产品、或者不惜采取故意贬低竞争对手产品的科技含量,大打口水仗,企图通过这些办法和手段,开拓企业自身的市场份额。尽管这些产品本身可能是高质量的,但是顾客在这些眼花缭乱的广告语言中,却无所适从,或者只能是偏听偏信,最后发现产品的质量和产品的宣传相差甚远,在这种情况下,顾客还会产生满意的感受吗?显然是不能的!至少也会影响到高水平顾客满意的产生!因为对于绝大多数的顾客来讲,要确保高水平的顾客满意,不仅能够得到质量可靠的产品,而且应该能够确保顾客满意的服务。

当然,至于还有的个别企业,他们利用顾客对产品专业知识的缺乏,故弄玄虚,以假乱真,诱使顾客受骗上当,其结果就不只是造成顾客的不满意,不仅会造成顾客的愤怒,最终更有可能成为社会的不稳定因素,当然对这些问题,更应该另当别论了。

由此可见,即使对于高质量的产品,企业也必须要重视和关注,当它在向顾客交付的过程中,必须要实施顾客满意行为规范,否则同样也会造成顾客不满意。当然要解决上述问题不能只掌握科学的方法,更需要树立正确的理念。

六、高质量的产品不等于高水平的顾客满意

通过以上分析,大家可以得出这样一个结论:高质量的产品并不直接就等于高水平的顾客满意。即在充分肯定高质量产品在满足顾客需求上所产生的重要价值的同时,我们还必须清醒地认识到,就确保高水平顾客满意的角度而言,高质量的产品并不是一个大功告成的终点,而只是增强顾客满意的一个新起点。因为产品在交付给顾客的过程中,还有许多各种不同的障碍需要克服。在这里,企业必须注意以下四点。

首先必须认识到:高质量的产品可以为高水平的顾客满意奠定可靠的基础。其次,还必须认识到:这并不意味着,高质量的产品就直接等于高水平的顾客满意。因为这还取决于产品的性质、取决于产品交付过程所涉及环节的多少, 以及还取决于产品对顾客的影响程度等。再次,高质量产品虽然可以给顾客带来不满意,但这和低劣质量的产品,给顾客带来不满意是不能同日而语的,不是处在一个档次上。但是至少说明,它毕竟离高水平的顾客满意还存在一定距离。最后,要保持高水平的顾客满意,企业除了要提供质量可靠的产品之外,还必须要实施顾客满意行为规范。因为实施顾客满意行为规范为打通顾客满意最后一公里指明了正确的方向。

第二节　GB/T19010 中顾客满意行为规范的基本特征和基本要求

在 2009 年出台的 GB/T 19010 标准中,提出实施的顾客满意行为规范,为把高质量产品转化为高水平顾客满意提供了可能。由于 GB/T 19010 标准是 GB/T 19001 标准的重要补充,所以 GB/T 19010 标准的这种特殊地位,就决定了顾客满意行为规范的基本特征和基本要求。而正是由于顾客满意行为规范的基本特征和基本要求,以及它的实施范围(见本章第三节),就决定了顾客满意行为规范,在保持企业高水平顾客满意过程中,所体现出打通顾客最后一公里的重要作用。

一、顾客满意行为规范的基本特征

在 GB/T 19010 标准的总则中特别指出："顾客满意行为规范由承诺以及相关规定构成，包括产品交付、产品退回、顾客信息处理、广告，及与具体产品属性或性能有关的规定"。以上表述，明确指出了企业实施顾客满意行为规范的基本特征和主要的实施领域。关于实施顾客满意行为规范的主要领域在本章第三节有详细论述，在本节先重点探讨顾客满意行为规范的基本特征。

1. 基本特征之一：顾客满意行为规范是围绕企业向顾客提供的产品进行的

企业提供的顾客满意行为规范都是应该围绕着企业向顾客提供的产品来进行。因为在以上表述中的"产品交付、产品退回"、"顾客信息处理、广告"、对"具体产品属性或性能有关的规定"等，都是实施顾客满意行为规范的几个主要领域，而这些领域都离不开企业为顾客提供的产品。首先，顾客满意行为规范必须围绕着产品交付给顾客的过程（包括顾客对产品的使用过程）或者是产品从顾客中退回过程（注意，它主要指产品的维修、保养、召回等过程。如果产品是指服务，则是指补救过程）进行的。其次，顾客信息处理是指购买产品的顾客、广告是指围绕产品所做的广告，也都是围绕产品这个核心。最后，企业围绕着产品属性和性能，向顾客所提出的各种规定和提出的承诺（如 GB/T 19101 附录 A 中所涉及的内容）等，这些就更离开产品了。由于企业向顾客提供的产品有很大差异，这也就决定了企业实施的顾客满意行为规范的具体内容也会各有不同。

当然，还必须明确的是，高质量的产品是企业实施顾客满意行为规范的前提条件。如果企业为顾客提供的产品质量是低劣的，问题很多，在这种情况下，企业实施任何顾客满意行为规范都是没有意义的。

2. 基本特征之二：顾客满意行为规范是在与顾客直接接触的过程中实施的

顾客满意行为规范都是在与顾客直接接触的过程中实施的。例如"产品交付、产品退回"，是指产品的交付和退回，就离不开与顾客直接接触。又如“顾客信息处理、广告”是指对顾客个人信息的保护，以及对顾客进行广而告之的宣传等，这些也都离不开与(购买产品的)顾客的直接接触。再如对“具体产品属性或性能有关的规定”就是指围绕着企业为顾客提供的具体产品所做出的各种规定(如承诺等)，就更离不开与顾客的直接接触了。由于服务的基本特征就是与顾客接触(见 GB/T 19000 中 3.4.2 的注 2 服务定义)，所以顾客满意行为规范实际上就是一种为顾客提供服务的行为和活动，只不过它与一般其他各种服务相比，顾客满意行为规范的这种服务活动是以提高顾客满意为直接目的的(见第一章第二节)。

3. 基本特征之三：实施顾客满意行为规范是企业从产品交付后才开始的一种以承诺为主要内容的服务行为

首先，实施顾客满意行为规范是一种从产品交付开始之后(主要指流通领域)才开展的一种服务活动。这种服务活动不是一种生产活动，它与产品在企业内部的生产和加工过程并没有直接的关系。如果把实施顾客满意行为规范看作是一个服务过程的话，那么产品交付就是实施顾客满意行为规范的起点，而达到顾客满意结果，就是实施顾客满意行为规范的终点。当然，在起点和终点之间的范围内，有可能要经过多次反复(如对产品的维护和召回、对顾客投诉的处理和调解等)，而反复次数的多少，往往取决于是否已经达到顾客满意的最终目的。

其次，实施顾客满意行为规范是一种以承诺为主要内容的服务活动。因为顾客满意行为规范定义就指出：如果不是与承诺以及相关规定有关的内容，就不应该属于顾客满意行为规范的领域之内(见第二章第二节)。当然，这里指的承诺是一种广义的承诺，这就是说，顾客满意行为规范应该是一种以承诺为主要内容的服务活动。

通过以上对顾客满意行为规范几个基本特点的分析，GB/T 19010 标准之所以要强调必须实施顾客满意行为规范，就是因为即使企业向顾客提供了高质量的产品，但企业在向顾客产品交付(包括退回)的过程中，如果忽视与顾客直接接触——这一重要领域里，对顾客满意行为规范内在规律的探索和研究，也是无法保持高水平顾客满意的。

4. 基本特征之四：实施顾客满意行为规范更适用于消费性服务

GB/T 19010 标准"1 范围"中的注 4 强调："本标准适用于所有的顾客满意行为规范，特别是针对顾客为个体或家庭购买或使用商品、财产或服务的顾客满意行为规范"。

众所周知无论是对于制造业还是服务业而言，实施顾客满意行为都是企业的一种服务活动（对于制造业来讲就是一种售前和售后的服务活动）。但由于服务对象的不同，我们一般把这种服务活动划分为生产性服务和消费型服务两大类。所谓消费性服务的特点主要是企业以顾客个人为服务对象。这里既包括对顾客本人提供的服务，其中包括提供商业、交通、金融、保险、美容、餐饮、健身、医疗、物业等服务的企业，以及包括对顾客使用物品提供服务，其中包括家电和汽车维修服务等。所谓生产性服务的特点，是指它的服务直接对象并非顾客个人，而是指为组织（企事业等）提供的服务，其中包括机械、化工、电子、纺织等制造业所提供的服务，他们的服务内容主要是原材料供应、设备加工、零配件提供、货物运输等。

应该指出的是 GB/T 19010 标准所强调的顾客满意行为规范，更强调适用于提供消费性服务的企业。当然对于提供生产性服务的企业也能够适用，但是两者相比较，更适用前者。

二、对顾客满意行为规范的基本要求

在 GB/T 19010 标准的第 4 章中，特别强调实施顾客满意行为规范必须遵循的 8 项指导原则（见附件一）。其中 4.8 职责和 4.9 持续改进这两项指导原则，主要侧重于对质量管理体系提出的要求，所以本书不做详细讨论。其他几项指导原则主要是对顾客满意行为规范本身所提出基本要求，所以就作比较深入的探讨。

1.4.1（指 GB/T 19010 标准的 4.1 条款——下同）总则

它指出实施 GB/T 19010 标准指导原则的目的，强调坚持这 8 条指导原则是以顾客为关注焦点理念的具体体现。在 8 条指导原则中，其中第 1 条承诺和第 2 条能力是对企业实施顾客满意行为规范的总体性要求。第 3 条透明、第 4 条方便、第 5 条响应和第 6 条准确等指导原则,都是对企业实施顾客满意行为规范的具体要求。第7条责任和第8条持续改进指导原则是对企业内部质量管理体系提出的要求。这8条指导原则为企业能够积极实施顾客满意行为规范提供可靠的保证,保证企业能够认真地遵守和履行自己的承诺。

2.4.2 承诺

要求企业必须积极开展以各种承诺为主要内容的顾客满意行为规范。作为GB/T 19010标准指导原则的第一条,就要求企业必须积极地开展以各种承诺活动为核心的顾客满意行为规范。这是该标准对各类企业所提出的第一条总体性要求。同时,强调指出企业推行顾客满意行为规范活动核心内容就是承诺。顾客满意行为规范包括的内容很多,其中最重要的,也是最核心的部分应该是企业制定、推行和遵守各种承诺。也可以说,GB/T 19010标准就是希望企业能够通过开展各种承诺活动来推进和实施顾客满意行为规范的。

3.4.3 能力

能力是企业遵守和履行承诺的根本保证。这是该标准对各类企业所提出的第二条总体性要求。这里所指的能力主要是指履行承诺的能力,这种能力是遵守和履行承诺的重要基础。这也是GB/T 19010标准向我们企业提出的另一条核心要求,它与上一条指导原则(4.2承诺)两者应该是相辅相成的。也可以这样说,企业提出的承诺(见4.2条款)是企业具有能力的一种外在表现;企业具有相应的能力(见4.3条款)是企业遵守和履行承诺的基础,是实施顾客满意行为规范的保证,是企业具有能力的一种内在要求。

4.4.4 透明

透明性指导原则是对企业提出承诺和规范的第一条具体要求。相对于4.2承诺和4.3能力这两条总体性的指导原则而言,透明性指导原则只是对企业承诺和规范提出的一项具体要求。所谓透明,就是指企业提出的顾客满意行为规范和各种承诺,必须要让企业内外的相关人员都了解和掌握。透明的具体要求主要包括对内和对外两个方面:一方面是指企业提出的顾客满意行为规范对外要向社会和顾客进

行明示;另一方面它在企业内部要进行广泛的沟通。

5.4.5 方便(附录 D)

方便性是对企业提出顾客满意行为规范的第二条具体要求。所谓方便性就是指企业提供的顾客满意行为规范和承诺及其相关信息能够让顾客以最少的付出成本来获取。因为顾客是价值最大化追求者(科特勒语),也就是说,任何顾客都希望自己能够以最少的付出得到最多的产出。因此作为企业能够最大限度地方便顾客接受企业提出的承诺和顾客满意行为规范,是非常必要的。附录 D 是对 GB/T 19010 标准方便性指导原则的补充说明。

6.4.6 响应(附录 E)

企业提出的顾客满意行为规范必须满足顾客的需求和期望。换一句话讲,了解顾客的需求和期望是企业提出顾客满意行为规范的重要依据。这应该成为企业提出的承诺和规范十分重要的指导原则。也可以说,如果企业提出的各种承诺不是从满足顾客需求和期望出发的,那么这种承诺只能是"对牛弹琴"了。对于如何在承诺中,更好地体现响应这一指导原则,在 GB/T 19010 标准的附录 E 对此作了详细的说明。

7.4.7 准确

这是对企业提出的承诺和规范提出的第四条具体要求。企业提出的各种承诺和规范所涉及的内容是否准确,其实就是树立以顾客为关注焦点理念的一种具体表现。以顾客为关注焦点的理念它不是一种空洞的口号,而可以是一种具有很强操作性的行为。如果企业提出的承诺和规范所涉及的内容不准确,误导了广大顾客,其结果必然会造成大量的顾客投诉,如果产生这种结果,又如何能够充分体现以顾客为关注焦点的理念呢?由于企业提供的承诺和规范必须要通过文字、音响和图像等方式向广大公众进行广泛传播,所以内容必须是准确的、不能误导的、并且可以验证的。为了能够说明这一指导原则的重要性,请看一个案例。

案例3－6

某报接到顾客投诉，内容如下。

编辑同志：我在今年7月30日到×××国际海鲜料理店购买了5张用餐券，每张200元，购买时营业员说此券有效期为三个月（7月30日至10月30日），但券上没有注明。我和其他人于9月15日持券去该店用餐时，被告知此券已过期不能用，我们当时想不通，花了1000元买的餐券为什么仅凭该店的口头“作废”就不能用了，我们指出他们这样做是单方面改变了出售时的约定，但该店坚持餐券已过时限不让用，特向你们投诉。

这5张餐券到底有没有过期？某报刊记者专门作了调查。在餐券复印件，只见券的背面盖有该店所属公司的收发专用章和表示日期的“2007－07－30”字样，旁边还有店堂负责人和售券经手人的签名，但没有对日期进行说明的文字，双方的争议即由此而起。记者将复印件给料理店负责人看时，他们说餐券上的日期表示的是使用截止日，该店卖出去的餐券有三个月的使用期，出售时会告诉顾客的，推测这5张券是4月30日卖的。但顾客则坚持7月30日这个日期是他来买券的日子，记者问料理店负责人对方这样说是否站得住脚，他对此未置可否，但承认券上的日期未注明是“购买日”还是“截止日”是有欠缺的，容易引起争议。最后，该店表示妥善解决此事，这5张餐券可以继续使用。

通过向顾客发售或赠送餐券、优惠券等方式来鼓励消费，是餐厅、酒家常用的一种促销方法，这些券上通常都印有具体的使用条件，可以视为店家与顾客之间的一种约定（这种约定就是一种承诺），既然是约定，就应该具体、详细，让顾客心中有数，而且也可以避免因“告知”不清而引来误会和争执。如果用GB/T 19010标准中准确的指导原则来理解的话，就是没有做到提供的相关信息必须是“准确的、不误导的”这一基本要求。这就告诉我们，企业在提供各种承诺的过程中，使用的语言，采用的各种数据，必须要准确无误，而不能出现发生可能作

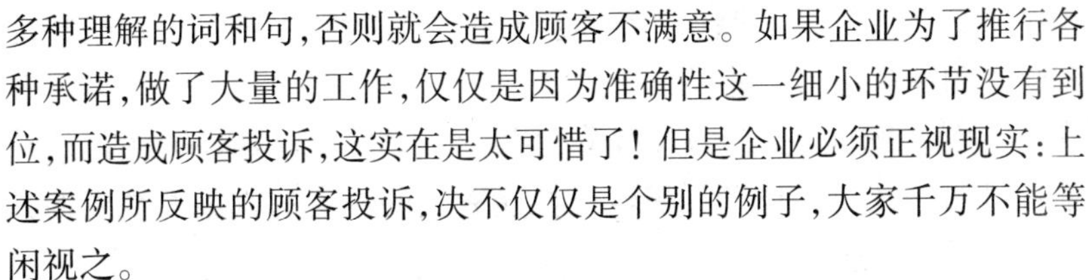

多种理解的词和句，否则就会造成顾客不满意。如果企业为了推行各种承诺，做了大量的工作，仅仅是因为准确性这一细小的环节没有到位，而造成顾客投诉，这实在是太可惜了！但是企业必须正视现实：上述案例所反映的顾客投诉，决不仅仅是个别的例子，大家千万不能等闲视之。

第三节　GB/T 19010 中顾客满意行为规范的实施范围

在了解和掌握顾客满意行为规范的基本特征和基本要求之后，就可以进一步了解顾客满意行为规范的实施范围。这也是确保高水平顾客满意的重要领域之一。在 GB/T 19010 国际标准的总则中，对顾客满意行为规范所涉及的范围作了明确的表述："顾客满意行为规范由承诺以及相关规定构成，包括产品交付、产品退回、顾客信息处理、广告，及与具体产品属性或性能有关的规定。顾客满意行为规范可以作为有效的投诉管理方法的组成部分"。可以这样讲，GB/T 19010 标准所提出的顾客满意行为规范的实施范围，就决定了它在顾客满意最后一公里领域中的重要地位。在质量管理的领域里，企业提出的以各种承诺(包括服务承诺和产品承诺)为核心的顾客满意行为规范，可以运用于广告、合同、销售、价格、包装、计量、退换、售后、维修、客户服务、个人信息、投诉处理、争议解决等诸多方面。虽然这些领域所涉及的内容各有不同，但是它们都有一个共同的特点，就是它们都可以以各种不同的方式，能够与顾客直接进行接触，因此作为企业都可以在上述不同的领域中，向顾客作出各种不同内容的承诺，并且把它作为顾客满意行为规范一部分。

由于产品的质量特性，特别是它的固有特性，主要是在产品的设计开发和生产制造过程中形成的，但是关于产品许多赋予的特性则都是在产品交付以后的过程，即在流通领域中产生的。如果这些赋予特性不能充分满足顾客的需求，特别是顾客的许多隐含需求(见第五章第二节)，也同样会带来许多顾客的不满意。而企业在产品交付的过程中,所实施的顾客满意行为规范,就必须针对这些产品的赋予特性和顾客的隐含要求来进行。

下面对顾客满意行为规范分别在产品交付、产品退回、顾客信息处理、广告,及与具体产品属性或性能有关的规定的六大领域中的具体应用进行论述。

一、产品交付

产品交付是 GB/T 19010 标准的总则中, 提出的实施顾客满意行为规范的第一个重要领域,也是实施顾客满意行为规范最重要的关键环节。因为在这一环节中,如果能够有效地实施顾客满意行为规范,不仅可以提高顾客满意程度,而且可以预防和减少大量顾客投诉的产生。

首先必须指出, 产品交付是一条非常重要的分界线:即区分实施 GB/T 19001 标准和实施 GB/T 19010 标准的分界线。因为它正好与 GB/T 19001 标准 7.5.1 的 f 条款,即产品的“放行、交付和交付后活动的实施”相衔接。所以, 产品交付也是企业产品质量保证的终点, 更是实施顾客满意行为规范的起点。它与企业的生产加工领域不同, 产品交付过程,即在流通领域中, 它包括了向顾客做出对产品的各种承诺的种种内容:例如产品的运输、产品交货期、以及产品促销有关的各种活动等。

其次, 产品交付还应该包括顾客使用产品之前和使用产品之后的两大阶段。一方面,在产品交付给顾客使用之前的各种活动中,与顾客满意行为规范联系最紧密,而且与顾客满意有直接关系,就是对产品的定价、各种承诺和服务等。例如,应该如何向顾客进行承诺以及提供服务,就构成了实施顾客满意行为规范的主要内容。而不同产品的交付,所提供相应服务的内容有很大的不同。又如,根据产品的不同性能,企业向顾客提出的各种产品承诺和服务承诺。我们仅以家用电器类产品的上门服务的流程为例:当企业把产品交付顾客时, 上门服务的内容可归纳为以下几个方面: 送货服务、安装服务、调试服务、咨询服务等。另一方面,在产品交付给顾客使用之后的各种活动

中，与顾客满意行为规范联系最紧密，而且与顾客满意有直接关系，除了包括对顾客投诉的受理、记录、处理和解决等内容之外，就是对产品的安装、使用、维修、保养以及各种技术支持和与之相配套的应急预案的制定及使用等。例如，在本书开头所提到京沪高铁的案例中，当高速铁路在交付使用后，必须提供各种与之相配套的服务：如站台服务、售票退票服务、信号系统服务、车厢内服务。当然，还应该包括高铁一旦停电停车之后，应该提供的应急预案服务等。当产品交付给顾客时，特别是进入了顾客使用领域之后，必须要实施更多的顾客满意行为规范，才能确保高水平的顾客满意，否则照样会造成顾客不满意。请再看这一则案例。

案例 3－7

2011 年 7 月 5 日，××地铁 4 号线电梯因固定零件损坏发生逆行，造成 1 人死亡 30 人受伤。或许就发生在我们每天上下班的路上，或许就发生在我们熟悉的亲朋好友身上，似乎触手可及的惨剧，似乎擦肩而过的危险，让很多人惊出一身冷汗。

××市地下轨道交通繁忙拥挤。仅仅 2011 年一季度，××地铁的运营人次就达 4.1 亿。而同时，××市共有自动扶梯和自动人行道 1.4 万台，在这个有 1960 多万常住人口的城市，自动扶梯可以说是日常用品。这些，都提示着地铁运管企业、市政交管部门、质量监督部门，地铁也好、电梯也好，这些公共设施的安全，关乎市民的安全，是城市中一件天大的事。

而此类电梯逆行致人死伤的事故在其他城市已有发生。2010 年 12 月，另一城市地铁 1 号线国贸站电梯就发生逆行事故，导致乘客受伤。在刚刚结束的那场暴雨中，楼梯上倾流如瀑，站内漏水滴滴答答，已给地铁安全提醒。地铁 4 号线通车不到两年，从电缆脱落到噪音巨大，毛病不断。而发生事故的电梯刚于 6 月 22 日由厂家进行了例行检查及维护保养。不断亡羊，牢仍有缺，不免让人怀疑相关机构和部门的责任心。

国家质检总局 2011 年 8 月 29 日公布上半年质量基本状况，全国上半年共发生各类特种设备事故113起，死亡114人，受伤80人，其中较大事故30起，其中电梯事故26起。电梯、锅炉、危化品容器等特种设备事故主要发生在使用环节，占到72.6%，违规作业、非法制造使用、维护保养不到位是主因。质检总局新闻发言人说，在涉及锅炉、危化品容器、起重机械、电梯的特种设备上，从事故发生的环节看，使用环节发生事故82起，占事故总起数的72.6%，主要原因是违规作业、非法制造使用、维护保养不到位。

由此可见，当企业把产品交付给顾客使用后的这个阶段，同样是实施顾客满意行为规范的重要领域。

最后，产品交付实际上是一个大概念，因为产品退回、顾客信息处理、产品广告，产品承诺和对顾客投诉的处理等，都可以属于产品交付之后的这个大领域之中。下面分别进行论述。

二、产品退回

产品退回是实施顾客满意行为规范的第二个重要领域。产品退回包括的内容也很多，其中由顾客主动提出的，如对产品的返工、返修、维修、更换、退货等；也包括由企业主动提出的，如召回有缺陷的产品等。同时还应该包括顾客对企业的投诉，以及企业对顾客的投诉处理，包括对不合格服务采取的补救措施等。由于这些领域是否处理得当，也会直接影响到顾客满意程度的提高，因此它也构成了实施顾客满意行为规范的主要内容之一。

下面可以以企业投诉处理领域为例，来说明顾客满意行为规范在产品退回，即投诉处理领域中的具体应用。在GB/T 19010国家标准的总则中指出："顾客满意行为规范可以是有效投诉管理方式的一部分"。实际上强调的就是GB/T 19010国际标准在投诉处理领域中的地位和作用。虽然本书探讨实施GB/T 19010标准和顾客满意行为规范的根本作用，在于要求企业保持高水平的顾客满意。但是企业也不能忽视，国际标准化组织（ISO/TC176）出台GB/T 19010标准最直接的作用就是为了预防和减少顾客投诉的产生，因为这样就可以对顾客投诉的有效处理奠定良好基础。由于实施以遵守承诺为核心的顾客

满意行为规范，是 GB/T 19010 标准的核心内容，所以“顾客满意行为规范可以是有效投诉管理方式的一部分”应该是毫无问题的，而且应该成为企业有效和高效地处理顾客投诉的必要前提。

案例 3－8

用户于 2009 年 8 月 6 日于某店购买了 BCD－251WX 冰箱一台，由于出现冰箱门及底部封条开裂的情况，2010 年 4 月 6 日拨打了 800 客服电话，某店维修人员当日上门，经技术人员反映用户的冰箱门及底部封条需要更换，并向厂家订购所需零件，但一个多月过去了，零件还未到货，技术店反映该机型为停产机型，故零件迟迟未到货无法为用户上门服务，用户非常气愤认为公司零件订购时间过长，希望相关部门尽快答复。5 月 9 日回复：已协调工厂及零件部，会尽快发货，因为运输会需要一定的时间，请安抚用户等待几天。

零配件的供应不及时是造成顾客投诉的一个重要内容。零配件供应不及时有很多原因，但是归纳起来主要就是管理不善造成的，从这个案例中，就可以看到由于该维修部门对零配件的管理不到位，即没有很好地实施顾客满意行为规范，从而造成顾客的投诉。对此作以下分析。

首先，这是保修期内的案例。由于维修用的配件时间过长，引起用户不满。由于冰箱塑料门封条是常用的配件，作为厂家特约维修部应该常备该类配件，不要因为厂家配件没有而引起用户的投诉。

其次，产品厂家的售后服务部门管理不善。管理部门没有对管辖内的维修部配件进行管理，连常用的配件没有库存，都没有及时发现。产品生产厂家应该将常用的零配件进行适量的库存，并及时分派到所有的特约维修部，以便维修部及时为用户修理好机器。

最后，维修部和厂方在处理上欠缺灵活。对于个别性急的用户，在没有配件的情况下，维修部应该作为特别个案及时向厂方提出用户强烈要求，要求厂方邮件快递配件给维修部，及时解决该用户的问题。

这家企业对客户投诉处理的过程，给企业的启示是，投诉处理的过程也可以是实施顾客满意行为规范的过程。例如,确保零配件的及时供应应该是产品维修领域中的重要内容,就必须要实施顾客满意行为规范,即要加强对另配件的供应和管理,以确保维修过程中的顾客满意。当然,在产品退回过程中实施顾客满意行为规范,不仅仅为了解决顾客的投诉,一个更为重要的目的,是为了改进产品和服务的质量,为确保高水平的顾客满意奠定基础。而只有达到这个目的,才能使我们处理顾客投诉能够得到最大的收获。这个案例就很好地说明了这一点。

三、顾客信息管理

由于顾客是企业提供的产品和服务的接受者,所以在企业向顾客交付产品的过程中,就必然会涉及与顾客有关的各种信息。顾客信息除了包括顾客的个人交易信息(如购买金额、购买时间、购买频率等)、顾客的反馈信息(如对产品的评价以及提供维修服务的反馈等)、顾客的投诉信息(如投诉电话和处理结果等)之外,必然还会涉及许多顾客的个人隐私的相关信息(如顾客的姓名、年龄、地址、联系方式等)。因此企业在向顾客交付产品的过程中,对顾客个人信息的管理就显得尤为重要,因为它会直接影响到顾客的满意程度,因此它也应该属于顾客满意行为规范实施的领域之中。在一般情况下,对顾客信息的管理主要分两个方面:一方面是对顾客信息的使用管理;另一方面是对顾客个人信息的管理和保护。下面分别进行探讨。

1. 对顾客使用信息的管理

企业可以通过建立客户档案,或者通过建立客户关系管理(CRM)系统,来使用或者管理好相关的顾客信息。对顾客使用信息进行管理,可以成为增强顾客满意的有效方法之一。

案例3-9

客户的机器是若干年前买的,具体哪一天客户说不清楚。根据客户反映,他的电视是在某电器有限公司家电部维修的,已经维修过3

次,第一次2009年12月故障是颜色不正,第二次2010年2月23日是开不开机器,第三次2010年4月5日是开不开机器。客户认为自己的机器已经符合换机条件,但是维修点只给客户开了一张维修单,所以客户打800电话投诉。800简单了解完客户的信息后,联系了维修点,维修点说:客户在维修点只有第三次记录,2010年4月5日是开不开机。第一次和第二次都是没有给客户维修单。另外客户的机器也不在换机的条件内。前台服务人员答应800会让技术人员联系客户,向客户解释清楚。维修店正常处理范围,用户机器属于保修,不属于换机条件,此类投诉维修店需要耐心解释。

这里的关键在于维修店人员对维修记录必须掌握清楚,了解和掌握顾客产品维修的相关信息。如果没有顾客产品维修的相关记录,客户就会对你提供服务产生怀疑,而且这是使客户与维修点容易产生矛盾的地方。因此我们建议,对于一些重点客户(例如经过多次维修的客户),提出一种十分简单而且行之有效的办法——建立客户档案,这也是加强顾客信息管理的重要内容之一。建立客户档案的这种方法,比较适用于一些重点的客户。要说明的是我们仅仅是从服务的角度来说明建立客户档案的重要性,客户档案至少包括两大方面的内容:一是客户的静态资料。静态资料包括两类,一类是客户的个人情况如姓名、家庭地址、联系电话以及购买了什么样的家用电器等。二是客户的动态资料。比如,顾客的家用电器是在什么时间购买的?以后一共维修过多少次?都更换过什么零件?顾客是否满意?等等。收集这些资料的目的,而只是为客户做好服务上作,这才是我们建立客户服务档案的根本宗旨。

现在一些有条件的企业,都建立了客户管理系统(CRM),有了这套系统之后,我们完全可以把客户维修的各种资料输入到系统中,要通过这套系统查询,就可以了解客户维修家用电器的具体情况,以便维修人员能够提供有针对性的服务。当然,现在并不是所有企业都有这个能力能够建立客户管理系统,如果暂时条件还不具备,那么利用人工方式建立客户档案,也是对顾客信息进行管理的一种好方法。

总之,通过对顾客信息使用的有效管理,可以为企业确保高水平的顾客满意提供服务。

2. 对顾客个人信息的管理和保护

另一方面需要强调顾客个人信息的管理和保护。大量事实证明，如果对顾客个人信息的保护不力，就更有可能造成顾客严重的不满意，因此它也应该成为实施顾客满意行为规范的重要领域之一。

令人感到欣慰的是，在 GB/T 19001:2008 国家标准的 7.5.4 顾客财产的条款中，对原注也作了修改和补充。从这些修改和补充的内容看，可以充分说明 ISO/TC176 对顾客个人信息管理的重视和关注。因此我们完全可以通过 GB/T 19001:2008 国家标准的 7.5.4 顾客财产的条款的补充和修改中，来充分认识对顾客个人信息管理的重要性。

在 2000 年版的 7.5.4 条款中，其“注”表述“顾客财产可包括知识产权”。但是在 2008 年版的 7.5.4 条款中，修改补充为：“顾客财产可包括知识产权和个人信息”。从表面上看，增加了“个人信息”几个字，实际上它包含了丰富的内容。因为这也是反映体系在满足顾客要求方面有效性的具体表现之一。

首先，强调个人信息是顾客财产。它强调顾客财产不仅包括知识产权，而且还包括个人信息。所谓个人信息就应该是指顾客姓名、顾客地址、顾客联系方式等与有关个人隐私权有关的各种信息。这就等于把过去顾客财产的概念又作了扩展和延伸。其次，把顾客的个人信息列入顾客财产之中，这也是顾客自我保护意识的增强，而这种意识在相关的国家标准中得到了充分体现。强调个人信息是顾客财产，有利于对个人信息的保护。最后，通过实施顾客满意行为规范，强化对个人信息的管理和保护。应该说在顾客财产中，把个人信息列入其中，虽然仅仅通过增加这四个字，但是就把 GB/T 19001:2008 国家标准和 GB/T 19010 国家标准紧密地结合在一起了。

综上所述，如果企业对顾客有关的个人信息不能提供有效的保护，就一定会给顾客带来严重的不满。尽管这种不满意和企业提供的产品质量并没有直接关系，但是它却可以严重影响顾客对该企业的满意度和信任度。因此，企业对顾客个人信息的管理应该成为实施顾客满意行为规范的领域。

四、广告

众所周知，在市场经济条件下，广告促销是企业生存和发展的一种重要手段，也是实施顾客满意行为规范的重要领域。因为企业可以通过各种广告的大力宣传，不断提高企业知名度和美誉度，进一步达到扩大市场份额的目的。即都是通过采取吸引顾客注意的手段，以达到企业生存和发展的目的。企业在做广告宣传时，一定要注意这一点：作为广告，其目的在于通过宣传自己的长处来吸引更多的顾客，但是这样的结果，又可能会提高顾客的期望值。因此，在广告领域中，一定要通过实施顾客满意行为规范来达到顾客满意的目的。为此广告宣传的技巧在于以下几点。

1. 一定要使顾客形成可以兑现的，而不是过分的期望值

在 GB/T 19010 标准的 6.4 条款中就强调："制定规范时，组织应确保规范能够得到有效实施，且其规定不违反任何法律和法规的要求，尤其是关于欺骗性和误导性广告及禁止不正当竞争的法律法规要求"。它告诉我们，如果企业在对顾客的宣传中，如果进行了"欺骗性和误导性广告"，其结果只能是企业必须承担相应的责任风险及经济纠纷。这就是说，如果企业广告宣传和各种承诺宣传过了头，使顾客产生了企业不能兑现的期望值，这样不仅会使顾客的投诉增加，而且企业还要承担各种经济责任（如各种赔偿等）。

所以尽管企业的广告内容要根据企业各自的实际情况来决定，但是有一点必须非常注意，就是广告宣传应该要力求客观，要实事求是，要使顾客形成可以兑现的，而不是过份的期望值。因为一旦形成过高的顾客的期望值，然后再人为地一味降低的顾客的期望值是很困难的事情，在某些情况下甚至是不可能的。

2. 广告宣传要留有余地，话不说绝，词不用尽

为了能够降低企业相应的风险，减少各种不必要经济纠纷的产生，更为了确保高水平的顾客满意，作为广告技巧的要点之二，就是广告还必须要留有余地，企业要通过这种方式来适当降低顾客期望值，

以确保顾客满意度的提高(见第二章第三节)。

应该说,企业的广告宣传,是企业进行营销活动的一项重要的手段,也是一种必不可少的促销措施之一。但是必须提醒企业注意的是,既要宣传企业特点和长处,同时又避免形成过高的期望值。例如,当一位顾客看到或者听到某个企业的广告宣传以后,就必然会对企业广告宣传中的服务和产品形成相应的期望,比如对价格的期望、对场所的期望、对服务质量和产品质量的期望等。在这里,广告宣传的技巧就在于,不仅要达到吸引顾客的目的,同时又要设法在某些方面降低顾客的期望值,以避免顾客产生一种无法兑现的期望。

由于顾客期望值的形成,与企业所做的各种广告宣传,以及提出的各种服务承诺有了直接联系,所以一个非常重要的策略,就是我们在运用广告宣传的时候,一定要注意留有余地、话不说绝、词不用尽、力求客观。

3. 在广告和承诺中对于定量数据一定要实事求是进行宣传

对于广告宣传中的定量数据一定要作到实事求是,也就是说,对定量数据的内容要十分慎重,这一点必须要在制定顾客满意行为规范,即在评审企业是否具有满足顾客要求能力的过程中得到明确的确认。

正因为如此,企业在向顾客作出任何公开的广告宣传之前,就应该做好一系列的准备工作,其中重要的一条,就是要做好广告前的评审:特别是对较为固定的因素,如价格、距离、时间等方面的内容,一定要认真评审企业是否有履行这种承诺的能力。如果企业真的具有这种能力,企业就应该实事求是地加以宣传,以提高企业的知名度和美誉度,但是如果企业的确不具备这种能力,就不能进行这种宣传,否则就会让顾客形成无法兑现的期望,最终导致顾客投诉。

在本书一开头提到的京沪高铁案例中,广大乘客对铁路部门另一个不满意的地方,就是铁路部门在宣传高铁时,把提速的优势说过了头,而对发生停电停车的可能性却只字不提,盲目地提高顾客期望值之后的必然结果。因此,广告宣传固然应该是产品促销的重要手段,但广告促销也应该成杜绝盲目提高顾客期望值的一道有效的“防火墙”。

五、具体产品属性或性能有关的规定

“具体产品属性或性能有关的规定”应该是指与企业为顾客提供的产品有关的各种内容。这是企业实施顾客满意行为规范的又一个重要领域。根据顾客满意行为规范的定义,顾客满意行为规范是“组织为提高顾客满意就其行为对顾客做出的承诺及相关规定”。所以下面主要以企业向顾客做出的各种承诺为例,来进行分析。从企业角度看,企业的各种承诺主要可以分为两大类,一类是对服务的承诺;另一类是对产品的承诺,它们两者之间既有区别又有联系。

1. 服务承诺

服务承诺是围绕企业提供的服务而进行的,由于服务具有无形性,因此有一部分服务承诺的内容往往不容易量化。服务承诺的内容主要包括:

提供服务的各种项目:

提供服务的时间;

服务的方便程度;

服务安全性和保密性;

服务人员文明和礼貌;

服务的收费和赔付标准;

服务人员的宣传和解说(口头承诺)等。

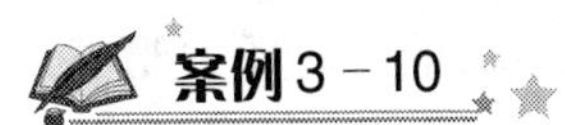

××保险(车险)公司服务承诺:客户无论何时、无论何地、无论以何种方式,都能享受到“汽车保险”带来的优质服务。

一旦出现事故,我们的工作人员会快速勘查,及时赶赴现场,市区内 1 小时赶赴,外埠视案情第一时间赶赴。赔款可以通过网上银行划转或是专人送达,减少赔款支付时间,理赔单证齐全的做到快速赔付:5000 元以下 30 分钟内赔付;1 万元以内当天赔付;5 万元以内 2 天赔付;10 万元以内 5 天赔付;10 万元以上 10 天赔付。

同时,实行每周7天,每天24小时接报案。对保险车辆无论事故原因,还是非事故原因,都可提供紧急救援服务。对保险车辆涉及的人身医疗事故,可派专业的医疗核损人员协助参与事故处理,提供专业咨询服务。对重大案件可根据客户需要支付50%的预付赔款等。

以上是××保险公司对客户的服务承诺。在上述服务承诺中对投保的客户可以提供"每周7天,每天24小时接报案"、"一旦出现事故,我们的工作人员会快速勘查,及时赶赴现场,市区内1小时赶赴"、"5000元以下30分钟内赔付;1万元以内当天赔付"等,都是企业提出的具体的服务承诺内容。这些承诺内容和该保险公司提供的保险服务是分不开的。如果该公司能够很好地遵守和履行其服务承诺,就可以有效地提高顾客的满意程度。但是如果顾客一旦发现该保险公司未能履行其服务承诺,则很容易造成顾客投诉。

2. 产品承诺

产品承诺以物理形态的产品作为承诺的对象,产品承诺的大部分内容都是量化的指标。产品承诺的内容主要包括:

产品的说明书;

产品使用说明书;

产品的各项性能指标;

产品的可靠性和寿命;

产品的"三包"规定等。

例如:产品的使用说明书就是企业对产品承诺的一种重要形式。产品的使用说明书主要分两大类:一类是消费品使用说明书;另一类是工业品使用说明书。为了能够保证企业更好地履行对产品的承诺,国家有关部门还专门制定相关的国家标准。

根据GB 9969.1《工业产品使用说明书　总则》国家标准3.2条款提出的要求:"使用说明应明确给出产品(指非消费品的工业产品)的用途和适用范围,并根据产品的特点和需要给出主要结构、性能、型式、规格和正确安装、使用、操作、维修、保养和储存等方法,以及保护操作者和产品的安全措施"。又如,根据GB 5296.1《消费品使用说明

总则》国家标准4.1条款提出要求："使用说明是所交付产品的组成部分。使用说明应能避免不正确的操作，减少产品故障和损坏率"。4.2条款还强调："使用说明应有助于消费者正确使用产品，并应能有效地帮助消费者避免可能导致危险的错误使用"。

上述国家标准是对工业产品和消费品使用说明书提出的具体要求，实际上就是充分体现了企业对产品承诺的内容和要求。因为当顾客购买此类产品之后，如果发现产品的使用说明不能指导顾客的正确使用，或者产品性能指标不能达到其说明书上提出要求，就必然会引起顾客的不满意，从而导致顾客投诉的产生。虽然对产品承诺这部分内容并不是本书讨论的重点，但是因为它与服务承诺有密切关系，因此在本书也会涉及其中的一些相关内容。

3. 对各种承诺必须说到做到

服务承诺和产品承诺之间有着十分密切的关系，虽然它们之间既有许多不同点，但是有一点是相同的，就是必须言而有信、说到做到、遵守承诺。

案例3－11

在2008年4月14日《人民日报》发表了一篇短评：《百年老桥折射我们的缺失》。内容如下：报导称：驻扎外滩已历百年的上海外白渡桥，当年是由英国人设计制造的。近日被从桥墩上拆除的全钢结构的桥梁，正在船厂全面体检、大修。明年此时，老桥便又能以原貌回到原地，继续"安全使用50年"。

鲜为人知的是，老桥的"体检通知单"，是由英国一家设计公司开出的。去年底，他们给上海市政工程管理局来信提醒，外白渡桥造于1907年，桥梁设计使用年限为100年，现已到期，请注意维修。

人民日报就此发表了一篇短评，并且发出了："这一细节，令人感叹"的赞美！在短评中说："扪心自问，关注一份百年前完成的设计作品，将服务客户、质量第一的责任意识坚守百年，这个故事发生在中国企业身上的可能性有几分？我们不敢乐观"。

当然,《人民日报》是站在一个更高的角度来分析这一问题。我们在这里,仅仅想从遵守承诺的角度,来谈谈一些看法。

毫无疑问,在100年以前为上海建设外白渡桥的这家英国企业是遵守承诺的典型。因为在事隔100年以后的今天,仍然在遵守和履行着100年前的承诺,他们给上海市政工程管理局来信提醒,外白渡桥造于1907年,桥梁设计使用年限为100年,现已到期,请注意维修。你们说,一个企业遵守和履行承诺难不难?看起来好像一点都不难,因为给上海市政管理局来信,提醒有关部门"现已到期,请注意维修",对于这家英国企业来讲,写封信仅仅是举手之劳!何乐而不为呢?其实,问题并没有将简单,看起来好像写封信仅仅是举手之劳,但更应该看到:这是他们长期遵守承诺,珍惜企业信誉的一种固有行为,也是长期以来养成"言而有信"良好习惯的一种必然结果。

但是对于我们有些企业来讲,要做到遵守承诺就好像十分困难了。现在不少企业过于急功近利,"百年老店"的责任意识极为淡漠,浮躁。不珍惜企业的信誉,更没有养成言而有信的好习惯,如果平时就没有养成"说到做到,言而有信"的好习惯,怎么能够相信这些企业在5年、10年、20年、50年、甚至100年以后还能够认真履行企业提出了承诺呢?仅从这一点看,英国这家企业能够在100年以后的今天,还能遵守和履行自己的承诺,实属不易!难怪人民日报一篇短评,发出了"这一细节,令人感叹"的赞美!

要让企业能够认真地履行自己的承诺,就必须要让企业的全体员工珍惜企业信誉,养成言而有信的好习惯。而这种习惯的养成就需要从平时一点一滴的小事开始做起,从认真履行企业提出的各种承诺开始做起。

第四节 实施顾客满意行为规范的目的是为了打通顾客满意的最后一公里

实施顾客满意行为规范的目的是为了打通顾客满意的最后一公里的这一结论,是在对GB/T 19010标准提出的顾客满意行为规范地

位、作用、以及对顾客满意行为规范的基本特征和实施范围进行认真分析后得出的。

一、把高质量的产品转化为顾客满意的产品需要有一个过程

由于质量和顾客满意是两个不同的概念(见本章第一节),所以,高质量的产品和顾客满意的产品两者也不是一个概念。它们之间还是有许多区别的:例如,高质量的产品只是对企业来讲的,而顾客满意的产品是对顾客来讲的。所以可以说,高质量的产品只是指尚未到达顾客手中的产品,而顾客满意的产品是指已经到达顾客手中的产品。又如,高质量的产品只能反映企业提供的产品满足顾客要求的能力,而顾客满意的产品才能准确地反映顾客的真正感受。因此,高质量的产品是由企业自己评价的,而顾客满意的产品才能由顾客说了算的。再如,由于高质量的产品不讲与顾客接触,而顾客满意的产品一定是最讲与顾客接触的。由此可以得出这样的结论:高质量的产品不是企业追求的最终目的,顾客满意的产品才是企业追求的方向,因为顾客满意的产品才能成为高水平顾客满意的唯一保证。

而企业要把高质量的产品转化为顾客满意的产品需要有一个过程,这个过程就是实施顾客满意行为规范。也可以说,越是高质量的产品,越应该通过实施顾客满意行为规范,以确保高水平的顾客满意。所以高质量的产品不一定能够遵循顾客满意服务准则(见第四章第三节)所提出要求,但是顾客满意的产品一定是必须要遵循顾客满意服务准则要求的。

案例3-12

用户经过反复挑选,终于2010年5月1日购买一套×××知名品牌的“家庭影院”,音响和视觉效果极佳。今天经销商已将产品送到用户家中。随后今天下午3点左右,用户联系了技术站要求立即上门安装。技术站答复用户现在已经太晚了,师傅已经出去了,所以无法上门。用户又致电800要求今天必须上门。800现已经同用户解释,

并已经联系技术站,技术站答复800已经联系到了师傅,尽量今天为用户上门安装。并会给用户回电话。然而一直到晚上10点,师傅仍然未能上门服务,用户非常恼火。

尽管×××知名品牌的“家庭影院”是一种质量很高的产品,尽管顾客对产品的质量——即产品的固有特性没有提出任何质疑,但是顾客的不满的确还是发生了,只不过顾客的这种不满意集中在产品的赋予特性,即产品交付过程,即顾客满意最后一公里的某些环节上。

维修站提出的理由——师傅已经派出去了,这肯定也是事实,但是如果我们从方便顾客的原理来做进一步分析的话,就可以看出维修站存在的问题了。

第一个问题,客户购买家庭影院不会都在上午,如果有用户在下午购买,或者在晚上购买怎么办?难道不应该安排一些维修人员为这些客户提供服务?现在很多企业都提出购买家电(包括空调、家庭影院等)都是随买随装,为什么这个维修站就不行?

第二个问题是,如果确实每次都是下午3点以后,维修站的维修人员都已经派出了,那么维修站就应该与经销商联系,向经销商说明,如果下午来购买家庭影院之类的家用电器,一律在第二天上午安装,这样做,一方面可以使客户有心理准备;另一方面,也可以让客户自行选择的。

但是,从顾客角度看,才到了下午3点维修站的工作人员就不提供服务了,显然这样做,对客户非常不方便。因为客户刚刚买了一套“家庭影院”,并且由经销商送到用户家中,如果不能及时安装,一套家庭影院肯定有不少零部件,必然会给用户带来许多不便和麻烦,因此尽可能地为客户提供方便应该成为为客户服务的一条重要的内容。

提高顾客实际感受的方法之一就是让顾客获得价值,而获得价值的渠道,除了可以从服务、人员、形象、产品等几个方面的提高来获得之外,还可以从时间的节约、顾客体力、精力的减少来获得价值。那么方便顾客,就是从省时、省力、简单、便利的角度来最大限度地为顾客提供方便,因此,方便顾客也成为顾客满意服务准则之一(见第四章第三节)。因为如果从方便顾客的角度看,反映了这样一个客观事实,顾

客更愿意接受更为省时省力、更为简单便利的服务,这应该是一个重要的基本原则。

所以把高质量的产品转化为顾客满意的产品需要有一个过程,这个过程就是一定要实施以方便顾客为主要内容之一的顾客满意行为规范。

二、产品交付以后的环节已经成为顾客不满意的主要领域之一

GB/T 19010 标准它主要涉及的是产品交付之后,一直到顾客接受产品之间的各个领域。而这一领域恰恰是目前许多企业的一个"软肋"。这是因为这一领域,是目前不少企业质量管理体系中相对薄弱的一个环节。也就是说,如果企业在产品交付之后的领域——如产品承诺、广告宣传、产品促销、产品的售后服务和投诉处理等环节中,企业无法对其进行有效的控制和管理,那么也就无法确保达到高水平的顾客满意。

因为大量的事实证明, 即使企业在可以向顾客提供质量可靠的产品的前提下,但是企业在向顾客交付产品之后的领域中,也很容易出现种种的顾客不满意。如果当企业在产品交付之后的各项活动中,不能遵守承诺,或者企业不能按时交付产品,或者企业不能有效和高效地处理顾客投诉等,那么即使企业有了质量可靠的产品作为基础,也同样会造成顾客不满意。显然,这与保持高水平顾客满意的目标还是有很大距离的。更何况,对于有些行业来讲, 现在在这一领域中,已经成为一个很容易出现顾客不满和投诉的"重灾区":例如在流通领域里,某些企业为了自身的利益,在企业之间通过广告、营销等手段相互抹黑、相互拆台;又如有的企业搞霸王条款和过度包装,或者有的企业向顾客提供的信息不真实、不全面;还有的企业搞缺斤短两、甚至还讲什么"潜规则"等。这些问题的屡屡出现,必然会让顾客无所适从,难辨真假,吃亏上当,最终造成大量顾客的不满和投诉等,就是最好的证明。

当然,至于还有的个别企业在产品交付以后的领域中,他们利用顾客对相关产品专业知识的缺乏,故意制假贩假、以假乱真、名不副实、搞

虚假承诺,或者是价格欺诈,诱使顾客受骗上当,就应该另当别论了。

三、实施顾客满意行为规范就是要打通顾客满意的最后一公里

国际标准化组织(ISO/TC176)在推出 GB/T 19001 标准的 9 年之后,又提出企业必须要根据 GB/T19010 标准要求实施顾客满意行为规范,就充分说明,国际标准化组织已经把实施顾客满意行为规范作为打开顾客满意最后一公里的一把钥匙,它不仅可以是企业保持高水平的顾客满意,而且也为打通顾客满意最后一公里指明了正确的方向。

1. 顾客满意行为规范是针对顾客接受产品的过程而提出来的

在质量管理的领域里,所谓的顾客满意最后一公里,就是指顾客接受产品的过程。因为 ISO/TC176 之所以在 2000 年要出台 GB/T 19000 质量管理国家标准,要求企业建立符合 GB/T 19000 质量管理国家标准的质量管理体系,其根本目的是为了达到增强顾客满意的目的。但是通过几年的实践已经充分证明,企业在建立质量管理体系的过程中,除了在企业内部要进一步建立和完善,从设计到生产形成全过程的质量管理体系之外,根据过程的定义,顾客接受产品和服务的活动也可以是一个过程(见第五章第二节)。因此,顾客接受产品的过程本身就构成了与质量管理体系全过程不可分割的一部分。

2. 实施顾客满意行为规范正处在顾客满意最后一公里的领域中

如果把企业实施 GB/T 19001 质量管理体系的全过程,即从企业识别顾客需求开始、通过设计开发、生产加工以及最后交付环节的各个阶段,看作是企业为达到增强顾客满意为目标的所行进的 99 公里的路程的话,那么我们完全可以把作为 GB/T 19001 标准的重要补充的 GB/T 19010 标准所提出的实施顾客满意行为规范,为打通顾客满意的最后一公里路程指明了正确的方向。因为在质量管理的领域里,GB/T 19001 是 GB/T 19010 的基础,而 GB/T 19010 是 GB/T 19001 的延伸。这也就意味着,企业只有通过实施顾客满意行为规范,才能确保在向顾客满意目标的最后冲刺阶段,达到顾客满意的最终目的。

3. 实施顾客满意行为规范是企业确保高水平顾客满意的有效途径

从今后发展趋势看,由于顾客满意的地位日益重要,由顾客参与的质量管理体系活动,已受到越来越多人们的关注。因此,要保持高水平的顾客满意,就必须认识到,当企业为顾客交付了具有各种质量的产品之后,并不意味着质量管理过程的完成。因为从企业质量管理体系全过程看,只有获得顾客满意的认可之后,才能表示企业质量管理体系全过程的结束。所以企业在建立质量管理体系的过程中,还必须要把本属于企业外部的,即顾客接受产品和服务的这个阶段也作为一个过程来看待,并且把它纳入到企业质量管理体系之中来进行控制。

GB/T 19010标准出台的实际意义是,把顾客接受产品和服务活动的过程和企业内部建立质量管理体系的过程联结在一起,使它们相互衔接和相辅相成。也就是说,一方面企业内部建立的产品加工过程的输出,实际上就是顾客接受产品和服务过程的输入。另一方面,顾客接受产品和服务过程的输出,实际上也是企业质量管理体系所追求的主要目标。因此从这个意义上讲,总结和制定顾客满意准则,应该成为企业质量管理体系全过程一个组成部分。

4. 实施顾客满意行为规范就是为了打通顾客满意的最后一公里

首先,由于顾客满意最后一公里的基本特征(见第一章第三节)和顾客满意行为规范的基本特征(见本章第二节)都极为相似:例如两者都产生在与顾客直接接触的过程中、两者追求的目标都是为达到顾客满意、两者所开展的都是一种服务活动等。所以企业只有把通过实施顾客满意行为规范看作是打通顾客满意最后一公里的重要举措,才能真正理解国际标准化组织突出强调对顾客满意关注的重要理由。

其次,质量只是实现顾客满意的一种手段,而顾客满意才是质量追求的目的。所以当企业为顾客交付了具有各种质量的产品(包括服务)之后,并不意味着质量管理过程的完成。因为从企业质量管理体系全过程看,只有获得顾客满意的认可之后,才能表示企业质量管理体系全过程的结束。而顾客满意行为规范概念的提出,恰好为质量和顾客满意之间架设了一座“桥梁”,这等于完成了达到顾客满意最终目标的最后一公里。

最后,顾客满意行为规范为打通顾客满意最后一公里指明了正确的方向。如果把 GB/T 19010 标准的出台,以及顾客满意行为规范概念的提出,放在这样一个大背景下进行思考的话,就可以更加深切的理解 ISO/TC176 出台 GB/T 19010 标准的真正目的及其重要作用。因为国际标准化组织(ISO/TC176)之所以早在 1994 年提出的“质量和顾客满意度是全世界日益关注的重大问题”(见 GB/T 19004 -2)这一理念。而在十多年之后的今天, ISO/TC176 再一次通过 GB/T 19010标准,提出实施顾客满意行为规范,强调这是确保企业高水平顾客满意的重要途径(见 GB/T 19101 标准总则)。这一切都说明,实施顾客满意行为规范,不仅适应了打通顾客满意最后一公里的要求,而且实施顾客满意行为规范的最终目的就是为打通顾客满意的最后一公里指明了正确的方向。

第四章 顾客满意服务准则和服务标准化体系的顾客满意最后一公里

从服务标准化体系的角度看,GB/T 19010 标准所提出的实施顾客满意行为规范,实际上也是针对服务标准化体系中的服务标准化行为规范(即服务规范——服务标准化的另一种形式)提出来的。因为如果把顾客满意行为规范和服务标准化行为规范相比较,虽然两者都是一种服务的行为规范,但是顾客满意行为规范更强调的是必须达到提高顾客满意的这种结果。所以如果从顾客满意最后一公里来理解的话,顾客满意行为规范应该是以追求高水平顾客满意为目标的一种服务标准化行为规范(即服务规范)。因此,实施 GB/T 19010 标准所强调的顾客满意行为规范,也同样可以为打通服务标准化体系的顾客满意最后一公里提供服务。

但是在 GB/T 19010 标准中,由于对实施什么样的标准化服务,才能满足高水平顾客满意的目的,并没有展开更加详细的论述。为了弥补这一不足,笔者近日提出了顾客满意服务的十大准则(见笔者发表在《中国标准化》2010 年 1 月 ~ 12 月的系列讲座)。其中有两个重要目的:一是希望能够把这些顾客满意服务准则,作为 GB/T 19010 标准中顾客满意行为规范的重要补充,以确保企业实施的顾客满意行为规范能够真正达到高水平顾客满意的最终目的(见第五章);二是希望顾客满意服务准则的提出,也可以作为服务标准化体系的重要组成部分,作为打通服务标准化体系领域中顾客满意最后一公里的有用工具(见本章)。

在本章将重点探讨顾客满意服务准则在服务标准化体系中所起到了重要作用及其相关内容。为了帮助大家能够更好地理解上述观点,首先从一个具体的案例谈起,让大家认识到提出顾客满意服务准则的必要性和重要性(第一节)。再进一步论述顾客满意服务准则在服务标准化体系中的地位和作用(第二节)。然后对顾客满意服务准则的相关内容作一简要介绍(第三节)。最后,对于服务标准化体系而言,实施顾客满意服务准则,可以有效地解决服务标准化体系中的顾客满意最后一公里的问题(第四节)。

第一节 从央视主持人白岩松的一次亲身经历说开去

要了解什么是顾客满意服务准则以及对打通服务标准化体系中顾客满意最后一公里的重要作用,还先要从央视主持人白岩松的一次亲身经历谈起。

一、一个值得深思的案例

在2010年10月7日央视的[新闻1+1]的栏目中,著名节目主持人白岩松与董倩,对十一黄金周期间发生的种种问题,谈了自己的看法。其中有一段对话,引起了笔者的兴趣。白岩松谈到他在十一黄金周期间的一次亲身经历,即在北京火车南站的停车场找不到自己车的问题,与主持人董倩的一段精彩的对话。实录如下。

案例4-1

白岩松:

(2010年)10月1号我就有一个感触特别深的地方,感触特别深的地方是两个对比,特别快和特别慢;硬件特别硬,软件特别软,怎么说呢?“十一”的时候坐天津到北京的城际高铁,太棒了,现代化,虽然我之前就坐过几次,但是“十一”这一天还是特别有感触,因为到哪儿买票都很难,都人满为患,可是城际高铁从天津到北京29分钟到了,幸福。

但是(在北京火车南站的停车场)找自己停的车的时候痛苦了,它有无数个停车场,停车场是按ABCD等排的,我记住了我的车停在了C,但是下了火车之后,没有任何指示牌告诉你C在哪个停车场里,于

是你自己去撞运气，在撞运气的过程中没有任何指示的标牌，你想去问在它底层的……。

主持人(董倩)：

是你没仔细看还是真没有？

白岩松：

我看得非常仔细，因为后来我又在找的时候，与我相同命运的司机有很多，甚至最后我在一个角落看到了某一个工作人员估计实在是被问烦了，用一个A4的纸写了一个指示牌，手写的贴在那儿。我仅仅找汽车找了将近30分钟，刚才享受了29分钟天津到北京的那种快感荡然无存，而且非常愤怒。我想有无数的人就在那天像无头苍蝇一样在停车场里来回乱转的时候，你都会去感慨，要那么快的车有什么用，难道不能让我把自己的这种公共服务的速度让每一个人的快乐能够更快一点。原来我们硬件很硬，软件很软，但是硬件很硬，车飞快得提速，却不能直接给我们带来幸福和快乐。所以我们必须把软件这方面，把公共服务的素质提升上去。

以上这段对话，讲的是北京南站(原永定门火车站)停车场由于服务标识不清，使得白岩松在半小时之内找不到自己的爱车，从而造成了白岩松的严重不满意。造成顾客不满意的原因，其实就出在顾客满意最后一公里的问题上。

大家可以设想一下，从天津到北京仅仅用了29分钟的时间，而为了缩短天津和北京之间的时间和空间距离，国家投入了大量的资金，修建的城际高速铁路和北京南站，本来应该是一件值得高兴，和让顾客满意的事。却没有想到，在北京南站这个刚建成不久的一个十分现代化的新火车站，仅仅由于服务标识不清，更准确地说，一些服务标识设置不合理，白岩松在北京南站偌大的停车场，用了30多分钟也没有找到自己停在C区的爱车，使得他原来的“那种快感荡然无存，而且非常愤怒”。正由于一些企业的相关部门並没有重视和关注这些的公共服务设施存在的问题，使得许多地方服务标识的设置不合理，服务设施不到位，从而严重地影响到顾客满意的最终结果。难道这些问题的出现，不就是在顾客满意最后一公里的环节上吗？

二、问题在那里

白岩松这个案例中谈到的这个问题,实际上就是呼吁有关部门和企业必须要重视和关注顾客满意最后一公里的问题。由于本案例涉及一个服务标识设置的问题,这也是服务标准化体系领域中必须要给以重视和关注的地方之一,而且它与顾客满意最后一公里之间的关系十分密切,所以就有关服务标识的问题,想再多说几句。

大家知道,作为交通服务企业(包括铁路、民航、公交、地铁等),作为服务业中的一类大行业,它与其他服务行业最大区别,或者说最大的特点,就是它与"位侈"的顾客(乘客、旅客)进行直接接触的。其中交通服务中的各种服务标识就是一种与顾客进行直接接触的重要内容之一。乘客在空间状态下,对于交通服务的企业所提供各种类型服务标识的要求一定是十分迫切、十分需要、十分依赖的。因为服务标识是否清楚、醒目、是否设置合理和科学,对于增强顾客的空间状态下的受控感,提高顾客满意程度起到了非常重要的作用。这是因为各种服务标识,只有通过与顾客直接接触,才能让顾客切实地感受到,也才能满足顾客的需求——帮助顾客到达目的地,最终对交通服务是否满意作出客观的评价。作为各种服务标识之所如此重要,主要因为在顾客获得各种相关的信息中,通过视觉获得的信息,占整个信息量的80%以上。由此可以看出,服务标识是否能够清楚、准确地向乘客提供,是否能够最大限度地让乘客在空间状态下处在一种受到控制的状态,这对于能否增强顾客满意程度起到了决定性的作用。因此,从这个意义上讲,服务标识是否到位,对于交通服务行业来讲,具有特殊重要的意义。

为此,有关部门早在2000年就专门制定了GB/T 10001.1—2000《标志用公共信息图形符号　第1部分　通用符号》的国家标准供有关部门使用。这是我国第一套对服务标识所制定的国家标准,这套标准的出台,就为在空间状态中,增强顾客的受控感提供了可靠依据。

但是现在的问题是,作为一个服务标准化体系,如果我们仅仅有〈标志用公共信息图形符号〉等服务标准(包括方向、入口、出口、停车

场、男女厕所等图形标志),已经不能满足顾客的要求。因为我们从本案例中可以看到,虽然在北京南站停车场中已经有了ABCD等服务标识,但白岩松还是找不到自己的车。这是为什么呢?这说明,在服务现场中,是否有标志用公共信息图形符号是一回事,但是这些服务标示信息符号是否设置合理?是否设置科学?是否能让顾客很方便地进行识别?则又是另一回事。也就是说,在停车场仅有前者(服务标识)的服务标准化,已经远远不够了,我们还需要后者(服务标识设置科学合理)的服务标准化。事实已经证明,只有前者的服务标准化,而没有后者的服务标准化,同样会造成顾客不满意。

根据笔者的了解,在目前服务标准化体系里,虽然已经有服务图形标识的相关标准,但是对于如何科学设置这些图形标识的相关标准,尚不清楚。但对于提供交通服务的企业来讲,现在顾客要求的是,在服务现场不仅应该有符合公共信息符号要求的各种服务标识,同时还应该对各种服务标识如何设置更加方便,更加合理提出更高的要求。只有这样,才能达到顾客满意的目的,才能避免白岩松所遇到的问题,也才能最终确保顾客满意的实现。当然如果有关部门已制定了这样的标准,那么至少在北京南站的停车场内并没有得到真正的落实,自然更缺乏相应的监督和管理了,否则就不会出现白岩松找不到车的问题。但是如果还没有这方面标准,那么有关部门是否也应该着手解决这一问题呢?难道服务标准化体系不应该明确提出要把顾客满意作为其追求的目标之一吗?难道服务标准化体系不应该同样关注顾客满意最后一公里的问题吗?

三、解决问题的有效途径

解决上述服务标准化体系顾客满意最后一公里的问题,除了要把顾客满意作为服务标准化体系追求的目标之外,最有效途径之一就是需要制定一系列的顾客满意服务准则,并把它纳入服务标准化体系之中,作为制定各种服务标准的重要依据之一。然而这一切都是建立在要把顾客满意服务准则,作为服务标准化体系重要组成部分这一基础之上的。

1. 重在受控等顾客满意服务准则在交通服务领域中的运用

针对本案例中提出的问题,其实就涉及多项顾客满意服务准则的内容,其中最主要有重在受控准则和方便顾客准则等(详见本章第三节)。其中关于顾客满意服务准则之一:重在受控准则是指,企业必须要重视和关注顾客是否处在一种能受到控制的状态中。如果使顾客在接受服务的过程中,企业能够及时地提供各种相关的服务信息,包括乘客目前的位置、应该往那个方向走、走多远才能到达目的地等各种空间信息,就会使顾客对交通服务产生一种稳妥感、放心感、踏实感和信任感,这就是对顾客受控感的一种形象描述,因为它可以有效地增强顾客的满意程度。而方便顾客准则是建立在"顾客是价值最大化追求者"(科特勒语)基础之上的。因为从顾客感受的角度看,只要顾客感受到,乘客能用最少的付出,即可获取所需要的空间信息(指各种服务标识),他就认为获得了价值,顾客的实际感受就会得到提高,也就可以达到增强顾客满意的目的。反之,就无法达到增强顾客满意的目的(详见本章第三节)。重在受控和方便顾客这些服务准则的提出,就有利于解决好服务标准化体系中,有关顾客满意最后一公里问题。

在案例中,白岩松央视主持人对于在北京南站的停车场,因为找自己的爱车,花了将近30分钟。如果从服务标准化角度看,就是由于忽视重在受控准则之后的一种必然结果。换一句话讲,如果北京南站的停车场能从重在受控准则的基本原理出发,根据空间受控的基本要求,对于停车场的服务标识从重在受控和方便顾客的角度重新进行设计和实施,就可以使得许多的公共服务设施不到位的问题得到很好的解决。这就意味着,在停车场找车时,不仅可以使乘客处在一种受控状态,而且乘客能以最省时、省力的方式找到自己的爱车,就会大大减少许多顾客的不满意。

为了能更好地说明顾客满意服务准则之一重在受控准则在空间状态下受控的基本要求,再请看一则案例。

出门在外,为了能够尽快地达到目的地,许多人在乘坐公交车时,

都离不开对公交车站上地图的使用。大家可以设想一下,当乘客在马路边,面对一张本市的地图时,如果在地图中,乘客不仅可以马上找到自己的目前位置(因为在地图中已经有目前位置的标识符号),而且地图上方表示的方向是北,又符合了大多数乘客的习惯要求。当这些要求都得到满足之后,如果地图设置的位置和实际方向又能保持一致:如乘客所站立位置(面向地图)的前方,又正好是朝北,这就意味着,乘客的后面就是朝南,乘客的右面就是朝东,乘客的左面就是朝西,这恰好和地图设置的位置保持一致。在这种情况下,乘客看地图就会感到非常方便,也就可以大大增强了顾客在空间状态下的一种受控感。

令人感到十分遗憾的是,当人们外出需要通过北京公交车站地图来识别自己前进方向时,尽管马路边就有本市的公交地图,但是,在地图上却没有标明乘客目前的位置以及地图的方向,如果再加上地图设置的方向与实际方向不一致的话(应该说,这种情况最多),就会大大影响到顾客的使用效果,当然也一定会影响到顾客满意程度。

2. 目前服务标准化体系中存在的一些不足

为了能够更好地找到问题的症结所在,笔者专门到北京南站停车场进行了现场考察,的确发现了不少有关服务标识的问题。

例如,其中在北京南站旅客的出站口,就缺少一个大型平面图,供出站旅客使用。可以设想一下,根据上述案例,主持人白岩松所提到的在北京南站设置各种服务标识时,如果旅客在进入南站现场前,能够有一张与实际地理位置保持一致的大型平面图提供给乘客使用,在平面图上不仅能够寻找到自己的站立点,还能辨别自己要去的方向(如东停车场和西停车场),旅客肯定会满意的。

又如,在北京南站停车场,由于停车分上下两层,可是目前的一些服务标识现在仍然设置不够合理,不够方便。所以即使在一年以后的今天,在考察中,笔者也如同当年白岩松一样,走了不少冤枉路,最后不得不询问了现场工作人员,在他们的指引下,才找停车场的 C 区。但如果停车场的入口处就设置一个与停车场实际位置保持一致的平面图的话,在图中能清楚地标明:有旅客目前的站立点、有 A、B 在上层和C、D在下层的服务标识等,让旅客一目了然,就一定能使他们马上找到停放自己爱车的相应区域。如果确保乘客能够处在一种受控状态,难道还会造成不满意吗?显然就不会了。

因此,提供交通服务的企业,在为顾客提供的服务标识(如地图等服务标识)时,有几条原则必须掌握:一是使旅客能很快找到自己目前的所在位置;二是要知道自己应该向那个方向走;三是还要知道走多远能到达目的地等。只要符合上述几条要求,不仅可以达到方便顾客的目的,而且可以有效地增强顾客在空间状态下的受控感。由此,也可以看到,企业在制定服务标准的过程中,遵循重在受控和方便顾客两个准则提出的各种要求的确是很重要的。

由此可见,目前服务标准化体系有一些服务标准还存在着一些不足。例如在服务标准化的领域中,只有GB/T 10001.1—2000《标志用公共信息图形符号　第1部分　通用符号》等国家标准已经不能充分满足顾客的需求了。如果根据重在受控和方便顾客准则的基本要求,在这一领域中至少还应该补充,关于这些服务标识如何正确设置和使用的服务标准。例如,这些反映空间信息的服务标识,应该在什么地方设置?如何设置?怎样才能最大限度地方便顾客识别?在设置这些能够反映空间信息的服务标识中,还应该遵循哪些基本原则?等内容,都应该实施服务标准化。如果有了这些服务标准化内容,那么白岩松所谈的问题,就自然可以得到很好地解决,当然这也就意味着打通了顾客满意的最后一公里。

3.一个成功的范例

在这里向大家介绍在服务标识方面设置十分成功的一个范例。上海作为一个国际化大都市,公共场所的服务标识的使用,在全国各大城市中,应该是出类拔萃的。它不仅满足了GB/T 10001.1—2000《标志用公共信息图形符号　第1部分　通用符号》等国家标准所提出的要求,而且有许多地方还远高于国家标准的要求。尤其是上海市的地铁系统,在服务标识方面做得尤其出色。在2005年中国质量万里行促进会所组织的对上海地区服务标识使用方面的明察暗访中(笔者应邀参与了这次活动),得到了高度的评价。

大家都知道，上海城市的马路不像北京城市马路，是没有方向感的，所以，很多外地人游客，到上海往往都找不到“北”。但是，上海地铁由于服务标识十分到位，为乘客提供了极大的方便，所以只要乘客根据地铁的服务标识来“按图索骥”，是不会让乘客“转向”的。

以上海地铁徐家汇站为例，该站是上海市最大的地铁站之一，地处上海繁华的商业中心，人口密集，商场林立，整个地铁站内面积就有上万平方米，该站供乘客使用的各种出入口竟达到14处之多！但是，当乘客身处其中时，由于服务标识设置得非常合理、科学、又很人性化，所以并没有使乘客感到不方便的地方。例如在该地铁站内，几乎每个出口的拐弯处，都设置了一个平面地图供乘客识别和使用。该地图最大的特点是与实际地理位置（包括方向）都保持了一致性，在每个地图中，都用不同颜色清晰地标出乘客目前的站立点和地面上各种标志物的具体方位。甚至在地铁站内连引导乘客进入的服务标识都一律是白色的，而引导乘客出去的服务标识都一律是黄色的等（这些内容在GB/T 10001.1标准中其实並未要求，但十分有用），这让乘客识别和使用起来非常方便。可以说，只要当乘客感到需要辨别方向时，服务标识就会及时地出现在你面前，让乘客时时刻刻都能处在一种受控状态。因此，尽管徐家汇地铁站台，每天客流达几十万人次，但是大家都忙而不乱，乘客都井然有序，这一切不得不归功于上海地铁系统科学、合理、方便并且符合地方标准的服务标识，所发挥的巨大作用。

四、结论

通过上述分析就可以看到，关键是服务标准化体系中的一些服务标准还需要进一步完善。即在服务标准化体系中，不仅要把顾客满意作为其追求的目标之一，而且一定要关注顾客满意最后一公里的问题。如果能把重在受控、方便顾客等这些顾客满意服务准则纳入到服务标准化体系之中的话，就可以大大提高服务标准化体系追求顾客满意的有效性。

第二节　有高水平的服务标准化就一定有高水平的顾客满意吗

有高水平的服务标准化（包括高标准的服务规范）就一定有高水平的顾客满意吗？通过第一节的案例就可以说明，不一定！这一点其实与高质量的产品不一定能确保高水平的顾客满意的道理是一样的（见第三章第一节）。换言之，有高水平的服务标准化只能为高水平的顾客满意奠定可靠的基础，但是有高标准的服务标准化也不一定就能直接确保有高水平的顾客满意。因为服务标准化只是顾客满意的必要条件，而并非充分条件。央视主持人白岩松的经历就是最好的证明。在本节就着重深入探讨顾客满意和服务标准化之间的关系。

一、顾客满意和服务标准化的关系

顾客满意和服务标准化这种密切关系，是与服务的基本特性分不开的。对于顾客满意和服务的关系在本书第一章第二节已有论述，这里不再重复。下面重点探讨顾客满意与服务标准化之间关系。

1. 服务标准化概述

服务标准化是服务的一种特殊的表述方式。所谓标准是指对重复性的事物和概念所做的统一规定，标准化是制定标准和实施标准的过程。服务标准化是对服务领域中的一些重复性的事物和概念所做的统一规定。服务标准化就是一种制定服务标准和实施服务标准过程。服务标准化是以服务活动作为标准化对象，其研究范围包括服务行业（包括制造业的服务部门）中的全部服务活动。开展服务标准化的目的，有利于规范各服务行业市场秩序、提高服务质量、增强服务企业核心竞争力，为构建和谐社会提供有利的技术支撑。当然更离不开对顾客满意目标的追求。

2. 服务标准化可以为顾客满意奠定基础

任何体系都应该有一个目标。服务标准化体系追求的目标有很

多：如满足要求、规范管理、提高效率、增加效益、节能减排等。然而，必须强调明确的是，顾客满意同样应该成为服务标准化体系追求的重要目标之一。因为对于服务企业（包括制造企业的服务部门）来讲，GB/T 19001 和 GB/T 19010 等标准的出台，本身就是通过建立服务标准化体系这种方式来达到增强顾客满意的一种活动。

服务标准化是顾客满意的基础。离开了标准化的服务，顾客满意将无从谈起。GB/T 19001、GB/T 19010、GB/T 19012、GB/T 19013 等国家标准的出台，就可以为顾客满意奠定可靠的基础。当然，企业向顾客提供服务（如处理顾客投诉）也需要标准化。请看一则案例。

案例4－3

某化纤公司生产的产品是生产仿真丝面料的原料，发生顾客投诉后，对投诉中存在的问题性质进行确认有一定难度。因为，纺织原料生产企业，不像家电行业生产的产品，顾客投诉以后，能提供上门维修的售后服务一般就可以解决问题。但是，当化纤原料的产品加工以后，往往具有不可还原性，所以处理此类服务问题难度很大。也就是说，一旦出现质量问题后：

——产品质量瑕疵的影响因素难以界定；

——产品质量造成的损失难以界定；

——产品质量本身的难以界定；

——产品和服务目标的认同标准难以界定等。

由于，涉及的工艺流程的环节很多，而且有时候顾客索赔的金额也比较大（包括直接损失和间接损失），进行赔偿一般以双方协商的方式进行，但是赔偿的金额数量难以确定（往往双方都有责任），因为没有具体服务标准可以依据；特别是有时候难以进行定量分析。有时对一些老客户和重点客户还不得不做出一定的让步，索赔少了顾客不愿意，索赔多了，企业又没有能力，所以在“度”的把握比较难（有时尽管不是我们的责任，但是还要做出一定的补偿）这是我们处理投诉比较头疼的地方。

这是一个很难处理的客户投诉案例。投诉处理的难点在于企业没有具体的质量责任认定和赔偿等服务标准,如果没有具体的这些服务标准,就很难保证投诉处理的公正性。因为GB/T 19012国家标准提出投诉处理指导原则之一客观公正(见4.5条款)就强调指出:每一件投诉都应通过投诉处理程序进行平等、客观和公正的处理。为此还专门制定了附录C作必要的补充。根据以上条款提出的要求,我们认为该企业在进行赔偿时,必须要有依据,这依据就是标准,如果没有标准,企业处理投诉的过程中,就会出现的不公正现象,这是投诉顾客处理的大忌。

那么这个标准从何而来呢?我们应当掌握这样一个原则:如果有国家标准就应该采用国家标准,如果没有国家标准就应该采用行业标准,如果没有行业标准,那么企业就应该制定企业标准,也就是说,应该用企业制定的标准来进行赔偿,以保证投诉处理的公正性。

因此在本案例中,企业要达到顾客满意的目的,就必须制定各种相应的标准(包括赔偿服务标准化),作为企业处理顾客投诉的依据,这些标准须要事先得到客户的认可后,并把它列入到销售合同之中,才能提高企业处理顾客投诉的有效性。由此可见,没有服务标准化是难以实现顾客满意的。

3.有服务标准化不等于就能确保顾客满意

虽然服务标准化是顾客满意的基础,虽然离开了标准化的服务,顾客满意将无从谈起,虽然有不少标准化服务也可以直接给顾客带来满意(如服务敬语和服务禁语标准等)。但是我们从本章第一节的案例中,可以看到,还有一部分服务标准化不一定就能直接确保顾客满意。这是因为:首先,服务标准化和顾客满意是两个不同的概念。服务标准化是在服务领域里,制定标准和实施标准的过程。顾客满意是顾客对其要求是否得到满足的一种感受。这是两个虽然有密切联系,但是却有完全不同的概念。同时,服务标准化和顾客满意追求的目标各有不同。

其次,从服务标准化和顾客满意之间的关系来看。服务标准化只是顾客满意的一种载体,顾客满意只是服务标准化追求的目标之一。

当然服务标准化既可以“载”顾客满意，也一定可以“载”顾客不满意。也就是说，服务标准化的结果，有可能是顾客满意，也有可能是顾客不满意。再请看这样一个案例。

案例4－4

胡某是某信息中心的副主任，最近他突然想把单位开立账户的银行换掉，他解释说，国有商业银行的一次遭遇让他非常失望。事情其实是一件很小的事。

据胡某描述，7月31日下午他到与自己办公室一墙之隔的某国有商业银行存钱，由于柜台工作人员认为他用护照存钱登记身份证号的要求违反政策（服务人员认为，银行的服务标准规定：存钱必须要提供本人的身份证），而胡某认为自己没有违反政策，是银行提供的服务标准太不方便。拿着20多万元现金的胡某原先觉得自己应该是银行的客户，护照是国家认可的身份证明，上面既然有身份证号码为什么不能用？而且银行的工作人员始终是态度生硬，使他没有一点儿被服务的感觉，银行服务标准的规定太死板，不为客户提供各种方便。想到自己单位800多万元的账户就开在这家银行，他说除了向这家储蓄所的上级投诉之外，还能做的事，就是不想和这家银行发生任何关系了。

对于上述案例可以作进一步探讨。

首先，对银行的规定（标准）作一探讨。毫无疑问，银行是有服务标准的，也许银行的工作人员认为他是在按标准办事，应该是无可挑剔的。看起来好像很有道理，但是，如果从方便顾客的角度，来分析这一服务过程的话，很显然就存在问题了。首先应该看该银行的这一服务标准是否合理。如果本人的护照证明本人的身份时，也具有唯一性的话，那么为什么就不行呢？所以如果银行服务标准的规定不合理，就应该修改服务标准。因为企业制定的各种规章制度和标准如果与顾客满意和方便顾客有冲突的时候，就应该修改规定或者标准，使之能够符合顾客满意和方便顾客的需要的。简言之，有服务标准也不一定能确保顾客满意。

其次，顾客这种不方便的感觉，会大大影响到该顾客户对企业的满意度忠诚度。看起来好像只是一件小事：是客户没有用身份证，是用护照这种证件来存钱，而遭到银行拒绝。但是对客户来讲，带来的却是一种不方便，即指如果服务标准不能确保顾客满意的话，必然会造成客户流失。

根据麦肯锡公司最近公布的一项调查显示，目前我国国有商业银行大约有20%的最优质客户，已经将其最主要的银行关系转移到其他银行。该报告分析说："政府现行法规导致中国的银行提供的产品和利率基本雷同，所以这些客户的转移和流失显示了他们对银行现有服务不满"。这段话告诉我们，由于现在是市场经济，客户对提供服务的企业拥有真正的选择权，当我们的银行为客户提供的利率和服务产品基本雷同的情况下，那么顾客选择的余地就体现在，谁能够为客户提供最大限度的方便！

由此可以得出这样的结论：企业制定能最大限度地为优质客户提供各种方便的服务标准，应该成为维持优质客户忠诚度的最重要的手段之一。我们在本节前面提到的胡某案例，就很好地说明了这一点。

二、可以按顾客满意为目标对服务标准化进行的分类

在服务标准化体系中，服务标准化的分类有许多方式：如可以按性质来进行分类：有技术标准、工作标准、管理标准、服务标准等。也可以按行业分类：如民航服务标准、金融服务标准、餐饮服务标准等。还可以按目标进行分类：节能减排标准、环境保护标准、食品安全标准等。现在，我国有越来越多的企业，把顾客满意作为服务标准化追求的目标。建立以顾客满意为目标的服务标准化体系，是提高企业竞争能力的重要措施。所以服务标准化体系还可以按顾客满意的要求进行分类。

1.按顾客满意作为目标进行分类的特点

对于以顾客满意为目标，而建立起来的服务标准化体系进行分类有以下四点特点：一是目的性强，目标明确、有利于提高顾客满意度，有利于调动各方面的积极性；二是有效性高，可以对体系的资源进行

有效整合,可以确保用较少的投入,得到较高的顾客满意产出;三是可操作性强;四是适应面广。对同类型企业都有指导意义。服务标准化需要通过顾客满意这种目标来加以整合,提高服务标准化的水平和能力。

2. 按顾客满意作为目标进行分类的依据

对服务标准化体系按顾客满意进行分类的依据有以下三方面。

依据之一:按服务的内涵进行分类。由于服务这个单词既可以是当动词用,也可以作为名词用,所以如果从顾客感受的角度进行分析,对服务标准化体系进行分类的话,即可按照服务的两大方面的内容进行分类。它主要包括:一方面是把服务(名词)作为一种产品的标准化;另一种是把服务(动词)作为一种过程的标准化。因为在服务标准化体系里,顾客满意对不同类型的服务标准化所起的影响作用是不同的。所以这两大类服务标准化对顾客满意的影响也不同。把服务(名词)作为一种产品的标准化(简称服务产品标准化),这一类是对顾客满意会产生直接影响的服务标准。把服务(动词)作为一种过程的标准化(简称服务过程标准化),这一类是对顾客满意会产生间接影响的服务标准。

依据之二:按照顾客接受产品的过程进行分类。顾客接受产品和服务的活动应该是一个过程(见第五章第二节)。为了能对这一过程进行有效控制,并达到增值的目的,就需要制定相应的标准。而由于与顾客接触是该过程的基本特点,所以对于该过程而言,服务标准化也可以分为两大类:一类是以直接与顾客接触的服务标准化。同样,这一类服务标准化可以对顾客满意与否产生直接影响,因此也称为服务产品标准化。另一类是以间接与顾客接触的服务标准化。而这一类服务标准化只能对顾客满意与否产生间接影响,因此也称为服务过程标准化。

依据之三:按三个规范的要求进行分类。ISO 9004 -2(GB/T 19004 -2)是国际标准化组织(ISO/TC176)唯一针对服务提出的一套国际标准,其中服务规范、服务提供规范和质量控制规范这三个规范是该标准提出的核心内容。如果根据 GB/T 19004 -2 中对三个规范的划分要求，此类服务标准化内容主要包括两种：一种是把服务作为一种过程的标准化，它是指 ISO 9004－2 中的服务提供规范和质量控制规范；另一种是把服务作为产品的这种标准化，是指 ISO 9004－2 中的服务规范。服务提供过程的标准化应该以服务产品标准化为中心。而笔者提出的顾客满意服务准则，就是对这三种规范的必要补充，特别可以对以服务作为产品这种服务标准化进行更进一步的补充。下面分别进行探讨。

三、两种不同的服务标准化

1. 服务过程标准化

把服务作为过程的标准化的最大特点是，这种服务过程的标准化是顾客不能够亲身感受到的，但是可以对顾客感受到的服务标准化产生直接的影响。更为重要的是，对于服务提供过程的标准化，应该是以服务作为产品标准化为依据的。在服务标准化体系中，这一部分是以顾客满意为间接目标的服务标准。这一类标准有以下特点。

这一类服务标准是顾客不能直接感受到的（即不产生在与顾客的接触面中），但是对最终的服务业绩会产生影响，或者说可以对顾客满意产生间接影响的服务标准。如采购标准、管理标准、考核标准、检测标准、验收标准等，GB/T 19001 和 GB/T 19010 标准就属于此类的标准。以采购标准为例。虽然采购标准顾客是直接感受不到的，但是企业的采购标准是否能得到落实，会直接影响到企业的服务业绩和顾客满意与否。所以采购标准的制定和实施，对企业提供顾客满意的服务奠定了可靠的基础。但是采购标准的实施并不会直接导致顾客满意与否。

2. 服务产品标准化

把服务作为产品的这种标准化，具有的最大特点是：这种服务标准化主要针对的是与顾客的接触面，而且是顾客能够亲身感受到的，并且可以对它进行直接评价的服务标准。这种服务标准化有以下特点。

这一类服务标准顾客是可以直接感受到，并且直接进行评价的，

更是可以对顾客满意产生直接接影响的标准。如时间、礼貌、方便、舒适等。它产生在与顾客接触面的过程中,这也是与服务过程标准化的最大区别。例如服务承诺标准、上门服务标准、处理投诉标准、文明礼貌用语标准等,就属于此类的标准。

由于顾客满意行为规范就是一种以提高顾客满意为直接目的的一种服务标准,而顾客满意服务准则是顾客满意行为规范的重要补充(见第五章第三节)。所以顾客满意服务准则应该成为制定这类服务产品标准化的重要依据。实施顾客满意服务准则,有利于服务产品标准化能够最大限度地达到顾客满意的目的。而服务产品标准化领域中所涉及的各种服务标准,也只有遵循顾客满意服务准则的要求,才能达到增强顾客满意的目的。

案例 4－5

以保险公司(车险)为例。保险公司向顾客公开承诺:客户车辆一旦出现事故,保险公司的工作人员会快速勘查,市区内 1 小时赶赴现场。理赔单证齐全的做到快速赔付:5000 元以下 30 分钟内赔付;1 万元以内当天赔付;5 万元以内 2 天赔付;10 万元以内 5 天赔付;10 万元以上 10 天赔付等。

由于保险公司的服务承诺是直接与顾客接触的,所以这是属于以顾客满意为直接目的服务标准。因为这一类服务标准是可以让顾客直接感受到,并且可以直接进行评价的服务标准。对于这一类服务标准的制定和实施,必须要遵循顾客满意服务准则所提出的各种要求。例如,以遵守承诺这一顾客满意服务准则(见本章第三节顾客满意服务准则之二)为依据进行衡量:在企业做出的服务承诺是否进行了科学的评审、是否能够说到做到遵守承诺、是否能够对未履行承诺承担应有的责任等。如果符合上述要求,则此类服务标准推出,必然就能够达到增强顾客满意的目的。反之,企业虽然出台了这一服务产品标准,但如果没有实际能力来履行承诺,则完全有可能会引起顾客的不满意。例如市区内 1 小时未能赶赴现场,或者 5000 元以下 30 分钟内未能赔付等，这也就意味着，如果这类服务标准的制定和实施，没有遵循顾客满意服务准则，不仅造成企业人力、物力和财力的浪费，而且一定会受到顾客投诉，从而使企业的品牌形象受损。因此，顾客满意服务准则的提出和实施，使服务产品标准化能更有利于实现顾客满意的目标。

四、对服务标准化体系进行分类的目的

按顾客满意为目标对服务标准化进行分类的主要目的，就是为了以提高顾客满意程度。而要提高顾客满意程度，遵循顾客满意服务准则是重要的保证。换一种说法，就是顾客满意服务准则提出的目的之一，就是直接为服务标准化体系追求顾客满意这个目标进行“保驾护航”的。所以笔者提出的顾客满意服务准则应该作为服务标准化体系的一部分，它是一种服务产品标准化的重要内容之一，它属于以顾客满意为直接目的服务标准。也就是说，顾客满意服务准则是属于服务标准化体系中，能够打通顾客满意最后一公里的服务标准。下面就重点介绍顾客满意服务准则的具体内容。

第三节　顾客满意服务准则的具体内容

毫无疑问，在芸芸众生的大千世界中，顾客对满意的需求和期望是极其广泛的，而且内容丰富多样，形式千差万别。尽管对这些顾客的要求进行归纳和总结十分困难，但它还是有规律可以遵循的。在ISO/TC176 出台的一系列国际标准的出台，就为企业开了一个好头。例如，要增强顾客满意，决不能忽视顾客对服务隐含要求的关注（见GB/T 19000.3.1.4），这就为企业进一步探索顾客满意的客观规律，提供了一个非常广阔的空间。而顾客满意服务准则的制定，就是建立在这一基础之上的，因为它帮助企业有效地识别、确定和满足顾客的隐含要求（见本书第五章第二节）。

制定顾客满意服务准则实际上是一种通过服务标准化的形式使顾客满意服务的客观规律，能够系统化、科学化、条理化、标准化的一

种有效形式。顾客满意服务准则的提出就也是对这些顾客满意客观规律的一种高度的概括和总结。

顾客满意服务准则作为服务标准化体系的重要内容,它至少(只因篇幅有限,不能一一详述)包括以下内容:①超越期望、②遵守承诺、③确保安全、④公平公正、⑤方便顾客、⑥重在受控、⑦注意细节、⑧区别对待、⑨品牌形象、⑩处理投诉。以上十项顾客满意服务准则,都是以追求顾客满意为直接目的的服务标准,而且都集中反映在与顾客直接接触的领域之中,它是从各个不同角度,反映了对顾客种种隐含要求的认识。它不仅是对顾客需求和期望的一种归纳和总结,而且是对顾客满意客观规律的一种提炼和升华。对这些顾客满意服务准则的应用,将在本书的第五章和第六章中体现。

这十条准则之间有着密切的联系。即这些准则之间,并没有一条不可逾越的界限,它们之间既有联系,又有区别,相辅相成。而且不同企业,对上述准则需求的侧重点也各有不同。这些顾客满意服务准则不仅是服务标准化体系的组成部分,当然也是顾客满意行为规范的必要补充。下面向大家逐一进行介绍。

一、顾客满意服务准则之一:超越期望

在 GB/T 19010 国家标准中,对顾客满意行为的定义是:“组织为提高顾客满意就是行为对顾客做出的承诺及相关规定”。顾客满意行为规范必须以提高顾客满意为目的,那么超越期望就是实现这一目标最重要的手段之一。“超越期望”是指超越顾客期望值的意思,它是指企业在提供服务过程中,要在满足顾客要求的基础上,尽可能地超越顾客的期望值,这是我们提供顾客满意服务中一条最重要、最基本的原则。为什么要把超越期望作为顾客满意服务准则的第一条呢?就是因为 GB/T 19000 族标准始终把增强顾客满意作为其追求的目标。而增强顾客满意又是一个动态的过程,因此就需要企业始终把不断超越顾客期望值放在首要位置。

在现实生活中,顾客的满意程度,即顾客对服务优劣的评价,往往就取决于顾客的现实感受和顾客期望值的相对关系。换句话说,在顾

客期望值不变的情况下,顾客所获得的实际感受越多,即超越顾客期望值越多,顾客就越满意,因此超越期望应该成为增强顾客满意的最重要手段。这里顾客实际感受的提升表现在很多方面:除了在核心服务(见下文)上有所突破之外,有的时候甚至一项小小的便民措施、一个简洁的动作,一句温馨的问语,也都可以给顾客带来意外满意的效果,因为在这些活动中,也都可以成为超越期望的一部分。

如果把超越期望看作是一个有纵坐标和横坐标构成的区域,即把超越期望的构成看作是横坐标,把超越期望的幅度看作是纵坐标的话,那么我们就可以分别从两个方面来探讨超越期望的关键要点。

1. 超越期望的不同领域

首先从超越期望的横坐标,即从超值服务的不同领域来进一步分析如何提供超越期望构成的关键要点。因为无论企业提供何种服务,如果对各种服务的构成进行分类,都可以分为核心服务、辅助服务及人际关系三大部分。把服务的构成作上述区分——即分为核心服务、辅助服务和人际关系三大部分,对于企业提供超越期望有着重要的意义。

(1)把超越期望的重点放在核心服务上。首先要在核心服务领域中超越顾客的期望值,这是最关键的要点。因为只有在核心服务有所突破,才能使顾客满意有"质"的飞跃,如铁路服务的安全性、餐饮服务中色、香、味、形的菜肴等。如果顾客对核心服务的要求得到满足,顾客的满意就有了最基本保障。总之,这是企业超越期望中最应该给予重点关注的领域。

只有提高顾客对"核心服务"的实际感受(即超越期望),顾客满意才能有根本的突破。对任何企业而言,如果要达到增强顾客满意的目的,一定要首先紧紧抓住顾客对核心服务的要求,因为只有顾客对核心服务的要求得到了满足,顾客满意才有最基本的保证,同时也可以大大提高顾客满意的有效性。因此企业首先必须要认真分析、识别和确定顾客对核心服务的要求是什么,然后再争取超越它。

(2)超越期望还可以在辅助服务领域上下功夫。在核心服务相同的情况下,在辅助服务上超越顾客期望同样对顾客满意程度有着举足轻重的影响。"辅助服务"是相对于"核心服务"而言的。提高顾客在

“辅助服务”范围内的实际感受，如增加一些人性化的服务项目等，也同样可以收到增强顾客满意的效果。当然要恰当处理好“核心服务”和“辅助服务”之间的主次关系，切不要喧宾夺主。企业以不影响核心服务为前提，可以适当地增加辅助服务的比重和种类。满足顾客对辅助服务的要求，同样可以为增强顾客满意提供另一个广阔的空间。

(3)人际关系也是超越期望的一个重要领域。因为与顾客接触是服务的最基本特征，所以就决定了企业服务人员与顾客保持良好人际关系的重要性。如果企业之间在核心服务和辅助性服务均趋于一致的情况下，那么企业服务人员与顾客保持着良好人际关系，如一句温馨的话语、一个关切的眼神等都会为增强顾客满意起到“四两拨千斤”的作用。满足顾客对人际关系的要求，可以使服务成为一门极具有人情味的艺术，并使得超越期望可以收到事半功倍的效果。特别是顾客在缺乏相应专业知识的情况下，人际关系可能比核心服务有更直接的影响力。因此在人际关系领域内尽量多地识别、确定和满足顾客的各种隐含要求，也应该成为企业增强顾客满意的另一种重要手段。

2. 要科学把握超越期望的幅度

下面我们再从超越期望纵坐标的角度，即从超越期望的幅度来进行分析。从理论上讲，超越顾客期望值似乎幅度越大，顾客就应该越满意。但是企业在实施过程中却不可能，而且也不应该做这一点。这里除了因为企业提供超越期望，必须要付出更多的人力、物力和财力之外，更重要的是，还必须尊重顾客满意的另外两条重要的客观规律。

(1)要注意一次性服务和多次重复性服务的区别。第一条客观规律就是：超越期望一定要区分一次性服务和多次重复性服务之间的不同。根据顾客满意定义和公式可以看到，不管是顾客的实际感受还是顾客的期望值发生任何变动，都会对顾客满意程度产生影响。仅仅从一次性服务角度来看，如果顾客的实际感受大大超过顾客的期望值，不仅可以使顾客满意程度大幅度提高，而且也不必担心因为重复服务而给顾客带来过高的期望值。所以对于一次性服务，实际感受超越期望值两者的差距可以大些，但对于多次重复性服务而言，两者的差距又不宜太大。

（2）超越期望必须要加以巩固和保持。第二条规律是：企业一旦为顾客提供超越期望以后，就必须要在以后的服务中巩固和保持下去，使提高的服务水平能得以维持。因为接受超越期望的顾客，也同时提高了他的期望值，只有这样才不会使顾客失望。所以企业在提供超越期望时，不应该仅限于某些个别服务人员的随意行为，而是要把超越期望的内容纳入到体系文件中加以规范，只有这样才能使超越期望的水平巩固和提高。

二、顾客满意服务准则之二：遵守承诺

在 GB/T 19010 国家标准中，对顾客满意行为的定义是："组织为提高顾客满意就其行为对顾客做出的承诺及相关规定"。从顾客满意行为规范定义的内容看，对顾客来讲，顾客满意行为规范除了必须以提高顾客满意为直接目的之外，同时，它还是对顾客的一种承诺，而遵守和履行承诺又应该是确保顾客满意最重要的手段之一，所以遵守承诺也是顾客满意行为规范的一项核心内容。

从企业角度看，企业的各种承诺主要可以分为两大类，一类是以硬件等产品作为承诺的对象，称为产品承诺。如产品说明书、产品使用说明书、产品的性能、可靠性等。另一类是服务承诺，它是围绕企业提供的服务而进行的。如服务项目、服务时间、服务的保密性等。产品承诺可以是服务承诺的基础，而服务承诺也可以是产品承诺的一种延续。

遵守承诺就是要通过科学地控制、约束和降低顾客的期望值，来达到增强顾客满意目的的一种重要手段。根据顾客满意公式（见第二章第三节），企业必须认识到，顾客满意或不满意，与顾客的期望值有非常密切的关系。如果顾客的实际感受高于期望值，顾客就必然会感到满意。所以要达到增强顾客满意的目的，必须要做到的是遵守承诺，说到做到。下面就根据 GB/T 19001 和 GB/T 19010 国家标准的部分观点和内容，对遵守承诺的基本要点进行必须归纳。

1. 遵守承诺的要点之一：必须对履行承诺的能力进行评审

在当前市场经济条件下，一方面由于市场竞争越激烈，企业为了

能够更好地生存和发展，就会提出各种服务承诺作为吸引顾客的、重要的促销手段。另一方面由于顾客自我保护意识的不断提高，也必然会对企业遵守和履行承诺的要求越来越高。在这种情况下，企业在向顾客公开服务承诺之前，必须对自己遵守和履行承诺的能力进行评审就显得非常重要。评审的内容关键看企业是否有能力来满足承诺中所提出的要求。

评审要根据 GB/T 19010 标准要求进行评审。在 GB/T 19010 标准的 6.4 条款首先强调：以承诺为核心内容的顾客满意行为规范，应该是“清晰、简明、准确和不误导，应用简单的语言写成”，这是对顾客满意行为规范总体性的要求。这是因为企业提出的各种承诺是必须向社会公众进行公示的，要能够方便社会公众（顾客）能够准确地理解和接受，只有这样才能最大限度地发挥顾客满意行为规范的作用。

2. 遵守承诺的要点之二：广告和承诺的内容宣传八九分足矣

广告宣传和各种承诺，是企业进行促销的重要手段。但是如果从增强顾客满意的角度来进行分析，必须要注意这一点：作为企业即便是有十分的把握，也只须宣传到八九分就足够了，这是控制和降低顾客期望值又一项有效的措施。尤其不要有意或无意地盲目提高顾客的期望值，特别要防止和避免夸大宣传、有意误导和虚假承诺。在 GB/T 19010 标准的 6.4 条款中还指出：“制定规范时，组织应确保规范能够得到有效运行，且其规定不违反任何法律和法规的要求，尤其是关于欺骗性和误导性广告及禁止不正当竞争的法律法规要求”。这样当顾客在接受服务和产品时，原来不高的期望值和增高的顾客实际感受之间，形成的正向差距，就可以带来顾客满意程度提高的效果。因此企业在广告宣传和对外承诺中应该注意以下几点：

（1）服务承诺要实事求是，有一说一，有二说二；

（2）服务承诺要留有余地，要做到话不说绝，词不用尽；

（3）服务承诺中定量数据的使用要慎重，特别要评审企业是否具有满足顾客要求的实际能力等。

总之，遵守承诺不仅可以是广告促销的重要手段，也应该成为广告促销活动中杜绝盲目提高顾客期望值的一道有效的“防火墙”。

3. 遵守承诺的要点之三:说到做到,讲究诚信

企业一旦向顾客正式做出承诺之后,就一定要采取各种措施来保证承诺能得到有效的遵守和履行。因为根据上述要求,凡是正式向顾客做出的承诺,企业就应该具备遵守和履行承诺的实际能力。换一句话讲,企业到了这个阶段,关键不是"能不能"做的问题,而是"愿意不愿意"做的问题了。企业是否能认真遵守和履行自己的承诺,对于企业是否能在社会公众面前树立讲究诚信的良好形象有直接的因果关系。企业是否遵守承诺,实际上是区分真假承诺的重要分界线。因为一个负责任的、讲形象的企业就是通过在日常的经营活动中,一点一滴的行为逐渐累积起来的。企业通过遵守和履行承诺这种活动,实际上不仅对企业树立良好形象提供一次难得的机会,更是为增强顾客满意提供了广阔的空间。

4. 遵守承诺的要点之四:要科学地调整顾客的期望值

企业在遵守承诺的过程中,往往还会出现这样一种情况:就是当企业的内部情况或者外部环境出现了变化时,企业遵守承诺的能力会受到实际影响。在这种情况下,企业如果不及时调整对顾客承诺的相关内容,即科学地调节好顾客的期望值,就必然会直接影响到顾客满意程度的提高或者会产生许多不必要的顾客投诉。调整顾客期望值必须要注意以下几点:其中包括:事先调整、理由充分、气氛融洽、自主选择等关键要点。

5. 遵守承诺的要点之五:企业要对未履行承诺的行为承担责任

当顾客购买企业的产品或服务之后,一旦发现企业没有遵守和履行提出承诺,企业应该主动而且必须要为此承担责任。这是增强顾客满意的重要措施。最终还可以扩大市场份额,争取到更多的回头客。

三、顾客满意服务准则之三:确保安全

确保安全是实施顾客满意行为规范的基本底线。顾客对服务安全性的追求,是顾客的一种隐含要求。它主要包括:交通安全、旅游安全、消防安全、医疗安全、环境安全、操作安全、服务信息安全等。在

人们的日常生活中，其实许多服务安全都离不开产品安全的配合(如设备和设施的安全)作为支撑，因此两者应该是相辅相成的。但是这里重点探讨的还是服务安全。

1.服务安全和顾客满意的关系

在顾客的实际感受里，当服务安全没有问题时，谁都不会感受到服务安全与顾客满意有何关系。但当服务安全出现了事故，造成顾客严重不满时，大家才会突然意识到，服务安全和顾客满意之间竟有如此大的关联度，而且服务安全竟然是这样的宝贵和重要。服务的安全性和顾客满意之间关系，归纳起来主要体现在以下三个方面。

首先，服务安全可以消除顾客的不满意。服务的安全性和服务其他特性之间的最大不同之处在于，服务的安全性，在大多数情况下，只能消除顾客的不满意。一旦服务过程中的不安全因素消除了，顾客的不满意也就不存在了。强调服务安全，虽然可以消除顾客不满意，但是它未必都能够直接达到增强客满意的正向效果。

其次，服务不安全往往会造成顾客的严重不满。一旦当服务安全出现事故时，造成的后果和影响，即引起的顾客不满意有可能是十分严重的。这种严重性主要体现在三个方面。第一方面是影响面广。服务安全出了问题，影响的决不是个别顾客，有可能引起群体顾客的不满。第二方面这种顾客的不满情绪往往长时间难以消除。第三方面为了能尽快消除顾客的不满情绪，企业有可能要付出大量的成本(如支付赔偿、弥补受损形象等)。京沪高铁停电事故频发的案例就是最好的说明。因此企业绝对不能对服务安全问题等闲视之。

最后，服务安全是顾客满意的基本底线。从顾客的感受来讲，确保服务安全就是要给企业划定一条顾客满意的基本底线。这条基本底线就如同一条“带电的高压线”一样，是不能随便“触碰”的。如果企业一旦“触碰”了这条基本底线——顾客对服务安全性任何忧虑的产生，都必然会造成顾客的强烈不满。

2.确保服务安全的基本思路之一

为了确保服务安全的基本底线，即消除顾客的不满意，有一条思

路,可供企业参考:

顾客不满意程度↓=顾客的实际感受↑－顾客的期望值

以上的顾客不满意公式,它是对顾客满意公式的另一种运用。从上述公式中可以看到,要减少顾客的不满意程度(即:顾客不满意程度↓),首先必须要提高顾客的实际感受,即要满足顾客对服务安全性的要求。这种要求也可以分为对服务安全性的核心要求、辅助要求和人际关系要求这三个方面(见第二讲)。即凡是直接涉及对顾客的生命和财产(也包括顾客时间等无形财产)构成危险和威胁的各种因素,都会直接影响到顾客对服务安全的核心要求。如果“触碰”了顾客对服务安全核心要求的这条基本底线,马上会造成顾客“质”的不满意(有可能是愤怒!)。由此可见,企业制定服务安全标准,并且提高标准的安全系数,是确保顾客对安全性核心要求的一种非常重要的手段。至于在辅助要求和人际关系方面,如果顾客发现有其他一些不安全因素的存在:包括不能向顾客明示各种安全信息(如安全警示标志):禁止吸烟、小心滑倒、禁止通行等安全标识,使顾客不能够处在一种安全的环境下接受服务等,由此造成顾客的不满意,在程度上会相对较轻,一般情况下,只会造成顾客“量”的不满意。

3. 确保服务安全的基本思路之二

这是减少顾客不满意程度的第二种思路。

即:顾客不满意程度↓=顾客的实际感受－顾客的期望值↓

也就是说,为了减少顾客对服务安全不满意的产生,还必须要控制好顾客对安全的期望值。在这方面,除了必须防止企业对于服务安全性的过渡的宣传(包括虚假的安全承诺)之外,实际上,还包括缺乏必要的安全警示(包括文字和口头警示)、又忽略对服务人员(包括对顾客)的安全教育等。尤其值得注意的是,在安全事故发生后,如果企业又没有相应的安全应急措施作补救,在这种情况下,一旦出现重大服务安全事故,使得两者(指顾客期望值和顾客实际感受)之间的反差过大,非常容易造成顾客更加强烈的不满和愤怒。而由此造成的恶劣后果,是很难在短时间内能够弥补的。相反,企业在提供服务过程中,如果事前有各种安全教育、安全警示和安全监督、事后又有安全应急

预案，这样就可以有效地控制顾客对服务安全的期望值。一旦有安全事故苗头出现，企业又可以立即采取相应的应急预案，最大限度地减少顾客各种损失，降低顾客的不满意程度，至少也可以减少或消除顾客相当一部分不满意的产生。

四、顾客满意服务准则之四：公平公正

公平公正是顾客满意行为规范必须遵循的准则之一。公平公正它既是社会的稳定基石，又是确保绝大多数顾客满意的基本保证，所以它也是顾客满意的重要准则之一。市场经济是一种公平公正的经济。国家专门制定许多相应的法律法规和各种管理规定，并且开展了一系列的活动，其目的都是为了保证参与经济活动的每一个人（包括顾客）都能够享有公平公正的权利。

1. 公平公正的原理

作为行为科学的基本理论之一，公平理论是美国心理学家亚当斯于1967年提出的一种理论。公平理论原来是用于调动企业员工工作积极性的一种理论。公平理论认为，当一个人把自己的工作报酬与做同等工作的他人报酬进行比较，发现两者之间相等时，他就会认为是正常的，公平的，因而可以心情舒畅地积极工作。而当他发现两者不相等时，内心就会产生不公平感，有怨气，发牢骚，直接影响工作的积极性。公平理论告诉我们，要调动人的积极性，一定要考虑到从事同一工作的员工的付出和所得，尽量做到公平公正，否则就会挫伤工人的积极性。

2. 公平公正原理在顾客满意领域的运用

公平公正原理也完全可以应用到企业为顾客提供产品和服务的过程之中。因为公平公正是确保顾客满意的又一条重要准则。

首先，根据公平理论所提供的原理，企业在提供产品和服务活动中，保持顾客之间的公平和公正，是非常重要的。也就是说，从顾客感受的角度看，必须要保证顾客之间的付出和所得是相等的和公平公正的，因为它也是保证顾客满意的一条重要的基本条件。

其次,如果顾客感受到,自己的付出和所得与其他顾客之间的付出和所得不相等时,顾客就认为自己处在一种不公平状态。例如,和其他顾客相比,自己的付出多,而所得少,一旦出现这种对自己不利的不公平,顾客马上会产生不满意。例如火车票实名制所引发的话题(见第五章第四节),就充分反映了大多数顾客(尤其是没有买到火车票的乘客)认为自己处于一种不公平状态中:因为尽管是同样的付出(如排了一天或者几天的队),但是并没有相同的所得(如都购买到火车票)。而任何不公正状态的出现,都会引起一部分顾客不满意。

最后,对于大多数顾客来讲,一旦顾客认为自己处在一种对自己不利的不公平状态中,就一定会采取各种措施,让自己能够恢复到公平状态。由此可以看出,呼吁实行火车票实名制,实际上反映了广大顾客对公平公正的一种追求和向往。

3. 任何不公正都可能造成顾客不满意

从顾客的感受来看,在企业为顾客提供产品与服务的过程中,出现种种的不公正,都会直接影响到顾客满意程度。这种不公正的现象涉及面非常广泛。例如顾客购买商品的过程中,购买的商品是否存在假冒伪劣,或者商品价格是否名不副实,或者是否质次价高等。再如顾客购买服务的过程中看,企业对顾客的承诺是否能够履行、计量器具是否准确、售后服务是否到位、顾客投诉能否得到及时处理等。在上述各环节中,是否能确保公平公正,都会与顾客满意与否息息相关。造成顾客不满的重要原因之一,就是因为出现了不公正的现象:即顾客之间的付出和所得是不公平的。如果企业为顾客提供的产品是假冒伪劣的或者是质次价高的;如果企业对顾客的承诺没有履行,在售后服务中不能及时为顾客排除故障等。

一句话,企业在提供产品和服务过程中的任何一个环节出现了不公正,不公平就必然会造成顾客的不满意,其结果就可能会形成顾客投诉。尽管这种不满意的产生,可能仅仅是由于产品和服务提供中的某一个细小环节的不公正引起的,但是顾客的不满意,却决不是仅仅只针对这一细小环节,而是针对整个企业提供的产品和服务。虽然这种结果的产生,对企业来说也是一种不公平,但这却是一个不能回避

的事实。正因为如此,保持公平与公正对于确保顾客满意是至关重要的。

五、顾客满意服务准则之五:方便顾客

方便顾客是顾客满意行为规范的重要内容。在《新华字典》中对“方便”的解释是:“省时、省力、简单、便利”。方便顾客的意思,就是企业作为提供服务的一方,应该尽可能地为顾客提供省时、省力、简单、便利的服务。那么为什么说,方便顾客就意味着顾客满意呢?美国著名的营销学家科特勒指出:“顾客是价值最大化追求者”,这句话非常精辟地概括了顾客最本质的特点。这里顾客价值就是指顾客付出和所得的比较。因为从顾客感受的角度看,只要顾客感受到,他的所得大于他的付出,他就认为获得了价值,顾客的实际感受就会得到提高,也就可以达到增强顾客满意的目的(注意,还必须以达到和超越顾客期望值为前提)。反之,就无法达到增强顾客满意的目的。

从企业为顾客提供服务的全过程看,企业要为顾客提供服务,就离不开服务流程、服务人员、服务指南、服务场所(地点)、服务设施和顾客参与等几大基本要素。针对这些基本要素,企业在开发各种方便顾客的服务项目中,必须要遵循以下所提出的基本要求。

1.服务手续要简单

从为顾客提供服务的全过程看,服务流程是其中第一条最基本的要素。服务流程中服务手续要简单,是方便顾客的第一项非常重要的内容。因为在服务流程中,只有服务手续简单,才能保证在顾客的感受中,能获得更多的方便。服务手续简单的内容十分丰富,它主要依靠服务流程的优化,而优化服务流程又必须遵循以下四条原则。

(1) 能自己办的,不交给顾客。这是指在为顾客提供服务的全过程中,如果需要为顾客办理手续,提供服务的企业要尽可能做到“能自己办的,不交给顾客”,这是服务手续简单的第一条原则,也是最重要的原则。例如,近年来在开展家电下乡的活动中,为了改变过去服务流程设计不合理,手续过多的麻烦,现在不少企业采取“现场直播”方式,为购买家电的农民直接兑现13%的补贴款提供方便(见第五章第

一节)。还有许多服务企业为顾客提供400或800免费电话等,都充分体现了这一重要原则。

(2)能一地解决的,不分两地。这是指在为顾客提供服务的全过程中,如果需要顾客办理的手续,应该做到"能在一地解决的,不分两地"这是手续简单的第二条原则。现在许多企业为顾客提供的"一站式"服务:即只要顾客在一个地方(窗口)办理手续,就能解决全部问题,以减少顾客往返奔波之苦,这就可以给顾客带来许多方便。

(3)能用电脑的,不用手工。随着互联网的不断发展,计算机的广泛普及,充分利用网络和电脑的优势,来最大限度地代替服务人员的手工操作,可以为顾客提供更加方便的服务,这是今后服务发展的一个大趋势。例如银行向顾客提供的网上服务、保险公司提供的(车辆)异地理赔服务、公交企业提供的"一卡通"服务等,都会给顾客带来了极大的便利。

(4) 能省时的,一定要省时。"能省时的,一定要省时"这一原则,实际上还应该包括"能限时的,一定要限时"这方面的内容。它反映在服务行业中,是否能给顾客提供各种更为方便的服务。由于这意味着可以让顾客减少付出的成本,所以它同样可以达到增强顾客满意的目的。

2. 服务人员素质高,能够处处为顾客着想

从为顾客提供服务的全过程看,除了优化服务流程之外,服务人员是其中的另一个关键要素,方便顾客也应该从服务人员所提供的服务中能够充分体现出来。由于服务业的最大特点就是与顾客接触,因此,服务人员服务素质的高低,如员工易接近,愿意为顾客提供方便;精通业务,工作效率高;能特殊情况特殊处理等,就会直接会影响到顾客的满意程度。

3. 要有完善的服务指南

从为顾客提供服务的全过程看,方便顾客的另一项内容,就是必须有完善的各种服务指南。因为当企业为顾客提供服务时,在许多情况下,需要为顾客提供各种各样的文字资料,供顾客阅读和使用。例

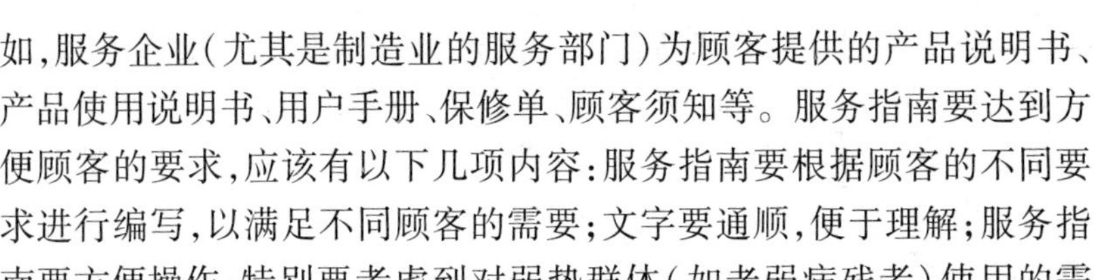

如，服务企业（尤其是制造业的服务部门）为顾客提供的产品说明书、产品使用说明书、用户手册、保修单、顾客须知等。服务指南要达到方便顾客的要求，应该有以下几项内容：服务指南要根据顾客的不同要求进行编写，以满足不同顾客的需要；文字要通顺，便于理解；服务指南要方便操作；特别要考虑到对弱势群体（如老弱病残者）使用的需要等。

此外，方便顾客还包括：服务地点易于接近、服务设施和服务项目便于顾客使用、顾客参与容易实现等内容，因篇幅有限，不再详述。

六、顾客满意服务准则之六：重在受控

重在受控是实施顾客满意行为规范必须要遵守的准则。“重在受控”从字面上可以作这样的理解：服务企业必须要重视和关注顾客是否处在一种能受到控制的状态中。众所周知，服务最本质的特点就是具有无形性，它是属于一种“看不见，摸不着”的特殊产品。在这种情况下，如果使顾客在接受服务的过程中，企业能够及时地提供各种相关的服务信息（不同的服务，顾客对信息的需求也不同），就会使顾客对服务产生一种稳妥感、放心感、踏实感和信任感，这就是对顾客受控感的一种形象描述，因为它可以有效地增强顾客的满意程度。

1. 重在受控的基本原理

重视顾客的受控感，就要确保顾客能够获取足够的和有效的服务信息，使顾客的实际利益得到切实的保障，最终就能有效地增强顾客满意的程度。

英国管理学家贝特逊早在20世纪80年代中期，就提出这样的观点：他认为顾客在消费服务过程中，如果发现自己或服务提供方已经对服务过程失去控制，顾客就会感到不满意。贝尔逊断定，顾客总是愿意处在一种完全可以控制的环境中，因为任何干扰他们这种意识的事件都会降低顾客的满意程度。

在进入信息化社会的今天，贝特逊所提出的观点得到了进一步印证。因为当前顾客在接受服务的过程中，很需要获取越来越多的有效信息，它已经成为增强顾客受控感的重要前提条件。因此，提供服

务的企业要尽可能地为增加顾客的受控感而努力。现在有许多服务企业,如交通、民航、商业、餐饮、银行、医疗等服务企业,以及制造业在提供服务的过程(包括售后服务和投诉处理等)中,都越来越离不开对各种服务信息的有效提供,而这些信息的提供,就充分地体现了对顾客受控感的重视和关注。因为顾客在接受上述企业提供服务的过程中,顾客的满意程度会受到各种信息因素的干扰和影响:如没有及时掌握相关信息,或者被错误的信息所误导等,而这些干扰和影响的因素不排除,就会严重影响到顾客的满意程度。下面我们就对它进行进一步探讨。

2. 增强顾客在空间状态下受控感

有许多企业提供的服务中,都需要增强顾客在空间状态下的受控感。例如,顾客(即乘客)之所以购买交通服务(这里包括铁路、民航、公交、地铁等服务),其目的都是为了满足乘客能够从甲地到乙地的要求。企业在满足这一要求的过程中,乘客自身就会发生一种“位移”。从空间位置上讲,乘客这种“位移”一旦出现,就立刻会产生一种对空间信息的新需求:如乘客总希望能够判断出目前自己所在的空间位置;又如还希望能够明确自己要往哪个方向走;再如更希望能够了解自己要走多远才能到达目的地等。如果上述几条乘客需求的空间信息都能得到满足,那么就可以证明乘客已经能够处在一种“空间受控”的状态下,这既是乘客一种非常典型的隐含要求,也是增强乘客满意的一条重要措施。

由于在空间状态下,乘客必须要获得足够的、有效的空间信息来确保他能够顺利达到目的地,所以乘客必然会对提供交通服务的企业有新的需求和期望:除了对服务人员(要熟悉业务)和一些设备和设施(要有服务台、通讯设备、地图等)有要求之外,尤其对与交通服务有关的各种服务标识有一种十分迫切的依赖。而确保服务标识的正确使用又可以更有效地提高乘客的受控感,而这些都非常有利于乘客满意程度的提高,为达到和增强乘客满意奠定良好的基础。本章第一节所述的案例就是由于对顾客在“空间受控”状态下隐含要求未得到满足的一种最好说明。

3. 增强顾客在时间状态下受控感

还有许多企业如银行、保险、医疗、旅游、安装、维修、餐饮、理发等服务行业，在提供服务过程（包括售后服务和投诉处理）中，都离不开顾客对时间的等待，即对时间信息的了解和掌握。也就是顾客在接受上述服务的过程中，顾客对等待时间的感受，也会直接影响到顾客满意程度的高低。说到底，这也是顾客的一种隐含的要求。

（1）时间信息的特点。为了减轻顾客在等待中对消耗时间的压力，企业应该特别注意在等待过程中，满足顾客对时间信息的需求。因为同样在一小时的时间段中，如果企业采取有效措施（如及时提供时间信息）的话，顾客会感到时间过得很快，就会让顾客感到满意，反之，顾客就不满意。在 GB/T 19010 中 4.6 响应指导原则、GB/T 19012 中 4.4 响应指导原则以及 GB/T 19013 中 4.7 及时指导原则等，实际上就是重在受控基本原理，在企业处理投诉过程中的具体应用。因此，增强顾客在时间状态下的受控感，就必须要确保顾客对时间信息的有效掌握。

（2）增强顾客在时间受控的方法和手段。根据时间信息的特点，除了必须要强化企业管理，要尽可能缩短顾客实际等待的时间之外，还要做到以下几点：如针对顾客的心理特点，来缩短顾客感觉中的等待时间。它包括对顾客进行分类、影响顾客的期望、分散顾客的注意力、采取预定的方法、分段处理时间、公平对待顾客、鼓励顾客改变消费时间等各种措施，来缩短顾客感受中的等待时间等。

4. 增强顾客在其他状态下受控感

除了时间信息和空间信息之外，对于企业提供服务全过程的其他信息中，特别是与顾客直接利益相关的其他各种信息，顾客也都希望得到有效的了解和掌握，这里把它称为其他状态中的受控。它包括：程序信息、费用信息、维修信息、商品信息等，因为篇幅有限，不再详述。

七、顾客满意服务准则之七：注意细节

注意细节是顾客满意行为规范绝对不能忽视的领域。注意细节

是一种可以为顾客创造价值的重要手段。由于它投入少,而产出高,所以在这种情况下,企业在提供服务的全过程中,大力提倡注意细节,特别是注意人性化的服务细节,对于增强顾客满意来讲,往往可以起到“四两拨千斤”的作用,因此就显得更有重要意义。

要了解服务细节对顾客满意的作用,就离不开对 100 - 1 = 0 这个服务公式的理解。100 - 1 = 0 作为一个数学公式,当然是错误的。但是它对提供服务的企业来讲,这可是一个很重要的观点。因为只要有差错,顾客是决不会满意的,顾客决不会因为企业其他各方面的服务都没有问题而原谅你的。就算 99 件事做好了,只有 1 件事没有到位,也会造成顾客不满意,这就是 100 - 1 = 0 的真正含义。相反,如果在服务细节方面,注意到了顾客所未曾注意到细节,就会给顾客带来意外的喜悦。

1. 人性化服务是注意细节的重要内容

如果从顾客感受角度看,人性化的服务细节可以为达到增强顾客满意的最佳效果指明方向。因此企业提供的服务,首先必须要把遵重人(这里指顾客——下同)、关心人、爱护人放在第一位(其中包括对人的生命的尊重和其财产不受侵犯)。其次不仅要能够考虑到满足人的需求和期望,而且还要充分考虑到人与人之间有许多差别,以及一些人性的不足和弱点。再次,要考虑到对人格的尊重和个人隐私的保护,同时还要尊重顾客个人的各种习惯。最后,还要体现对弱势群体的关怀等。如果符合上述要求,就应该说,这种服务就是一种人性化的服务。所以在企业提供服务过程中,有时候只需要服务人员一句温馨的话语、一个甜美的微笑、一种关爱的眼神、一个善解人意的动作等,这些人性化服务细节的提供,都会直接影响到顾客的亲身感受,而顾客对这种感受的获取,往往会触动到顾客内心深处的一根不容易被感动的神经,因此会大大提高顾客满意的程度。

同时,要求企业提供人性化的服务细节,不仅能达到使顾客满意的目的,同时还可以最大限度地挖掘服务人员的自身潜力,发挥企业优势。因为提供人性化服务细节,除了需要企业服务人员树立“以顾客为关注焦点”的理念之外,更需要掌握提供顾客满意服务的基本规

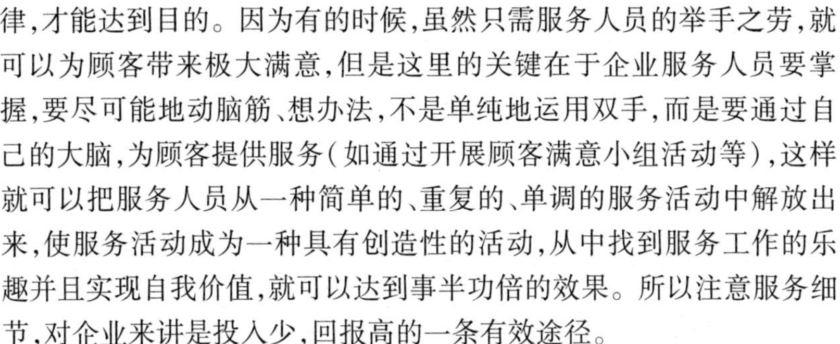

律，才能达到目的。因为有的时候，虽然只需服务人员的举手之劳，就可以为顾客带来极大满意，但是这里的关键在于企业服务人员要掌握，要尽可能地动脑筋、想办法，不是单纯地运用双手，而是要通过自己的大脑，为顾客提供服务（如通过开展顾客满意小组活动等），这样就可以把服务人员从一种简单的、重复的、单调的服务活动中解放出来，使服务活动成为一种具有创造性的活动，从中找到服务工作的乐趣并且实现自我价值，就可以达到事半功倍的效果。所以注意服务细节，对企业来讲是投入少，回报高的一条有效途径。

2. 关注服务细节的领域

由于不同服务行业之间各种服务，其核心服务、辅助服务和人际关系的内容各有不同，所以关注服务细节的内容也各有差异，而且不同的服务细节对顾客满意程度的影响也有所不同。

首先，要注重核心服务中的细节。在这个核心服务领域中，就有不少值得企业必须关注的各种关键细节。例如，有一种关键的服务细节——如安全细节就非常重要，企业一旦忽视，就很容易造成“千里之堤、溃于蚁穴”的后果，不仅会对顾客的生命和财产造成严重影响，有时甚至有可能会酿成不堪设想的结局。当然，在核心服务上关注各种细节时（如提高服务的安全系数等），还可能需要有更高的科技含量和更多的财力的投入，有时往往超出企业自身的能力，因此，在这种情况下，对这些细节实施的难度就比较大。

其次，要注重辅助服务中的细节。与核心服务相比较，关注在辅助服务领域中的各种服务细节，不一定需要许多资金的投入和花费更多的人力物力。辅助服务是围绕核心服务展开的，它同样对顾客满意程度有举足轻重的影响。虽然与核心服务相比，它似乎属于一种“次要的多数”。但如果从增强顾客满意角度来看，实际上它为企业提供了增强顾客满意的另一条有效的“捷径”。在企业之间，为顾客提供核心服务相同的前提下，恰恰正是这些辅助服务领域中的细节，会决定着顾客对服务满意与否的最终评价。

最后，要注重人际关系中的细节。在为顾客服务过程中，还要与顾客保持良好的人际关系。这就为企业关注服务细节，提供了一个更加广阔的领域。尤其要强调的是,在某些时候,特别在顾客缺乏相应专业知识的情况下,人际关系有可能比企业提供的核心服务对顾客满意有更直接的影响力。比如如何对顾客行注目礼、如何对顾客微笑、如何与顾客打招呼、如何与顾客沟通、如何随机应变、如何减少顾客的尴尬、如何区别对待每一位顾客等。这些服务细节却是最能体现人性化服务的广阔领域,它对于顾客所感受到服务的满意程度是绝对重要的。

当然,对于其他顾客满意服务准则,如准则之八:区别对待、准则之九:品牌形象、准则之十:处理投诉等具体内容,因为篇幅有限,不再详述。关于顾客满意服务准则的详细内容,可参见笔者的其他著作《顾客满意——服务企业理解 GB/T 19000 标准新视角》、《投诉处理的理论与实务》等书,以及《中国标准化》(2010 年 1 月 ~12 月)、《上海质量》(2010 年 1 月 ~12 月)等系列讲座的论文,这里不再论述。

第四节 顾客满意服务准则可以打通服务标准化体系中顾客满意的最后一公里

作为沟通 GB/T 19010 标准提出的顾客满意行为规范和服务标准化体系之间的"桥梁",实施顾客满意服务准则可以有效地解决服务标准化体系中顾客满意最后一公里的问题。

一、强调顾客满意是服务标准化进入新阶段的重要标志

顾客满意服务准则的提出是服务标准化体系把顾客满意作为目标进行追求的具体表现之一。虽然企业建立服务标准化体系可以达到许多目的:既可以强化企业管理,又可以提高工作效率,还可以拓展服务功能和提升企业形象等。但是这些只是建立服务标准化体系追求目标的一部分。如果企业在建立服务标准化体系的过程中,企业制定的各种服务标准不仅可以强化管理、提高效率,如果同时还可以增强顾客满意,岂不是可以起到"一石两鸟"和"一箭双雕"的作用吗?

另外,如果我们作进一步分析,把建立服务标准化体系的目标仅

定为提高效率,强化管理的话,这仅仅是解决了一个“从无到有”问题。但是如果再把顾客满意作为服务标准化追求重要目标之一的话,它还将可以解决一个“从有到优”问题。如果说“从无到有”只是解决企业一个生存问题(即向顾客提供标准化服务的问题)的话,那么“从有到优”就可以解决企业一个生存质量(即顾客满意与否的问题)的问题。

因此,从本质上讲,无论是提高工作效率,还是加强企业管理,其实,归根结底的最终目标都与增强顾客满意有关。也就是说,企业在建立服务标准化体系的过程中,除了要强调干什么?如何干之外,更应该强调为什么要这样干?尤其是对于与顾客直接接触的那些服务标准(即服务产品标准化),强调这一点显得更为重要。因为企业在实施这些服务标准的过程中,都会直接影响到顾客满意与否的最终结果。如果这些服务标准,只是单纯地强调强化管理、提高效率,但结果却造成顾客不满意,岂不是有些舍本求末吗?所以如果仅仅是为了提高工作效率,或者是加强企业管理,而偏离增强顾客满意的这一总目标,至少就没有充分体现“以顾客为关注焦点”的理念,同时又显得有一些“得不偿失”。因此,如果企业在建立服务标准化体系的过程中,能够始终把增强顾客满意作为其追求的重要目标之一,那么企业可以在提高工作效率和强化管理的同时,还可以提高顾客满意程度的话,我们有什么理由要对它加以拒绝呢?由此可见,增强顾客满意是服务标准化进入新阶段的重要标志。也可以说,强调顾客满意是服务标准化进入“从有到优”阶段的重要指标。

二、顾客满意服务准则可以作为服务标准化体系内容的一部分

顾客满意服务准则应该作为服务标准化体系的重要组成部分。原因有三:一是有利于服务标准化体系实现其对顾客满意目标的追求。因为把顾客满意服务准则的相关内容列入其中,是服务标准化体系实现对顾客满意目标追求的一种重要保证。尤其是对服务产品标准化的制定和实施会产生举足轻重的影响。二是顾客满意服务准则可以弥补原来服务规范等三个规范(见 GB/T 19004 -2)概念中的不足。因为与原有的服务规范相比较,顾客满意服务准则所提出的相

关内容,不仅能让顾客亲身感受到,并可以为顾客所直接评价之外,更为重要的是,它可以为顾客满意与否提供了一种最基本的“尺度”,这也是原来服务规范的内涵中所没有体现出来的,因此它可以弥补原来服务规范概念中的不足。也许,这也是为什么 ISO/TC176 在提出服务规范等三个规范的概念的 ISO 9004 -2:1991 标准之后的十多年,今天在 GB/T 19010:2009 标准中,又提出为保持高水平的顾客满意,再次强调,企业还必须要实施顾客满意行为规范的非常重要的理由。因为顾客满意行为规范实际上就是一种以提高顾客满意为直接目的的服务规范。三是顾客满意服务准则的相关内容,本身就可以成为服务标准化体系中一个重要的基础性标准。当然也可以把它作为企业和有关部门,为起草各种与服务标准化有关的企业标准、行业标准、地方标准或者是国家标准提供依据,或者作为参考之一。

三、顾客满意服务准则对服务标准化体系的影响

根据以上分析,由于顾客满意服务准则所反映出来的顾客满意客观规律本身就构成了服务产品标准化的重要内容,顾客满意服务准则对服务标准化体系都会产生不同程度的影响。

影响之一:顾客满意服务准则对服务过程标准化所产生的影响。由于服务过程标准化是为服务产品标准化服务的,因此顾客满意服务准则应该成为制定服务过程标准化的一项基础性标准,或者是制定服务过程标准的一种依据。这意味着,在制定服务过程标准化时,也必须要把增强顾客满意作为制定此类服务标准的重要指导思想。这一类标准虽然不能对顾客满意产生直接的影响,但是它对增强顾客满意可以起到有效地支持和保证的作用。例如,企业在制定采购标准时,不仅要考虑成本、效益等因素,还必须要考虑到顾客满意等因素。

影响之二:顾客满意服务准则对服务产品标准化所产生的影响。由于顾客满意服务准则是服务产品标准化的核心内容之一,所以顾客满意服务准则对与顾客接触面中所涉及的服务产品标准化会产生更大的影响。这里必须明确一个观点:即只有遵循顾客满意服务准则的各种服务产品标准化,才能达到增强顾客满意的目的。如果忽视这一

点,不仅会影响顾客满意程度,还有可能造成人力物力财力的浪费,降低企业的投入产出之比,而且更会造成顾客的大量流失。例如家电企业在制定上门服务标准时,不仅要考虑满足顾客需求,更要考虑到是否能确保顾客满意的结果(见第六章第六节海尔的案例)。

四、顾客满意服务准则可以提高服务标准化体系的有效性

顾客满意服务准则的提出,除了可以成为衡量各种服务标准是否能达到顾客满意目的的重要依据之外,它还可以为服务标准化体系中其他各项技术标准、管理标准、服务标准的制定、修改和完善,提供一种新的思路和必要的指导,提高服务标准制定的有效性。因为顾客满意服务准则的提出,还能提高企业充分满足顾客要求的实际能力,特别是提高顾客满意的能力。我们看一个案例。

案例4-6

1月31日,某用户在某营业厅办理新装电话机业务,由于他年纪大疏忽,将装机的地址由某某路80号305室误写成301室。当2月3日装机人员上门安装时,发现地址写错,当时安装人员考虑到用户年龄大,尽快需要安装电话,就没有按原来的流程做退单处理,而是先帮助用户安装好了电话,只是告之用户应尽快到营业厅更改地址。于是当天用户赶到营业厅,接待小姐称,必须做移机处理(移机费130元)。老先生非常不满,接着又拨打服务热线电话咨询,服务小姐仍然坚持称应做移机处理。用户不解,电话已经装好,已无须移机,只是更改一下地址,仅把301室改成305室就必须付出130元的代价吗?

这是一个很值得深思的案例。从案例所提供的内容看,似乎电信公司的各个部门都是在按标准提供服务的,所以都没有错。你们看,上门提供安装服务的维修工,他不应该有错,他不仅没有错,而且还为老人做了件好事,提高了顾客满意程度。因为他为了不让老人增加更多的麻烦,让老人能够尽快的使用上电话,没有简单地作退单处理,而是帮助老人先安装上电话。而作为营业厅的接待小姐和10010接待

小姐,也应该没有错,因为它是按服务标准和规章制度办事,按服务标准办事也是不应该受到指责的。可是恰恰因为提供服务的各个部门都认为自己没有错的前提下,作为客户这位老人就是不满意,甚至是一肚子怨气,那么问题出的哪里呢?是什么原因造成这位老人不满意呢?

其实,这里提出了一个很严肃的问题,就是有些情况下,按服务标准和规章制度办事,就一定能保证使顾客满意吗?现在的结论看来,就不一定了。以前很多人眼里都认为,只要按规章制度办事,就可以保证使顾客满意,如果说这一理念,在过去企业尚能接受的话,单从现在看来,这里面就不一定完全正确了。

为什么按服务标准化(即规章制度)办事,也往往会造成顾客不满意呢?有些人可能百思不得其解,其实问题很简单,如果企业的服务标准和顾客满意(注意,这里的顾客满意必须符合相应的法律法规的要求)发生矛盾时,那么究竟是服务标准向顾客满意靠拢?还让顾客满意迁就服务标准(规章制度)?其实说到底这是个理念问题,即服务标准化体系是否应该把顾客满意作为其追求的目标。根据以上案例提供的情况看,该企业如果把顾客满意作为其追求的目标,就应该修改相应的服务标准,即对于老人因写错地址的情况,不应该作移机处理,必须要列入服务标准的内容之中,才能确保顾客满意。

熟悉 ISO 9000 标准的人们都知道,在 2000 年版 ISO 9000 标准中,就开始提出了这样一个重要观点:标准名称发生变化,它不再使用“质量保证”一词,而是更强调“旨在增强顾客满意”(见 ISO 9001:2000 <ISO 前言>)。这就告诉企业,增强顾客满意比质量保证更加重要,更有意义。这一观点的提出,非常有助于理解上述案例中存在的问题。

可以这样讲,以前许多企业都会从质量保证的角度来编写企业的程序文件,当然,从建立质量管理体系的角度看,这是非常必要的,也是企业建立质量管理体系的重要基础。但是现在,当 2000 年版 ISO 9000标准提出顾客满意的理论之后,就给了企业一个新的启示,就是说,当企业在编写各种程序文件和规章制度的时候,必须紧紧围

绕着增强顾客满意的这一理念，如果说，企业的服务标准化体系、规章制度和程序文件与顾客满意理念和目标有抵触，有矛盾时，那么就应该马上修改规章制度或者是体系文件，来适应顾客满意的需要。

因此，针对上述案例所提供的内容，应该看到，电信公司现行的各种规章制度和体系文件中有些内容已经不能适应实际情况的需要，就应该加以修改。就应该按照顾客满意服务准则中方便顾客的要求（如能自己办的不交给顾客等原则）对企业内部的服务标准化体系（规章制度）作进一步完善。比如，在服务标准中可以增加一些相关内容：当维修工如果要帮助客户安装电话时，就应该帮助客户负责作退单处理（有退单就可以不收移机费）；或者营业新接待小姐和10010接待小姐，对于移机处理的收费问题，应该具体问题具体分析等。所以，企业在编写程序文件或者是规章制度时，把顾客满意作为服务标准化追求的目标是非常重要的。

因此从这个角度分析，这就充分反映了顾客满意服务准则可以大大提高服务标准化体系的有效性。而这种有效性最终就体现在打通顾客满意最后一公里的领域中。

五、实施顾客满意服务准则可以用较少的投入获得更大的产出

顾客满意服务准则的理解和和实施，可以有效地帮助企业，充分发挥“临门一脚”的关键作用（见第一章第三节）。因为它可以大大提高顾客满意的“命中率”——即可以确保能企业在增强顾客满意的过程中，以最少的投入，获得最大的产出。在一般情况下，企业向顾客提供服务之后，一般都可能有两种结果：一种是顾客满意。这种结果，当然是GB/T 19000族标准追求的理想目标。另一种是顾客不满意。这种结果不仅仅造成了企业人力、物力、财力的浪费，而且还会直接造成顾客的大量流失，显然这种结果是非常得不偿失的。这就告诉企业，有服务不一定就有顾客满意。在这一点上，服务与其他产品之间是没有区别的。由于服务具有同时性的基本特征，所以如果服务标准化回避了顾客满意这个宗旨，不仅会造成人力物力财力方面的浪费，而且也会大大降低服务标准化的有效性。因此，只有向顾客提供满意的服

务,才能真正提高企业投入和产出之比。所以顾客满意准则就是在实施服务标准化体系的过程中,可以帮助企业明确提高顾客满意方向的一种十分有用的工具。

六、顾客满意服务准则能打通服务标准化体系中顾客满意最后一公里

当然,服务标准化领域要比 GB/T 19000 族质量管理体系标准所涉及的领域中更为宽广,大家应该从更加广泛的意义上来认识顾客满意服务准则和服务标准化体之间的关系。由于顾客满意服务准则它主要涉及的只是与顾客直接接触的那一部分,即服务产品标准化最终端的那一部分。而且恰恰正是这一部分,就属于服务标准化体系里顾客满意最后一公里的领域之中,因为它会对顾客满意与否产生决定性影响。而服务产品标准化又是建立在服务过程标准化基础之上的。因此, 从这个意义上讲,在追求顾客满意的全过程中, 顾客满意服务准则的提出与实施,一定可以为在服务标准化体系中打通顾客满意最后一公里做出应有的贡献。

第五章　顾客满意服务准则是打通顾客满意最后一公里的重要工具

笔者提出顾客满意服务准则的根本目的，除了为完善服务标准化体系提供服务之外，更主要是为实施 GB/T 19010 标准中所提出的顾客满意行为规范提供服务的，因此本章主要探讨顾客满意行为规范和顾客满意服务准则的关系。

如果从"精确打击"的角度（见第一章第三节）来理解，可以把 GB/T 19010 标准的顾客满意行为规范和顾客满意服务准则之间，形象地比做是一种"有的放矢"的关系：即如果把企业实施的 GB/T 19010 标准的顾客满意行为规范比喻成一个"矢"（弓箭）——一种确保高水平顾客满意的"利器"，它也是帮助企业提供保持高水平顾客满意一条有效途径的话，那么笔者提出的顾客满意服务准则就是一个"的"（目标）——一张画有许多同心圆的"靶纸"，它可以有效地提高"射箭的命中率"，即帮助企业进一步提高顾客满意的有效性。所谓"精确打击"，实际上就是强调企业在向顾客提高供产品和服务过程中，必须要更加有效地"有的放矢"。换言之，只有按照顾客满意服务准则的要求来分析顾客需求，才能更容易在顾客满意最后一公里的领域里，发现各种"梗塞点"（指顾客的隐含要求——见本章第二节），这样才能更加"精准"地实施顾客满意行为规范，才能最大限度地提高顾客满意程度。因此，顾客满意行为规范与顾客满意服务准则的有机结合，完全可以使两者相辅相成，共同来达到增强顾客满意的目的。

顾客满意服务准则作为顾客满意行为规范的重要补充，它不仅构成了它的一部分，而且掌握了顾客满意服务准则的相关内容，可以帮助企业更加有效地实施顾客满意行为规范，为保持高水平的顾客满意奠定最可靠的基础。当然，在 GB/T 19010 标准中对顾客满意行为规范这一新概念的提出,又为顾客满意服务准则的具体实施指明了新的方向。所以顾客满意服务准则也应该成为在实施顾客满意行为规范的领域内,打通顾客满意最后一公里的一种有用工具。

为了能更好地理解顾客满意行为规范和顾客满意服务准则之间的关系,在本章还是从一则案例谈起(第一节)。再对顾客满意行为规范和顾客满意服务准则之间的有机结合进行分析和探索(第二、第三节)。最后要强调的是,在实施顾客满意行为规范的领域中,顾客满意服务准则应该可以成为打通顾客满意最后一公里的有用工具(第四节)。

第一节　农民为什么要向温家宝总理“告状”?

有可靠质量的产品,就等于有顾客满意吗?不一定!

有各种优惠的促销服务,就能确保顾客满意吗?也不一定!

请看一则案例。

新华社电:2009年7月25日,国务院总理温家宝到吉林省考察。25日上午,来到九台市卡伦镇任家村。本来是察看秋粮长势的,但当他听说农民购买家电下乡产品,还要出示身份证、提供照片、填表等,手续很不方便时,温家宝歉意地说,这是我们考虑不周,应该尽量方便群众,把家电下乡工作进一步做好。

可能大家都读到过这条新闻报道。但是,很多人也许并没有关注到新华社报道中的这一个耐人寻味的细节:就是不满意的农民居然向温家宝总理“告状”了。“告状”原因是农民在购买家电下乡的产品时,只是因为还要出示身份证、提供照片、填表等,手续很不方便。然而对这一细节的报道,却让人感慨万分,更让人们浮想联翩。我们想,这篇报道除了说明我国的温总理是具有亲和力的总理之外,更加说明,一向以老实、本分著称的我国农民,一定遇到了大麻烦,他们实在

是在迫不得已，在无可奈何的情况下，才会向温总理进行投诉，来诉说自己的不满。

一、从农民向温家宝总理“告状”谈起

是什么原因让这些农民不得不向温总理投诉呢？原来，从 2009 年 2 月 1 日开始，为了拉动内需，国家就大力推广家电下乡。纳入家电下乡的品类包括：冰箱、洗衣机、彩电、手机、摩托车、空调等许多种家电产品。这些都是通过政府招标采购后，由被中标的家电企业向农民提供的产品，产品质量可靠当然是没有问题的。而且农村顾客购买上述产品，国家规定还能享受政府补贴 13% 的优惠服务。毫无疑问，这对于大多数农村顾客来说，都具有极大的吸引力。但是购买家电的农民，却因为领取 13% 补贴的手续过于复杂，使得不少农民对家电下乡的热情却十分一般。有记者曾经作过这样的调查。

案例 5－2

某乡镇的农民张先生想购买一台 1000 多元的双缸洗衣机，但听完企业店长介绍后，就放弃了购买计划。因为店里规定：凡购买家电的农民，一定要带上所有证件（身份证、粮食补贴卡和户口本等），来店里输入个人的信息，才能有购买家电后享受 13% 补贴的资格。张先生一旦购买洗衣机，当把洗衣机送到家里后，还要等着拿到发票和家电下乡产品的标识卡。随后，他一定要带齐所有这些东西，去镇里的财政所再确认身份。最后还要再等上几天到十几天，这 13% 补贴款才能到达张先生手中。张先生一算，除了要再等上十天半个月之外，仅在路上还要往返镇子就要跑 3 趟，而路费可能都不止补贴给他的 130 多元了。

请问这样的服务，能给农民顾客带来满意吗？当然不能！就这样，家电下乡——一项为农民服务的大好事，却仅仅因为给农民补贴的手续过于烦琐，太不方便，因而并没有给他们带来应有的满意和好评，得到的却是农民向总理的“告状”。问题又是出在顾客满意的最后一公

里上。

虽然有质量可靠的产品以及优惠的销售价格,但它并不能直接给顾客带来满意,因为这些都只能是顾客满意的必要条件,或者说它只能为顾客满意奠定可靠的基础,但决不会直接就等于顾客满意。而只有在可靠产品和优惠价格的基础上,再提供顾客满意行为规范,即只有解决好顾客满意的最后一公里所出现的种种问题,包括要尽可能为顾客提供各种方便时,才能确保顾客满意。也只有具备了上述条件,可靠的产品和优惠的销售价格,才能最终成为顾客满意的充分条件。因此从这个角度看,只有 GB/T 19010 标准所提出的顾客满意行为规范,才能为可靠的产品和优惠的销售价格转化为高水平顾客满意创造了条件,提供了可能。

让我们感到十分惭愧的是, 由于有些部门和企业在工作中的种种失误,最后,却让日理万机的温家宝总理,不得不亲自出面向农民赔礼道歉。说句老实话, 温家宝总理凭什么要代为有关部门和企业受过呢?这实在让我们这些服务工作者感到万分惭愧的地方,更值得这些部门和企业要很好地反思和总结!事实上,正是因为这些有关部门和企业在家电下乡的过程中,由于自身存在的种种问题,才造成农民的大量不满。大家可以认真分析一下,在本案例中,农民之所以不满,它与产品的质量有直接的关系吗?没有!它与国家提供的 13% 补贴款有关系吗?也没有!那么, 农民的这些不满是在哪一个环节造成的呢?很显然,问题就出在顾客满意的最后一公里上。这个最后一公里就是指,农民在领取 13% 的补贴款的过程,所需要的各种手续太麻烦,太复杂,从而导致农民的不满。

二、一次特殊的亲身经历

笔者虽然没有亲自帮助农民领过 13% 的补贴款,但是他们遇到的难处自己是深有体会的,因为本人也过这种类似领取补贴的经历。

2010 年五一期间,北京许多大卖场开展以旧换新的促销活动。即只要购买大件家用电器,并且以旧换新,就可以获得国家 10% 优惠折扣。为了确保能够达到以旧换新的目的,购买家电的顾客必须要凭购

买家用电器的正式发票和指定商家拆卸旧家电的证明，才能领取到10%的优惠补贴。

因为本人家中的旧空调需要更新，出于对品牌服务的信赖，就在大卖场购买××的最新产品：能够提供10年免费保修服务的无氟空调。在双方约定的上门安装的时间后，服务人员拆走了旧空调，安装了新空调。然后通过手机与空调经销商几十次沟通，又经过十几天的等待之后，终于得到同意，可以领取优惠补贴款了。当时销售人员提出要求：一定要拿着购买新空调的发票、拆卸旧空调的证明以及本人身份证这三份证明，再三告知一样都不能少，并在指定日期，才可以到大卖场直接领取10%的优惠补贴款。但是没想到的是，就在这最后一公里的这一环节上——仅仅只是到商场找到销售人员领取10%的优惠补贴款的这一小小的环节中，各种手续还会这么麻烦和复杂，真是大大出乎本人的意料。

案例5－3

我把到商场领取10%优惠补贴款的这一小环节的全过程，能分解为六大步骤。

第一步：在双方事先约定的时间内，我来到了商场。商场的销售人员要求我，先到楼下服务台，凭本人身份证、购买新空调的发票以及拆卸旧空调的证明(这三张证明一张都不能缺)，再开具以旧换新的新证明一张。

第二步：在销售人员的引领下，我再拿着以上四份证明，又从楼下来到楼上的家电以旧换新办公室。服务人员要把本人的相关信息全部录入电脑到国家家电以旧换新管理系统之中。即把客户的姓名、身份证号、购买空调的型号、以及发票号码等，都要统统录入电脑。可能是为了防止有人冒领吧，这应该可以理解。

但不一会儿操作人员问：“你空调的编码呢?”

“什么空调编码？不是发票上有空调的型号吗?”我一头雾水地反问他。

“空调的型号和空调的编码是两回事!”他生硬地回答我。

“那还能录入吗?”我小心翼翼的问。

“不能!”

“那怎么办?”

“找销售员去!”他冷冰冰地回答着。没有办法,我只能再上楼找销售人员。

第三步:销售人员这才告诉我:安装空调的工人,在安装好新空调之后,按照操作规程,应该把空调上的商品编码条贴在发票上,但是这一重要程序却被安装空调的工人忽略了。发票上并没有商品的编码条,这就意味着我就不能领取以旧换新的补贴款,我开始有点不耐烦起来。销售人员说他有办法,于是,他找一个别的商品编码条来代替。我说行吗?他说没问题。

第四步:于是我又来到了商场的家电以旧换新办公室,经过几十分钟操作,总算这一关可以通过了。他用电脑给我打出了一张家电以旧换新的新证明,并让我带着以前的四张证明,一共五张证明材料,到商场财务处领取现金。此时,已经消耗了我一个半小时的时间。

第五步:经过多方打听,终于来到了商场财务处,幸亏还没有人排队,我赶紧向财务人员递交了五份证明材料。但是财务人员仍在干自己的活,我只能耐心地等着。大概过了十几分钟,财务人员终于可以为我提供服务了。经过财务人员对证明材料的审核,不料又出现了新的问题:

她问:“身份证和发票的复印件呢?”

我说:“身份证和发票都有啊?”

“我指这是复印件!销售人员应该告诉你的”。

“可是他并没有事先告诉我呀!那怎么办?”我不由得生起气来。

“这里复印收费两块!”

“行啊!行啊!”我无可奈何地答应着,心里想,已经到了这份上了,只要能办成就行了,两块钱就两块钱吧!

第六步:又过了十几分钟,我终于拿到了三百多元的补贴款。一共耗费整整两个多小时,真不容易!

这最后一公里的路走得实在是相当的辛苦!最让笔者感到十分

遗憾的是，经过这一番折腾，国家10%补贴款所带来的这种喜悦，被这一连串的反复折腾，也消耗得差不多了。

尽管笔者购买的产品是高品质的无氟空调，尽管还能享受到10%的国家补贴，但是这种高质量的产品和优惠的价格，在顾客满意最后一公里的领域中，由于出现了不少问题，所以它并没有给本人带来一种高水平的顾客满意。

其实这种的不满还远远不是笔者一个人所独有，许多有同样经历的顾客都有同感。甚至还有人投诉向×××报社诉说自己的苦恼。请看下面这个案例。

案例5-4

周女士选中一台外资品牌洗衣机。促销员说，国庆促销优惠500元，加上以旧换新享受10%的补贴(200多元)和85元的收旧费用，一共能省800多元。新洗衣机第二天就送到了，可送货人员并没有给周女士旧洗衣机折旧费，而是给了旧机回收凭证，并告诉她，凭此证明和身份证复印件到店里领取折旧费和以旧换新凭证。

再次来到卖场，周女士拿到一张以旧换新领取补贴须知，上面注明半个月后才可领取。半个月后，周女士兴冲冲地去领取补贴，所有材料却被退了回来，说是缺少新机器的机身序列号。无奈，周女士跑回家，搬开洗衣机，抄下机身背后条形码上的序列号，第四次来到卖场，终于拿到了10%的国家补贴。

虽然顾客购买家用电器的产品质量并没有任何问题，虽然国家花了真金白银对顾客进行10%的补贴，但是如果此时，有人问当事人：你满意吗？你会如何回答呢？反正如果有人问笔者，我会肯定地说：还是不满意！至少还存在的某种遗憾。这种遗憾就体现在顾客在领取相关补贴的过程中，人为设置的各种手续太多，太不方便顾客，从而造成顾客的不满意。而正是这种遗憾的存在，就充分说明，顾客得到的并不是一种高水平的顾客满意！你们看，这就是顾客满意最后一公里所产生的一种“被放大”的负面效应。

笔者在北京生活了几十年了，干什么事都应该是熟门熟路了。而且为了领取这10%的补贴款，笔者还事先与企业的销售人员，经过近几十次的电话沟通后(这些过程的麻烦和复杂还都没有计算在内)，就是在他们指定的日期和时间，拿着他们指定的各种证明，到企业去的。却没想到，还会如此周折！其实，笔者遇到领取补贴款的全过程，可能还不是最麻烦的，也许更复杂的领取程序，只是还没有经历过。当然，对于本人来讲，耗费几个小时，只能算人生经历中的小事一桩，没什么大不了的事。

三、农民“告状”背后的原因分析

令我们更深感不安的是，想到的是几亿农民兄弟，笔者现在终于真的理解他们为什么会斗胆向温总理投诉了。因为他们在家电下乡的过程中，在购买家电之后，为了能领取13%的家电下乡补贴款，也许(不！肯定)会比笔者更费周折，更加麻烦。他们实在是被逼无奈的情况下，才不得不向总理“告状”的。

因为他们在购买家电后，还要从村中的家赶到乡镇财政所进行身份确认，审核各种证明材料后，才能最后领取家电下乡的补贴款。且不说农民们到乡财政所的路途遥远，也不说他们还要花相当的路费。就算到了乡镇财政所，一定也会遇到笔者同样的经历：即除了你有可能会让这些部门的一些工作人员，以种种借口，从今天推到明天，从明天又推到后天之外，还可能会把你从这栋楼被支到另一栋楼、从楼上又支到楼下，再从这个办公室被支另一个办公室，等等。或者还可能因为你缺少某一种证明，少办了某一手续，或者少盖了某一个公章，还会再被打发回家、再被冷落等。虽然记者没有对此有详细介绍，但是笔者将心比心地想：一定会比我还要麻烦得多！否则他们怎么会想到向温家宝总理“告状”呢。

通过本人的亲身经历之后，就一直在思考，出现这些问题，应该有许多地方值得我们反思：例如有关部门和企业在策划和设计农民领取补贴费的服务流程时，是否从理念上，就忽略了对顾客满意最后一公里的重视和关注呢？而且为什么会出现这样的忽略？又如，如果要对

顾客满意最后一公里的服务流程进行设计时，是否应该制定相关的顾客满意服务准则作为依据？例如，是否能以最大限度方便顾客为目标（见第四章第三节顾客满意服务准则之四）简化领取13%补贴流程的手续，以确保能打通顾客满意最后一公里，等等。

我们常常这样想，在企业，为了能够提供质量可靠的产品，一定会要采用科技含量更高的新材料、新工艺。产品的设计人员通过反复的调查了解，根据顾客的需求，设计出顾客所需要的产品。企业在生产线上的管理人员和工人还要根据设计出来的产品图纸，采用各种质量管理的方法和手段，根据GB/T 19001标准建立的质量管理体系，通过制定企业的质量方针和目标，同时又强化了对企业全过程进行有效的控制和监督，还有企业的内审和外审等。这一切本来都可以为顾客满意奠定最可靠的基础。而且国家为了帮助农民购买家用电器，还专门从财政上进行巨额拨款，花费了许多真金白银向农民提供补贴。但却仅仅因为在顾客满意最后一公里的环节中出现了一些问题（例如，农民领取补贴款太麻烦等原因），因而导致顾客的大量不满，岂不是实在太可惜了吗？这种可惜不仅仅体现在顾客满意程度的下降，而且把企业在生产过程中，企业的各类人员，包括企业的管理者和工人所做出的各种努力全都化为了泡影，难道这不是一种最大的浪费吗？由此可见，对于顾客满意最后一公里的问题，企业实在是不能等闲视之了。

笔者曾专门上网在《家电下乡信息管理系统》网站的[投诉中心]的栏目中进行过查询，可以查到绝大多数顾客的投诉内容，都集中在家电下乡服务过程中的最后一公里范围内，而其中又有相当一部分的顾客投诉，都与未能及时地领到补贴款有直接的关系。

例如，在2010年9月14日，某位顾客投诉的内容是："家电下乡补贴为什么没下来"。2010年8月31日，某位顾客的投诉内容还是："领不到下乡补贴"。2010年8月29日，另一位顾客投诉的内容是："购买价格高于标识卡上的价格"。2010年7月8日，有的顾客投诉："商场以各种理由不给办补贴款"。2010年8月12日，甚至还有的顾客投诉："我2009年1月10日买的电视，现在还没有返到钱"等。笔者粗略地估计一下，在该中心所录入的4630条顾客投诉中，大约有一半的顾客投诉都与未能及时拿到补贴款有直接的关系。虽然这些投诉的内容,还要进一步核实,但是至少可以说明一个问题,就是许多农民顾客的投诉都集中在,顾客满意最后一公里的领域里。由此可见,打通顾客满意最后一公里,对于保持高水平的顾客满意有多么的重要!

正因为如此,当企业为顾客交付了具有各种高质量的产品之后,并不意味着质量管理全过程的完成。因为从企业质量管理体系全过程看,只有获得顾客满意的认可之后,才能表示企业质量管理体系全过程的结束。

四、解决问题的有效途径

当然,通过一段时间的实践,现在的情况已经发生了变化。许多企业为打通顾客满意的最后一公里,采取了很多积极有效的措施,顾客满意度有了很大的提高。

例如, 现在在家电下乡过程中,为了最大限度地为顾客提供方便,以海尔为代表的许多家电企业自发地采取"现场直播"方式——即由企业先行为农村顾客垫付一部分资金,在销售现场中,为购买家电的农民兑现13%的补贴款提供方便,最大限度地为他们减少来回的奔波之苦。然后再由家电企业向政府有关部门进行结算。采取这一措施之后,大大方便了农民顾客,不仅促进了农民顾客购买家电的积极性,也正因为他们打通了顾客满意的最后一公里,才能有效地提高了农民顾客的满意程度(见第六章第六节)。

又如,在一年后的2011年10月,笔者在同一家商场,又购买了另一件家电——LED高清电视之后,在领取以旧换新和节能等各种补贴的过程中,笔者惊喜地发现该商场的服务流程比以前已经大大简化。因为商场已经为顾客提供了"一站式"服务,即领取各种补贴的顾客,只要在一个服务窗口,就能办理所有手续。而不再像一年多以前一样,让你从楼上楼下的来回跑,更无须要为复印相关证件,让顾客自掏腰包了(现在由商场免费为顾客提供复印服务)。由于该商场提供的服务流程真正遵循了"能自己办的,不留给顾客"和"能在一地解决的,不分两地”的原则(见第四章第三节:方便顾客准则),优化了服务流程中的每一个环节,最大限度地为顾客提供方便,所以这次本人只耗费十几分钟时间,就拿到了全部的补贴,大大节省顾客的等待时间。这样顾客对企业的满意程度必然得到了提高。而且更为重要的是,此时此刻顾客也才能有时间来慢慢地,细细地真正品味国家以旧换新补贴等政策给老百姓所带来的另一种满意。当然,笔者更希望有更多的农民兄弟也能够享受到这种方便快捷的服务。要知道,这才是一种真正的高水平顾客满意呵!

由此可见,不久前出台的 GB/T 19010 国家标准提出的实施顾客满意行为规范,以及笔者总结和归纳的顾客满意服务准则,都可以为企业指明方向,并能成为打通顾客满意最后一公里的重要工具。所以本章将围绕如何打通顾客满意最后一公里为主题,结合 GB/T 19010 国家标准中提出的实施顾客满意行为规范,以及与之相关的顾客满意服务准则,展开深入的探讨。

第二节　如何提高实施 GB/T 19010 顾客满意行为规范的有效性

如何提高 GB/T 19010 标准所提出实施顾客满意行为规范的有效性?这是本章必须要回答的一个核心问题。我们的答案是:除了企业要树立正确的理念和建立建全质量管理体系之外,企业在实施顾客满意行为规范时,必须要充分结合顾客满意服务准则的具体要求,才能大大提高实施顾客满意行为规范的有效性。

因为无论是实施顾客满意行为规范,还是遵循顾客满意服务准则,两者都是建立在共同的理论基础之上的,这个理论基础就是,两者都把顾客接受产品的这一活动,作为一个过程来认识,即把它作为顾客满意最后一公里的过程来看待。可以说,过程理论是顾客满意行为规范和顾客满意服务准则共同的理论基础。

众所周知,质量管理必须以人为本。而强调以顾客为关注焦点就是以人为本理念在质量管理领域中的具体体现。GB/T 19010 标准提出实施顾客满意行为规范,主要针对的是产品交付的领域,而产品交付的目的就是为了让顾客接受企业提供的产品。那么把顾客接受产品和服务的这一环节,也必须作为一个过程来看待。而实施顾客满意行为规范和顾客满意服务准则的目的,就是要对这一过程进行有效的控制和管理,以达到增强顾客满意的目的。因为顾客满意行为规范强调的是,必须要对顾客接受产品的这一过程(包括产品交付和产品退回等)进行控制。而顾客满意服务准则强调的也是如何对这一过程(包括与顾客接触等)进行控制,所以两者最终目的是一致的,都是为了打通顾客满意最后一公里的这一过程。

本节重点探讨顾客满意行为规范和顾客满意服务准则与顾客接受产品这一过程之间的关系,以提高实施顾客满意行为规范的有效性,使它能更好地为打通顾客满意最后一公里提供服务。为此,我们首先要理解什么是过程方法。

一、何为过程方法

要理解顾客接受产品的活动(即指顾客满意最后一公里)是一个过程,就必须要了解什么是过程。过程是 GB/T 19000 族标准中的一个十分重要概念,过程方法又是质量管理八大原则之四,而质量管理体系的实施和运行都是建立在过程这一概念基础上的。

1. 过程的定义

在 GB/T 19000—2008 的 3.4.1 条款的过程定义(包括注 1 和注 2)是这样描述的:

一组将输入转化为输出的相互关联和相互作用的活动。

注 1:一个过程的输入通常是其他过程的输出。

注 2:组织为了增值通常对过程进行策划并使其在受控条件下运行。

从上述定义中可以看到:首先过程就是一种活动。它是一种可以将输入转化成输出的一种活动。其次,根据注 1 的要求,任何一个过程,都可能有若干个相互关联相互作用的子过程所组成。以这种方式,若干的过程可以组成一个过程链。最后,根据注 2 提出要求,当企业把一种活动作为过程的进行对待时,其目的就是要对这一过程进行

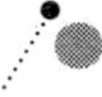

策划和控制，因为只有这样才能使这一过程达到增值转换的目的。所谓增值就是希望能够得到预期的效果。

2. 过程方法

在 GB/T 19000—2008 标准的质量管理原则之一“过程方法”中指出：“将活动和相关的资源作为过程进行管理，可以更高效地得到期望的结果”。在以上表述中强调了以下两点：首先，指出了什么是过程方法。就是把某种活动和相关资源，都可以作为过程来进行管理。其次，采取过程方法，可以大大提高管理的有效性。因为它可以高效地得到所期望的结果。

把过程方法这一质量管理的重要原则，运用于企业的外部，即把顾客接受产品和服务的活动也作为一个过程来看待，实际上是对 GB/T 19000 标准中，质量管理八大原则之四——过程方法的一种更加广泛的运用。

二、顾客接受产品和服务的活动本身就是一个过程

过去企业在建立质量管理体系的过程中，就非常强调在企业内部要建立和完善，从设计到生产形成全过程的质量管理体系，这是毫无疑问的。但是 GB/T 19010 标准的出台就告诉企业，除了要继续在企业内部质量管理体系的全过程进一步建立和完善之外，还特别强调本来属于企业外部的——顾客接受产品和服务的活动——也应该是一个过程，只不过相对于全过程而言，它只是一个子过程，这就是顾客满意的最后一公里，它处在质量管理全过程的最终端。在这一过程中，顾客就是这一过程的主要载体和资源，这一过程的输入就是顾客对企业提供的产品和服务的接触、使用和消费，这一过程的输出就是顾客满意与否的感受。之所以要把顾客接受产品和服务的活动作为一个过程来看待，并进行有效的控制和管理，最重要的目的是必须要达到高水平顾客满意的效果。

如果从更大的范围内看，顾客接受产品的子过程，虽然体现在企业外部，但实际上是企业内部生产加工全过程的一种延续。首先，企业内部生产加工全过程和企业外部顾客接受产品的过程之间都有着

密切的联系。根据对过程定义注 1 的理解，企业内部生产加工过程的输出（指产品和服务），就是顾客接受产品过程的输入（即对产品和服务的使用和消费）。其次，两个过程所追求的目的都是一致的，都是为了顾客满意。企业内部生产加工过程所追求的目的是为了增强顾客满意，对顾客接受产品的过程进行控制和管理，其目的也是为了增强顾客满意，只不过两者控制的过程不同罢了。因此，顾客接受产品的过程本身就构成了与质量管理体系全过程不可分割的一部分。

三、顾客满意最后一公里也是一个过程

如果把顾客接受产品和服务的活动看作是一个过程，那么，顾客满意最后一公里也一定是一个过程。这两个过程实际上有非常密切的因果关系：因为顾客接受产品的过程在前，而产生顾客满意与否的结果在后。由于顾客是这两个过程的共同载体，所以这两个过程事实上都是交织在一起的。它们相同之处在于，顾客接受的产品都是该过程的输入，而顾客满意与否的结果都是该过程的输出。

把顾客接受产品和服务的活动看作是一个过程，或者说，把顾客满意最后一公里也看作是一个过程，当然也是受到 GB/T 19010、GB/T 19012、GB/T 19013（即 ISO 10001、ISO 10002、ISO 10003）国家标准启示的结果。虽然本书只重点探讨 GB/T 19010、GB/T 19012、GB/T 19013系列国家标准的第一套——GB/T 19010 国家标准，但是这三套投诉处理系列国家标准的出台，向企业首次发出这样一个明确的信号：即为达到增强顾客满意的这一目的，仅仅关注和控制企业内部全过程的质量管理体系已经不够了，同时还要把顾客接受产品和服务的过程，以及之后所产生感受（即顾客满意最后一公里）的过程，也要纳入其中。

实施顾客满意行为规范和顾客满意服务准则的目的，就是为了使顾客接受产品和服务的过程，即顾客满意最后一公里的过程，能够处在受控状态，而对这一过程受控的目的是为了增值，这个增值就是最终要达到增强顾客满意的目标。

四、顾客满意服务准则是通过识别、确定和满足顾客的隐含要求，来达到增值目的

虽然实施顾客满意行为规范和实施顾客满意服务准则都是为了增强顾客满意，但是与实施顾客满意行为规范还是有所不同。实施顾客满意行为规范的目的，是通过对产品交付和产品退回等环节的控制，来确保高水平顾客满意的。而实施顾客满意服务准则主要是通过帮助企业更加有效地识别、确定和满足顾客要求，特别是顾客的隐含要求，来达到增强顾客满意目的。这也意味着，帮助企业识别、确定和满足顾客的隐含要求，是实施顾客满意服务准则的主要目的之一，这对于发现和打通顾客满意的最后一公里中的各种“梗塞点”有着非同一般的意义。下面对此进行论述。

1. 何谓顾客的隐含要求

众所周知，企业提供的产品必须要满足顾客的要求，这是确保顾客满意的前提。根据要求的定义（见 GB/T 19000 的 3.1.2 条款），顾客要求应该分两大类：一类是顾客的明示要求。另一类是顾客的隐含要求。对于许多企业来讲，以合同等方式确定的顾客要求，它主要体现顾客与企业签订的相关合同、订单以及向企业明确提出的各种标准、规范、文字和口头的要求之中，这是指顾客的明示要求。那么什么是顾客的隐含要求呢？

所谓顾客的隐含要求，它是指“顾客没有明示的要求，但是规定用途或已知的预期用途所必需的要求”（见 GB/T 19001 的 7.2.1.b）条款）。它是指：虽然这些要求顾客并没有明示，但是如果没有得到满足，顾客同样会不满意。根据上述的定义，可以看出仅仅满足顾客的明示要求，还不足以确保顾客很满意。因为在顾客要求中还有一部分隐含的要求也必须得到满足，否则也必然会影响到顾客的满意程度。因此，可以这样讲，在满足顾客明示要求的基础上，是否能识别、确定和满足顾客的隐含要求，就成为企业增强顾客满意的关键所在。

2. 识别顾客隐含要求是增强顾客满意的一个“瓶颈”

如果是属于顾客的明示要求，这比较好办，因为它可以通过订单或合同等形式,向企业明确提出。但是顾客对其隐含的要求,就不会做出明确表述,否则就不属于隐含要求的范围之内了。顾客对隐含要求不作明确表述,原因有许多:除了有一部分顾客认为,这都属于约定俗成的要求,因此没有必要表述之外,更多的原因是:“有些顾客对自己的需要并不一定有意识,或者他们不能清楚地说明他们需要,或者要对他们的话进行解释”(科特勒语)等。这就是说,有相当一部分顾客是不能,也不会对其隐含要求做明确表述的。在这种情况下,要达到增强顾客满意的目的,企业就必须能够主动地识别、确定和满足顾客的隐含要求。所以企业对这些隐含要求的识别,不仅成为顾客满意最后一公里过程中的一个个“梗塞点”,而且形成增强顾客满意的一个重要的“瓶颈”。

3. 关键在于企业要主动地识别顾客的隐含要求

作为接受产品的顾客,在许多情况下,由于不会通过合同、订单等方式来表述自己的所有要求(如顾客的隐含要求),所以企业必须能够主动地、准确地识别、确定和满足顾客隐含要求,这应该成为增强顾客满意的一个重要关键环节。即只有“有的放矢”地针对这些“梗塞点”进行“精确打击”(见第一章第三节),才能有效地提高顾客满意程度。当然,企业在识别这些顾客隐含要求的过程中,不仅要符合国家相关的法律法规要求,还要考虑到企业的实际能力等。除此之外,更为重要的就是,企业还需要学习和掌握顾客满意服务准则。如果企业能够掌握这些准则,并且能够结合企业提供的产品灵活加以应用,就可以为企业有效和高效地识别和确定顾客隐含要求奠定最可靠的基础。

4. 顾客满意服务准则有助于企业识别顾客的隐含要求

制定顾客满意服务准则的目的,就是为了能够通过对顾客接受产品的过程,即顾客满意最后一公里,进行有效的控制和管理,即运用增强顾客满意服务准则对顾客隐含要求的识别,来确保企业提供的产品最终能够最大限度地为顾客所接受,并得到顾客满意的结果。

而顾客满意服务准则能有助于提高企业识别顾客隐含要求的能力。这是因为:在 GB/T 19000 的 2.1“质量管理体系的理论说明”中

指出:“在任一意情况下,产品是否可接受最终由顾客确定”。这也就意味着,只有产品充分反映了顾客的要求,即能够充分满足顾客明示要求和隐含要求的产品,顾客最终才能接受。也就是说,除了高质量产品的优劣,需要通过顾客的亲身感受才能得到最终检验之外,在顾客接受产品的过程中,即在顾客满意最后一公里(即产品交付之后)的领域内,也必须要让顾客达到满意的结果(当然,必须要符合法律法规的要求)。

在这种情况下,企业如何能有效地在这一领域中识别顾客的种种隐含要求,就成为打通顾客满意最后一公里中非常关键的一步,而顾客满意服务准则作为一种识别顾客隐含要求的重要工具,就可以充分发挥其应有的作用,即可以大大提高这种“精确打击”的效果。更重要的是,顾客满意与否的这种感受,还会直接影响到顾客对产品和服务质量的正确选择——是否可以接受(或者再接受)该产品。而这种对忠诚顾客的培养,对企业来讲是绝对必要的。

5.识别顾客隐含要求要与实施顾客满意行为规范相结合

由于顾客满意服务准则只是对顾客满意的一般性规律进行归纳和总结,因此每个企业在实施顾客满意服务准则的过程中,必须要做到三个结合。首先要与GB/T 19010标准所提出的顾客满意行为规范相结合。这是因为顾客满意服务准则是顾客满意行为规范的重要补充,而顾客满意行为规范为实施顾客满意服务准则指明了方向。其次,在此基础上,还要结合企业提供的产品。虽然它们都是顾客满意的载体,但是不同企业的不同产品和服务,在满足顾客隐含要求的内容和方式等方面,还是有很大区别的。最后,还要结合企业提供产品的对象——顾客。因为每个企业都有自己特定的顾客群体,必须要根据目标顾客的特点,特别是这些顾客心理特点和生理特点来进行,尤其要把识别和确定顾客隐含要求作为突破口。只有做到以上三个结合,才能使打通顾客满意最后一公里获得最大程度的成功。

五、一点体会

在本章第一节所提到的案例中,农民之所以会向温家宝总理投诉,就是因为许多企业和相关部门,刚开始,在为农民提供家电下乡服务的过程中,可能只是从本部门或者是本企业的利益出发(如为了防止个别人冒领补贴等),未能有效地实施顾客满意行为规范,即忽视了对顾客满意最后一公里的关注,从而造成了许多农民顾客的不满意。当然,更没有运用顾客满意服务准则,对家电下乡服务过程中农民顾客的各种要求,特别是对农民顾客隐含要求的识别、确定和满足。一句话,由于当时有关部门和企业未能及时识别顾客隐含要求之一——即农民对方便的要求,就造成农民向总理投诉的后果。

经过一年多来的努力,目前情况已有所改观。现在,在家电下乡的过程中,已经有越来越多的企业认识到关注和重视顾客满意最后一公里的必要性,并通过识别和满足农民的种种隐含要求,特别是农民顾客对方便的要求,积极采取各种有效应对措施,最大限度地为农民提供种种方便(其实,这就是一种顾客满意行为规范),以确保在农民购买各种家电产品过程中,确保农民高水平的满意程度,当然也一定可以大大减少农民的投诉。

由此可见,运用顾客满意服务准则提出的要求,对顾客的隐含要求进行识别、确定和满足,是企业提高实施顾客满意行为规范有效性的重要保证。

第三节　顾客满意服务准则可以为实施 GB/T 19010 的顾客满意行为规范助一臂之力

从 2009 年刚出台的 GB/T 19010 标准角度看,顾客满意服务准则就应该是顾客满意行为规范的一部分,因为它完全可以为企业实施顾客满意行为规范助一臂之力。本节重点论述顾客满意服务准则和顾客满意行为规范之间关系。

一、顾客满意服务准则和顾客满意行为规范追求的目标是一致的

作为 GB/T 19000 族标准的重要补充,在 GB/T 19010 标准总则的

首括句中，就强调指出“保持高水平的顾客满意是许多组织面临的重要挑战，迎接这种挑战的途径之一就是实施顾客满意行为规范”。它精辟地归纳了 GB/T 19010 标准的根本目的，就是希望企业能够通过实施顾客满意行为规范，以达到保持高水平的顾客满意的目的。而本书第四章第三节介绍的顾客满意服务准则等内容，也是以增强顾客满意为直接目的的。因此，顾客满意服务准则和 GB/T 19010 标准中的顾客满意行为规范，两者追求的目标应该是一致的。

1. 两者都强调顾客满意的重要性

其实国际标准化组织对于顾客满意的关注由来已久。早在 1991 年 ISO/TC176 就首次提出：“质量和顾客满意是正在受到全世界日益关注的重大问题“（见 ISO 9004 -2：1994 首括句）。接着 2000 年 GB/T 19000 标准中又提出建立“质量管理体系能够帮助组织增强顾客满意”（见 2. 1 条款）的观点等。这些内容又与 2009 年出台的 GB/T 19010 标准中，再次强调“保持高水平的顾客满意是许多组织面临的重要挑战”的观点，都是一脉相承的。它不仅再一次强调了企业必须关注顾客满意的这一领域，而且还提出了企业要“保持高水平的顾客满意”的新目标。它充分反映了国际标准化组织对顾客满意这一目标的关注。也就是说，通过 GB/T 19010 标准的出台，ISO/TC176 再次强调了对顾客满意的关注和重视。而顾客满意服务准则的提出只不过是顺应了这一历史潮流，为更有效地实施顾客满意行为规范，而采取的一项具体措施罢了。所以顾客满意行为规范和顾客满意服务准则概念的提出，都再次强调顾客满意的重要性。

2. 两者都提出了保持高水平顾客满意的新思路

在本书第一章第三节的第一部分中，曾提到把企业在市场中的竞争看成是一个“足球场”，对方的“球门”就是企业追求的目标——顾客满意。而企业提供高质量的产品，就如同一枚已经进入到对方禁区的“足球”。而实施顾客满意行为规范和顾客满意服务准则的重要作用在于，它可以帮助许多企业解决最终“临门一脚”的老大难问题。

因为在 GB/T 19010 标准中强调指出:为了达到保持高水平顾客满意的这一新目标,实施顾客满意行为规范,是必须采取的重要手段。这也是 ISO/TC176 在质量领域里,对当今企业提出的一个新要求。而在第四章第三节提出的超越期望、遵守承诺等一系列顾客满意服务准则,其目的只有一个,就是为企业保持高水平顾客满意提供了一条除了提高产品质量之外的新途径。也就是说,两者都提出了一条新思路:即除了提高产品质量之外,企业实施顾客满意服务准则和顾客满意行为规范,都是为保持高水平的顾客满意而应该采用的另一条重要的新思路。

二、顾客满意服务准则和顾客满意行为规范的区别

当然,顾客满意服务准则和顾客满意行为规范两者之间还是有明显区别的。

1. 两者作用的对象不同

如果说,对于 GB/T 19001 标准来讲,GB/T 19010 标准提出实施顾客满意行为规范,就为了打通顾客满意的最后一公里。那么,对于 GB/T 19010 标准来讲,顾客满意服务准则就是在实施顾客满意行为规范过程中,通向高水平顾客满意目标过程中的另一个最后一公里。因为根据过程的定义,顾客接受产品和服务的活动也可以是一个过程(见本章第二节)。那么实施顾客满意行为规范就是强调企业必须关注和重视这一过程,而实施顾客满意服务准则就应该起到另一种作用——即通过对顾客接受产品的过程进行有效控制后,达到有效增值(增强顾客满意)的目的。

2. 两者发挥的作用不同

顾客满意服务准则和顾客满意行为规范两者作用不能相互代替。在顾客满意最后一公里领域中,顾客满意行为规范是企业保持高水平顾客满意的一种行为规范,企业通过这种行为规范的实施,即通过对产品交付的许多环节(如产品承诺、产品退回、广告宣传、投诉处理等)的管理和控制,来确保顾客满意程度的提高。而顾客满意服务准

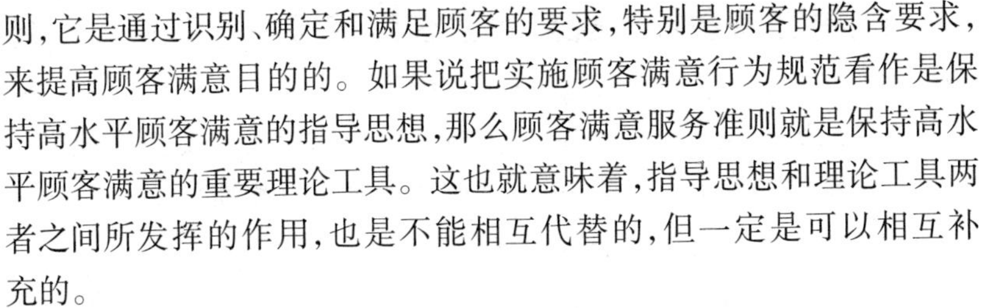

则，它是通过识别、确定和满足顾客的要求，特别是顾客的隐含要求，来提高顾客满意目的的。如果说把实施顾客满意行为规范看作是保持高水平顾客满意的指导思想，那么顾客满意服务准则就是保持高水平顾客满意的重要理论工具。这也就意味着，指导思想和理论工具两者之间所发挥的作用，也是不能相互代替的，但一定是可以相互补充的。

3.两者的操作步骤不同

从顾客的直接感受来看，企业实施的顾客满意行为规范，作为提高顾客满意程度的重要途径，它必须要让顾客能够亲身感受到。所以企业实施的顾客满意行为规范，一定要用一种公开和明示的方式，向顾客进行告知。同时，企业实施的顾客满意行为规范必须具有可操作性，并且通过它的实施，来体现企业对顾客满意服务准则这种客观规律的认识和理解。但是从企业角度看，顾客满意服务准则只是企业内部在进行顾客满意行为规范的策划和实施时，应该遵循的理论基础和重要依据，因此，尽管顾客满意服务准则不一定要向顾客进行公开和明示，但是企业实施的顾客满意行为规范，必须要充分反映顾客满意服务准则所提出的一系列基本要求。因为只有通过这样顾客满意行为规范的实施，才能确保高水平顾客满意的实现。

4.两者适用的领域不同

由于顾客满意行为规范是GB/T 19010标准的核心内容，而GB/T 19010标准又是GB/T 19001标准的重要补充，所以对于已经通过质量管理体系认证的企业来讲，要追求高水平的顾客满意，实施GB/T 19010标准提出的顾客满意行为规范，当然是顺理成章的事，而且更具有独特的优势。但对于更多没有通过质量管理体系认证的企业来讲，毫无疑问，追求高水平顾客满意也一定是它们奋斗的重要目标，那么理解和实施顾客满意服务准则，对这些企业更具有现实意义。所以从着眼于绝大多数企业这个角度看，实施顾客满意服务准则要比实施顾客满意行为规范具有更加广泛的适用性，也可以为更多的企业所理解和接受。

三、顾客满意行为规范和顾客满意服务准则可以相辅相成

由于提出顾客满意服务准则的目的之一，就是为了能更好地为实施顾客满意行为规范提供服务，因此两者完全可以相辅相成。

1. 两者都是一种企业的行为规范

根据 GB/T 19010 标准的 3.1 条款对顾客满意行为的定义，顾客满意行为规范就是一种以提高顾客满意为直接目的企业行为规范。而顾客满意服务准则，它实际上也是对企业为达到高水平顾客满意目标，而提出的种种要求。它也都具有顾客满意行为规范的各种基本特征，所以它也是一种企业行为规范。而且两者这种行为规范，大都集中在服务领域中实施，所以它们也是企业的一种服务行为规范。所以，无论顾客满意服务准则，还是顾客满意行为规范，它们都不能只是一种个人的随意行为，而应该是一种通过整体策划，而且需要企业全体员工互相协调而开展的企业服务行为规范的一种活动。

2. 顾客满意行为规范和顾客满意服务准则都是围绕着产品交付后的领域进行的

必须明确的是，首先无论实施顾客满意服务准则还是顾客满意行为规范，这种企业行为规范都是建立在可靠产品质量基础上的。其次，顾客满意服务准则和顾客满意行为规范必须围绕着产品交付给顾客的过程，其中就包括产品退回、顾客信息处理、广告，及与具体产品属性或性能有关的规定等，这些都是实施顾客满意行为规范的几个主要领域。注意！这些领域都不是指企业产品的加工制作过程，而是指企业产品交付之后的领域。最后，在产品交付后的领域中实施顾客满意服务准则和顾客满意行为规范，都是以直接提高顾客满意为目的。因此理解和掌握顾客满意的相关理论，探索顾客满意的各种客观规律，应该成为实施顾客满意服务准则和顾客满意行为规范的重要内容。而这些内容对于企业保持高水平顾客满意，会起到很好的引导作用。

3. 顾客满意服务准则可以提高企业实施顾客满意行为规范的有效性

顾客满意服务准则的提出，它还可以大大提高实施顾客满意行为

规范的有效性,即可以以较少的投入,获得更大的产出。这种有效性的体现是多方面的,除了顾客满意服务准则的提出,可以成为衡量顾客满意行为规范是否能有效达到顾客满意的重要“尺度”之外,同时也可以为企业质量管理体系实现高水平顾客满意的目标“添砖加瓦”。

众所周知,为了达到目的,明确方向和提高能力是两条非常重要的途径。两者缺一不可,否则不仅达不到目标,而且有可能会浪费更多的资源。如果只有能力而没有明确的方向,其结果不仅达不到目标,而且有可能会浪费更多的资源。但是如果有了明确的方向,即使能力差一些,也一定最终会达到目的。由此可见,明确方向比提高能力对于企业提高顾客满意行为规范的有效性,有着重要的意义。

从顾客满意的角度看,顾客满意服务准则的提出不仅可以帮助企业明确方向,而且还能提升企业提高顾客满意的能力。顾客满意服务准则的提出不仅可以帮助大家加深对顾客满意行为规范基本概念的理解,而且通过对顾客满意服务准则的有效运用,还可以确保高水平顾客满意的实现,从而大大提高企业实施顾客满意行为规范的有效性。

四、顾客满意服务准则可以为实施顾客满意行为规范助一臂之力

从今后质量发展的趋势看,由于顾客满意的地位日益重要,由顾客参与企业质量管理体系的活动,已受到越来越多人们的关注。所以从质量管理角度看,顾客满意服务准则的提出,对于实施顾客满意行为规范有着重要的保证作用,它可以为实施顾客满意行为规范助一臂之力。因为企业在保持高水平顾客满意的过程中,有 GB/T 19010 标准所提出的顾客满意行为规范作为依托,顾客满意行为规范概念的提出,又可以为顾客满意服务准则在质量管理领域中,找到了它应有的位置,所以顾客满意服务准则必将可以在实施顾客满意行为规范这一领域中发挥更大的作用。

综上所述,随着人们生活水平的提高,追求持续不断的高水平的顾客满意,已成为企业追求的重要目标之一。企业实施的顾客满意行为规范,如果离开追求高水平顾客满意这个目标,就“如同汪洋里的一

条船”，无法达提高顾客满意的目的。因此，实施顾客满意服务准则应该成为一个新的突破口，成为体现提高实施顾客满意行为规范有效性的主要标志。

第四节　顾客满意服务准则是打通顾客满意最后一公里的重要工具

对于企业来讲，顾客满意服务准则的最大作用，就是能有助于帮助企业识别、确定和满足顾客的隐含要求，从而为实施顾客满意行为规范，有效地打通顾客满意的最后一公里奠定良好的基础。因此从这个意义上讲，顾客满意服务准则应该成为实施顾客满意行为规范的一种十分有用的工具。类似这样的例子，可以说比比皆是。

下面通过企业对在产品交付环节中几个小案例的分析，说明在顾客满意最后一公里的领域中，企业应该如何运用顾客满意服务准则，通过识别、确定和满足顾客隐含要求的方式，来实施顾客满意行为规范的。

一、由火车票实名制引出的话题

案例5－5

在我国历年的春运中，产生一个非常严重的问题就是“一票难求”。大多数人普遍认为，归根结底是由于没有实行火车票实名制。由于这种制度可以最大限度的确保每位乘客都能公平公正地获取购买火车票的权利，所以实行火车票实名制的呼声越来越大。2010年春运，铁道部在广州和成都地区首次试行了火车票购票实名制，使得火车票实名制成了今年春运新闻最抢眼的名词。

那么，火车票实名制究竟好不好？它带来的利弊如何？现在众说纷纭。有关部门曾经认为：由于铁路运输能力紧张，火车票实名制并不能真正缓解“买不到票”的问题。有的顾客也会说：试行火车票实名制后，麻烦大了，因为没有证件的旅客，还必须要办临时乘车证明，

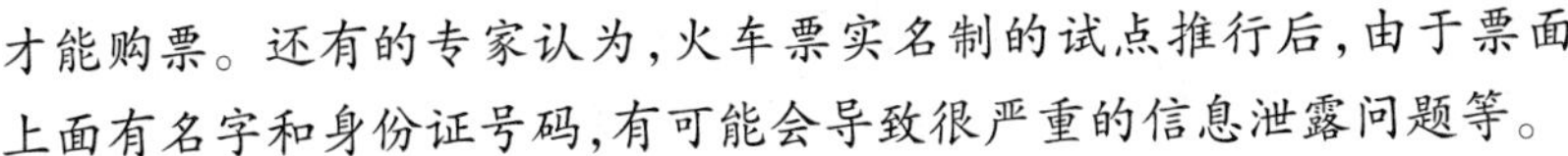

才能购票。还有的专家认为，火车票实名制的试点推行后，由于票面上面有名字和身份证号码，有可能会导致很严重的信息泄露问题等。

但是在这里，我们不要忽略这样一个最基本事实：广大顾客呼吁实名制，其实最希望借此解决的，原本就不是“买不到票”的问题，而是要解决“票买得是否公平公正”的问题。因此，以“买不到票”主要是因为运力紧张，火车票实名制并不能解决这个问题为由，来否认火车票实名制的可行性，其实这是一种因噎废食的做法。相反，正是因为“运力紧张”、火车票买得不容易，“买得是否公平公正”才显得格外重要和迫切。再者，“实名制将增加很多麻烦的程序，更加烦琐”固然是事实，但是如果顾客能由此得到一个更公平公正的购票环境，这样的麻烦成本显然是值得付出的。火车实名制给顾客带来最大的好处，就是可以在尽可能的条件下，确保为每位乘客能够公平公正地获得购买到火车票的机会。毕竟，任何时候，公平公正都是铁路运输服务为赢得大多数顾客（乘客）满意的基础所在。

火车站售票是铁路企业向顾客交付产品（指向顾客提供交通运输服务）的第一步，在这一环节中要确保高水平顾客满意就必须要实施顾客满意行为规范。而要实施顾客满意行为规范就一定遵循顾客满意服务准则所提出的要求，来帮助企业识别、确定和满足顾客的隐含要求。当然追求公平公正就是顾客的一种隐含要求。只不过这种隐含要求是通过广大顾客（旅客）要求在春运期间，实行购买火车票实名制的这种方式表现出来而已。公平公正作为顾客满意服务准则之一（见第四章第三节顾客满意服务准则之四），涉及面非常广泛，从广义上讲，大到国家有关部门出台各种标准和规定，以及对假冒伪劣商品的打击，小到计量器具是否准确，或者是顾客对一张火车票的购买等，实际上都反映了广大顾客对公平公正的一种追求和向往。因为从顾客的感受来看，在企业为顾客提供产品与服务的过程中，出现种种的不公正，都会直接影响到顾客满意程度。

1. 任何不公平都会造成顾客不满意

公平公正是确保绝大多数顾客满意的基本保证。市场经济是一种公平公正的经济,任何不公平都会造成顾客不满意。当前这种不公正的现象涉及面非常广泛,除了本节前面提到的,顾客在购买火车票过程中出现的不公正之外,例如顾客购买商品的过程中,购买的商品是否存在假冒伪劣,或者商品价格是否名不副实,或者是否质次价高等。再如,从顾客购买服务的过程中看,企业对顾客的承诺是否能够履行、计量器具是否准确、售后服务是否到位、顾客投诉能否得到及时处理等。在上述各环节中,是否能确保公平公正,都会与顾客满意与否息息相关。造成顾客不满的重要原因之一,就是因为出现了不公正的现象:即顾客之间的付出和所得是不公平的。因为如果企业为顾客提供的产品是假冒伪劣的或者是质次价高的;如果企业对顾客的承诺没有履行,在售后服务中不能及时为顾客排除故障等。一句话,企业在提供产品和服务过程中的任何一个环节出现了不公正、不公平就必然会造成顾客的不满意,其结果就可能会形成顾客投诉。尽管这种不满意的产生,可能仅仅是由于产品和服务提供中的某一个细小环节的不公正引起的,但是顾客的不满意,却决不是仅仅只针对这一细小环节,而是针对整个企业提供的产品和服务。虽然这种结果的产生,对企业来说也是一种不公平,但这却是一个不能回避的事实。正因为如此,保持公平与公正,对于确保顾客满意是至关重要的。

2. 强调企业自律是保持公平公正的有效措施之一

除了建立公平和公正大环境以外,给广大顾客创造能够公平公正的小环境也不能忽视,因此企业的自律非常重要。从微观角度上,企业为顾客提供产品和服务过程中保持公平公正,是确保顾客满意的重要基础。例如,这次铁路部门耗费巨资,进行购买火车票实名制试点,就是一种很好的企业自律行为。除此之外,还有,如开展货真价实满意店、购物放心一条街活动等。尤其是北京市百货大楼等全国大型商业企业牵头开展的百城万店无假货活动,更是一种全国更大规模的企业自律行为,在全国产生了很大的影响。因为如果顾客在购买假冒伪劣商品的情况下,是无法保持公平公正,更无法确保顾客满意。所以,这也是开展“百城万店无假货”活动之所以能够受到了全社会的普遍赞誉的一条重要原因。

除了企业自律，有关部门（其中包括政府、行业、媒体和顾客等）还必须对企业的自律行为，进行有效的监督与管理，这些都是为遵守公平公正原则，确保大多数顾客满意的有效措施，但由于篇幅有限，不能一一展开论述。

3. 正确处理公正性和灵活性的关系

当然，世界上没有绝对的公平和公正。所以，在强调公平公正的同时，还必须要正确处理公正性和灵活性之间的关系。也就是说，在本案例中提到的火车票实名制的问题上，也应该有所体现，例如对老弱病残旅客的关照等。为了准确地把握两者之间的关系，应该掌握以下三个原则。

首先，保持公平公正是前提。企业在为顾客提供产品和服务的过程中，对所有顾客都应该给予同样的公平对待，这是一条最基本的原则。其次，在保证公正公平的前提下，应该有一定程度的灵活性。也就是说，企业还要充分考虑个人的区别和需求，特别是对老弱病残者的适度关照等。最后，在保证公平公正的前提下，保持一定程度的灵活性，关键在于要掌握好一个“度”。当然，如何掌握灵活性这个“度”，除了必须在不影响公平公正，确保大多数顾客满意这个大原则的前提下，还应该对具体问题进行具体分析。

4. 结论：实施顾客满意行为规范必须遵循公平公正的准则

实施顾客满意行为规范的目的就是为了提高顾客满意。我们从广大乘客呼吁购买火车票采用实名制的案例中可以看到，公平公正准则对于确保顾客满意有着举足轻重的影响，所以实施顾客满意行为规范必须遵循公平公正的准则，即只有满足顾客对公平公正这一隐含要求，才能确保顾客满意。

二、为什么机票上应该有中文标识？

案例5－6

某年3月上海的一名旅客，因机票上机场名称无中文标识导致误机,而状告了航空公司。

上海拥有虹桥和浦东二个国际机场,一个在市区叫虹桥机场(SHA),另一个在郊区叫浦东机场(PVG)。两地相距有50公里,可是机票上却不写中文,只用英文字母标明,即浦东机场只用PVG英文字母标明,虹桥机场只用SHA英文字母标明,这不免给一些国内的旅客带来了很大的不方便,因为对于大多数国内乘客来讲,识别中文要比识别英文更加方便。3月4日这位杨姓女士因此将航空公司告上了上海市徐汇区人民法院。

杨女士称,今年春节前她在某航空服务公司购买了一张某航空公司机票,打算赴厦门旅游。由于在机票上只写着在上海(PVG)登机,乘客误以为是在虹桥机场登机,当天15点左右,当她赶到虹桥机场的时候,机场工作人员告知该航班在浦东机场登机,被告之"机票打了9折,不能签转"。由于此时赶到浦东机场已经来不及,结果造成误机。最后只能把原机票退掉(被扣20%手续费),又重新购买一张新机票,当天21点的全价机票才返回厦门。

事后,顾客因机票上登机地点不清,一张状纸把该航告上了法庭。杨女士认为,由于某航空公司和某航空服务公司均没有用中文告知她乘机的地点,导致自己误了当次航班,不得以退票并在机场滞留6小时之久,故请求法院判决。

据了解在法庭的辩论中,双方争论十分激烈。被告提出在出售机票时,服务员已经向顾客告知(原告称是别人代买的);也可以打电话进行询问;并称每天有万人登机,还未出现过差错等。法庭判决结果,返还顾客20%的退票手续费。并且向民航总局提出《司法建议书》,建议今后在机票中要明示中文登机地点。一个月后,民航总局规定:凡是一地有两个以上机场,机票上均应有中文标识。

乘客向航空公司购买机票也是航空公司向顾客产品交付过程(即顾客满意最后一公里)中的一个小环节。企业在这一环节实施顾客满意行为规范的过程中,顾客不仅需公平公正(见上一个案例),同时也需要简单方便,这才能确保高水平的顾客满意。方便顾客是顾客满意服务准则之一(见第四章第三节方便顾客准则),也是实施顾客满意行

为规范过程中,在识别、确定和满足顾客隐含要求时必须遵循的原则。从本案例中可以看到,旅客作为原告,从方便顾客的角度出发,要求提供服务的企业(航空公司),应该尽可能地提供省时、省力、简单和便利的服务,是理所当然的。因为对大多数国内旅客来讲,识别英文比识别中文更加困难,既然对于大多数乘客来讲,识别中文更加方便容易,那么为什么不能在机票上标明中文呢?要知道,顾客对简单方便的要求是不会向企业明示的,但是它肯定是顾客的隐含要求。

当然,被告(航空公司)在辩论中,提出的理由似乎也可以理解:如提出售票的服务员已经向顾客告知;同时乘客也可以打电话进行询问等,并且说,每天有万人登机,而且从来没有出现过这种差错等。其实这些理由也并不充分。从方便顾客的角度来看:首先,被告认为,售票的服务员已经向顾客告知。对于售票的服务员是否已经向顾客告知,已经无法核实。其次,被告认为,乘客也可以打电话进行询问,并且说,每天有万人登机,而且从来没有出现过这种差错。其实,这个理由也不充分。第一,对于乘客来讲,打电话进行咨询固然是可以的,但是从方便顾客角度看,不是又增加顾客麻烦吗?第二,虽然每天有近万人登机,被告认为并没有人投诉,但是,这并不能证明乘客对此就没有意见,因为对于大多数乘客来讲,因为怕麻烦,或者是因为不方便,都不愿意投诉或者是懒得投诉罢了。

令人感到欣慰的是,航空公司的有关部门虚心地接受了乘客的建议,也是从方便顾客的角度出发,做到有错必改,做到从善如流。现在去上海的机票上,机场地名均有中文标识了。这就意味着,乘客在这一方面获得了更多的方便,减少了体力和精力的消耗,当然最终会达到顾客满意这一目的。

写到这里,笔者不禁又想到民航总局已出台规定:从 2011 年 12 月 1 日起,国内电子售票将全部用中文显示主要信息,这不售票就更加可以为国内乘客带来更大的方便吗?

总之,通过对上述案例的分析,可以得出这样一个结论:最大限度地方便顾客,不仅是一项必须遵循的顾客满意服务准则,更应该成为实施顾客满意行为规范的重要内容。

三、应该如何注意细节?

注意细节是顾客满意行为规范绝对不能忽视的领域。那么企业和有关部门应该如何注意细节?在本书第四章第三节顾客满意服务准则之七:注意细节有十分具体的要求。下面通过案例分析对该准则的运用。

案例5-7

一次,一名老年患者在医院做白内障很成功,而且医院也很负责,在出院前,为患者准备了一周之内要服用的十几种药品:其中,有的药品需要马上服用的;有的药品需要几天以后才能服用,有的药品一天只服用一次,有的药品一天要服用几次等。面对如此麻烦的药品服用方法,患病的老人开始犯难了:本来视力就差就不好,又刚做完白内障,药品的用法又如此麻烦,真不知该怎么好。

患者在医院成功做完手术后,医生一般都会开些药品让病人服用,以利于身体的恢复,这就进入到顾客满意最后一公里的领域内。在这一领域内,如果医院要实施顾客满意行为规范,以确保高水平的顾客满意,就必须具有识别和满足顾客隐含要求的能力。那么关注服务细节,特别是人性化的服务细节就是一个重要的领域,而注意细节是必须遵循的一条顾客满意服务准则(见第四章第三节注意细节准则)。然而在本案例中可是看到,医生让患者服药的种类太多、服用很麻烦。由于医院对这一服务细节的忽视,尽管手术很成功,但是这位老年患者仍然感到不满意。也许有人说,有这么多药必须服用,又有什么办法呢?其实,只要真正树立以顾客为关注焦点的理念,并遵循注意细节准则所提出的要求,处处为顾客着想的话,办法还真是有的。

大家可以设想一下,原来让病人服药方法是把十几种不同的药品分装在十几种不同的纸袋里,患者每次服用药品时,就必须把十几种不同的药品纸袋通通识别一遍,才能找到自己所需要服用的药品,在老年患者视力不佳的情况下,即使不发生差错,每次服药都会给他带

来很大的麻烦。

但是如果换一种思路，对于这些特殊患者，更应该实施顾客满意行为规范，即需要提供一些更加人性化的药品服用办法：如果把药品的纸袋分为第一天服用的药品、第二天服用的药品、第三天服用的药品等，在药品的纸袋外面，写上第一天服用、第二天服用、第三服用的字样，如果有条件的地方，不同药品的纸袋，用不同的颜色以区别，这样不就可以给这些特殊患者提供最大程度的方便了吗？如果医院都能关注到这些人性化的服务细节的话，患者还能不满意吗？

当然，只是笔者的一厢情愿，但是至少可以为在为特殊患者提供药品服用的过程中，最大限度地为患者提供人性化服务，提供一种可以选择的新思路吧！

说实话，在顾客满意最后一公里的领域内，还有许多服务细节让顾客感到不满意的地方。例如，现在手机开始按自然月计时收费了。可是在几年前，手机的收费的结算日期可是在每月 20 日。因此，顾客使用起来非常别扭，很不方便。尽管大家都提了许多意见，但是有关部门还是强调种种理由，几年来，对这项服务始终未能得到改进。当然，现在手机开始按自然月计时收费，这才是企业向顾客提供一种人性化的服务细节。应该说，这也是依靠科学技术的进步，在手机服务的领域中，为顾客提供简单方便服务，解决顾客满意最后一公里的一个典型案例。但是这一点也同时说明，先进的科学技术并不能主动地为顾客提供各种简单和便利的服务，要做到让顾客满意，还离不开对顾客满意最后一公里的关注，更离不开遵循顾客满意服务准则对顾客隐含要求的识别，那么提供人性化的服务细节，不就是一种顾客的隐含要求吗？因为只有这样先进的科学技术，才能在顾客满意的领域里发挥最大作用。所以注意细节是实施顾客满意行为规范绝对不能忽视的领域。

四、顾客满意服务准则是打通顾客满意最后一公里的重要工具

通过对上述几个案例的分析，可以说，顾客满意服务准则是打通顾客满意最后一公里的重要工具。虽然顾客满意服务准则对实施顾

客满意行为规范的相互影响,有时往往交织在一起的,形成“你中有我,我中有你”这样一种相互依存的关系。而且顾客满意行为规范和顾客满意服务准则不是一个概念(见本章第三节)。但是两者在打通顾客满意最后一公里中的作用又是完全一致的。

1. 能最大限度体现以顾客为关注焦点的理念

只有把确保高水平的顾客满意作为企业质量管理体系追求的目标之一,才能最大限度地体现以人为本和以顾客为关注焦点的理念。因为只有把确保高水平的顾客满意作为企业追求的主要目标,才能最大限度地体现以顾客为关注焦点的理念。

同时,根据服务定义(见 GB/T 19000 的 3.4.2),由于它具有无形性和同时性等一系列基本的特征,服务是离顾客满意最“近”、贴得最“紧”、而且影响最大的一种特殊产品(见第一章第三节)。所以服务与顾客满意之间已经成为一种密不可分的“综合体”,这也为最大限度体现以顾客为关注焦点的理念提供最可靠的保证。

2. 从投入产出的角度看,能提高增强顾客满意的有效性

正如在本章开头所做的比喻:如果把企业实施的 GB/T 19010 标准的顾客满意行为规范比喻成一个“矢”(弓箭)——一种确保高水平顾客满意的“利器”,那么顾客满意服务准则就是一个“的”(目标)——一张画有许多同心圆的“靶纸”,它可以有效地提高“射箭的命中率”,实现对顾客满意目标的“精确打击”,即可以帮助企业进一步提高实施顾客满意行为规范的有效性。所以从顾客满意这个目标的角度看,顾客满意服务准则的实施,可以用最少的投入,得到最大的产出,最大限度地确保顾客满意行为规范的实施的有效性,从而使企业大大减少各种资源的浪费。

3. 顾客满意服务准则是顾客满意行为规范的重要补充

根据顾客满意行为规范定义,顾客满意行为规范是以直接达到提高顾客满意为目的一种企业行为。而顾客满意服务准则又是对顾客满意客观规律的一次归纳和总结,而且也都具有顾客满意行为规范的各种基本特征。而且顾客满意行为规范的有效实施,应该建立在识

别、确定和满足顾客隐含要求的基础之上，而要做到这一点，又离不开对顾客满意服务准则的灵活运用。

因此，从这种意义上讲，顾客满意服务准则可以成为顾客满意行为规范的一部分，并且可以为顾客满意行为规范作许多必要的补充。例如超越期望、遵守承诺这两项顾客满意服务准则，可以为实施顾客满意行为规范奠定必要的理论基础。服务安全、公平公正和处理投诉这三项顾客满意服务准则，可以为顾客满意行为规范的实施划定不得逾越的界限。方便顾客、重在受控、注意细节、区别对待和树立形象等顾客满意服务准则，又可以为顾客满意行为规范提供广阔的实施空间等（见第四章第三节）。当然，由于企业向顾客提供的产品有很大差异，这也就决定了企业实施的顾客满意服务准则和顾客满意行为规范的具体内容也会各有不同。但是企业在制定和实施顾客满意行为规范的过程中，顾客满意服务准则所提出的各项要求，是可以作为企业高水平顾客满意提供重要的依据和参考的。总之，可以这样说，掌握了顾客满意服务准则的相关内容，就能更加有效地实施顾客满意行为规范，就可以为保持高水平的顾客满意奠定最可靠的基础。而在GB/T 19010标准中对顾客满意行为规范这一新概念的提出，又为顾客满意服务准则的实施指明了新的方向。

综上所述，顾客满意服务准则可以帮助企业在实施顾客满意行为规范过程中，成为打通顾客满意最后一公里的重要工具。

五、重要结论

现在如果把全书前四章内容和本章的内容进行总结和归纳，就可以得出这样一个重要结论：企业在提供高质量产品的基础上，一定要按照GB/T 19010标准的要求实施顾客满意行为规范。但由于顾客满意行为规范是以直接提高顾客满意为目的的，所以企业还必须要善于运用顾客满意服务准则，来识别、确定和满足顾客的各种隐含要求，以“扫除”顾客满意最后一公里领域中的种种“障碍”。最终所有这一切的努力，都能为确保高水平顾客满意奠定可靠的基础。

第六章　与顾客满意最后一公里和顾客投诉有关的典型案例

本章所探讨的这些典型案例(见第一节至第五节)都具有以下特点:首先,这些案例都是近年来,特别是在2010年以来,引起众多顾客投诉,并且受到社会广泛关注的热门话题。其次,在这些典型案例中,造成顾客投诉的主要领域,都出现在企业把产品交付给顾客的过程之中,即与顾客满意最后一公里这个环节有着直接的因果关系。最后,处理和解决这些典型案例中顾客投诉的最佳途径之一,就是要实施GB/T 19010标准所提出的顾客满意行为规范。一言蔽之,我们想通过对这些顾客投诉典型案例的深入分析,向众多企业说明,打通顾客满意最后一公里的重要性和必要性。

本章最后一节,即第六节着重从正面介绍海尔企业是如何在我国家电行业的顾客满意领域中能够独占鳌头的。它从另一个成功的角度,专门来探讨海尔企业是如何实施GB/T 19010标准中的顾客满意行为规范(包括顾客满意服务准则),并赢在顾客满意最后一公里的,并且把它作为全书的结尾奉献广大读者。

第一节　京沪高铁停电事故给我们的教训

继G151在山东境内遭遇雷雨故障后,2011年7月12日,京沪高铁再次发生晚点事故,宿州车站附近因供电设备故障,造成部分列车晚点。下午1点,晚点列车恢复运行。铁道部在其官方网站发布消息称,对列车晚点给旅客造成的不便,铁路部门表示歉意。

乘客张先生称，昨天上午8点，他乘坐从北京南站开往上海虹桥的G11次列车，行驶至距京750公里处，即安徽宿州地区时，突然莫名停车，“我们都觉得奇怪，有人问乘务员，他们回答说前方出故障了，但不知道是什么故障”。由于空调也停了，封闭的车厢变得闷热难耐。有旅客开始烦躁，向乘务员询问开车时间，但得到的答复都是“不清楚”。为了通风，列车工作人员不得不将部分车门打开透气，并临时加装了防护网。坐在G11次列车一号车厢内的张先生说，下午1点左右，他身边一名50多岁的男子自称中暑，随后意识模糊。“他说自己本来就有心脏病，加上车厢里特别热，感到头晕目眩”。张先生说，男子满头大汗，脸色苍白，紧紧抿着嘴唇，坐在座位上一动不动。得知该乘客的情况后，乘务员立即在车厢内发出广播，“G11次高铁1号车厢有位乘客晕倒，有哪位旅客是医护工作者或随身携带心脏方面的应急药品，请求提供帮助”。也有许多网友在微博上转发了这条消息。随后，有热心乘客送来速效救心丸及降暑药品，服用后，该男子情况有所好转。

学生小展本应乘坐G11到上海后转车去广州，“我预订了下午两点从上海出发的动车，这下可耽误了。还不知道什么时候能开车，急死了！”……

下午1点半左右，列车终于缓缓开动，并于15点43分到达终点站上海虹桥，晚点2小时42分。

本案例的内容，与本书开头在“引子”中所涉及京沪高铁停电事故案例的内容是一样的，只是许多媒体针对乘客不满进行众多报道中的一篇。本节再次提出这些案例，更主要的目的是希望读者在学习和掌握顾客满意最后一公里的相关内容之后，一起来探讨针对这些顾客对京沪高铁停电事故的投诉和不满，找到一种能更加有效处理和解决的办法。

一、乘客不满的背后

从本案例（包括在本书引子所涉及的案例）中可以看到：因为京沪高铁的停电事故，不仅耽误了乘客的时间，而且由于车厢内过于闷热，造成乘客晕倒等造成乘客严重不满。在上述案例中乘客出现的种种不满,其实有许多都只是一些“低级错误”造成的,这些“低级错误”就包括:京沪高铁实际上在交付使用前和使用后,对频频出现的停电事故并没有做好充分思想准备和物质准备,更缺乏相应的应急预案等。其实要解决上述问题的难度,要比对京沪高铁进行科技攻关(如提高京沪高铁的安全性)的难度要简单得多。可令人难以置信的是,恰恰正是这些大量的“低级错误”,却成为造成京沪高铁乘客不满的主要原因,这实在是不可思议！它的背后说明以下几个问题。

1. 顾客不满意会被不断地被“放大”

令人感到非常遗憾是,这种顾客不满意被不断地“放大”。虽然只是在顾客满意最后一公里的环节中出现了问题,虽然只是因为京沪高铁频频停电停车,延误了乘客的行程,以及京沪高铁在停电停车后,乘客等待时间相对过长,又缺乏相应的应急预案等,由于各种因素交织在一起,无形之中乘客的不满意又被不断地“放大”了。再加上一些媒体的反复报道,使不少乘客的情绪由不满演变成愤怒,从而导致大量的顾客投诉,这岂不是实在太可惜了吗?这样的后果是,企业不仅仅为处理这些顾客投诉,耗费大量的人力、物力和财力,而且最终结果都体现在顾客满意程度的大幅度下降上面。虽然对于京沪高铁来讲只是0.1%的小小“失误”,最终却使得铁路部门的公信力和品牌形象受到极大伤害。这不也是一种100-1=0的结果吗?(见第一章第三节)。

2. 企业的投入没得到应有的回报

从企业自身角度看,铁路部门为开发京沪高铁这一新产品,集中了大量的人力物力,更是付出了艰辛的劳动。其中产品的设计人员通过反复的调查了解,根据顾客的需求,设计开发出这种顾客所需要的这种高科技产品。企业的科研人员,通过科技攻关,采用新材料、新技术和新工艺,大幅度提高了产品的科技含量。同时,在企业生产线上的管理人员和工人根据设计出来的产品图纸,采用各种质量管理的方法和手段,包括ISO 9000质量管理体系标准、六希格玛方法、卓越绩效

准则、质量管理小组活动等，对产品生产加工的全过程进行有效的控制。企业好不容易生产出来科技含量很高，而且质量可靠的产品，所有这一切的付出，本来都可以为顾客满意奠定最可靠的基础；企业的这些投入，而且理所当然地应该获得高水平的顾客满意。但令人感到可惜的是，广大顾客的这些不满和抱怨，就把企业的大量投入，以及企业在生产过程中，各类人员，包括企业的科技人员、设计人员、管理者和工人所做出的各种努力全都化为了泡影，难道这不是一种更大的浪费吗？这充分说明，仅仅因为“临门一脚”（见第一章第三节）出现了问题，就使得企业的投入并没得到应有的回报。

3. 国家的投入和产出不匹配

从国家的角度看，为了更加方便乘客外出，政府专门从财政上进行巨额拨款，花费了许多真金白银，建设了时速为 300 公里以上的高铁，而京沪高铁更是成为了我国质量水平最高的第一条高速铁路。但是国家的这种高投入，并没有得到高水平顾客满意的回报。这说明，国家和政府的投入和产出也没有相匹配。

京沪高铁的案例，正好说明，即使高铁产品的固有特性（包括高铁的安全保障系统等）能满足顾客要求，但是如果高铁产品的赋予特性（包括高铁停电停车时的应急预案等）未能满足顾客要求的话，同样会造成顾客不满意。由此可见，只有当高质量的产品成为顾客满意的产品，即包括产品的固有特性和赋予特性（见第三章第一节）都能够充分满足顾客要求时，才能够说高质量的产品能够确保高水平的顾客满意。所以对于顾客满意最后一公里的问题，我们实在是不能等闲视之了！

二、确保安全是消除顾客不满意的有效途径之一

由于这些乘客不满都是在产品交付后，即在乘客使用过程中发生的，所以要从根本上解决乘客的种种不满，一个最简单有效的方法，就必须要实施 GB/T 19010 标准所提出的实施顾客满意行为规范，打通顾客满意的最后一公里。而为了能提高实施顾客满意行为规范的有效性，当然企业还要运用顾客满意服务准则的要求，来识别、确定和

满足顾客的隐含要求。由于造成乘客不满的原因有很多,所以要解决上述问题的途径也有许多。但是在这里我们只是先从确保安全的角度来谈几点看法。因为确保安全就是顾客(乘客)的一种隐含要求,它不仅是顾客满意服务准则之一(见第四章第三节顾客满意服务准则之三),更是实施顾客满意行为规范的基本底线。

强调确保安全主要指:顾客在接受企业提供的服务之后,如果顾客的生命和财产没有危险、不出事故、不被污染、不受损失,即能把对顾客生命(包括精神)伤害和对顾客财产损坏的这种风险降到最低,那就意味着顾客接受的服务是安全的。企业要确保顾客的服务安全,除了必须要提高企业(包括顾客)的“安全第一”的意识和采用科技含量更高的安全手段之外,企业要制定服务安全标准,还要尽量提高标准的安全系数,这是确保顾客对安全性核心要求一种非常重要的手段。因为从顾客感受的角度看, 企业在制定相关安全标准时,不仅需要有安全标准,更必须要提高各种标准的安全系数,才能对顾客生命和财产提供可靠的保障。提高标准的安全系数,就是充分满足顾客对服务安全核心要求的一项重要措施。提高标准的安全系数至少包括三个方面:除了首先企业必须制定复盖面广、有一定的超前性的安全标准外,其次,企业还必须要加强对服务安全标准实施的监督和检查,最后,非常关键的一点是,就是企业还一定要有各种安全的应急预案。

那么对于京沪高铁来讲,要确保高水平的顾客满意,企业必须在提供高质量产品的基础上,还要围绕着该产品的交付和退回等一系列环节,提供相应的各种配套服务。也就是说,由于京沪高铁安全保障系统灵敏度极高,只要天气一有雷动风吹,所以发生停电停车的概率肯定会相对很高。但是令人遗憾的是,京沪高铁频发的停电事故中,顾客的强烈不满主要并不是集中在专家所关注的各种不安全因素减少这一方面。乘客似乎对此没有太多的感受,这也意味着,乘客对这种高灵敏度的安全保障系统并没有给以更多的关注(当然这并非说明不重要)。

而乘客不满主要集中体现在他们的亲身感受之中:除乘客浪费了宝贵的时间之外,如在车厢内异常闷热、没有食品和水、没有得到任何

有关列车重新启动的信息等。而且这种不满情绪的产生又往往大多数源于京沪高铁提供服务过程中的一些“低级失误”造成的(如车厢内没有通风系统、水和食品准备不充分等)。正是京沪高铁在交付使用后,因缺乏对这些顾客隐含要求的识别和满足,从而引发了顾客的大量不满。因此为了能最大限度地为乘客提供方便,针对京沪高铁必须要围绕停电停车这一现状,制定一套完整的应急预案,这些应急服务的提供至少应该包括:当列车在停电停车时,应该如何帮助等待的乘客在密封的车厢内降温?一旦有乘客身体不适,是否有应急药品?如何及时向等待的乘客提供餐饮?等等。

从顾客满意角度分析,确保安全是顾客满意的基本底线,无论是事前提高服务安全标准的超前性,还是事后要有应急预案等措施,实际上就等于把顾客的这条安全底线再“加粗加厚”。要确保这条安全底线不会被轻易突破,或者一旦底线有可能被突破时,也会有相应的补救措施——应急预案的实施,来进行补救,这样就可以最大限度地消除或减少顾客各种不满意的产生。当然,这也就等于间接地增强了顾客满意。一句话,企业只有在高质量产品的基础上,再按实施顾客满意行为规范的要求来提供服务,才是解决上述问题的最佳途径。

三、其他消除顾客不满意的思路和方法

根据顾客满意最后一公里的相关知识,针对京沪高铁的停电事故的案例,如果能运用其他顾客满意服务准则,还可以有更多顾客的隐含要求需要识别,以便使企业能更加有针对性地实施顾客满意行为规范。

例如,一旦京沪高铁出现停电停车之后,如何向等待的乘客进行解释和说明就应该成为另一项重要的应急服务的内容。因为此时此刻乘客最关心的就是列车为何停车?何时才可以启动等问题,面对乘客这些询问,如果乘务人员一问三不知,就必然会导致乘客更加不满。因为乘客处于一种对时间的失控状态,很容易会使乘客产生强烈的抱怨情绪,有的甚至会采取过激行为。那么作为乘务人员应该如何向乘客作出停车的解释?如何使乘客处在一种受控状态?这一切,都离不

开对顾客满意服务准则之一——重在受控原理的掌握和运用(见第四章第三节),因为增强顾客的受控状态就是顾客的一种隐含要求。其实所有这些都是属于GB/T 19010标准所强调必须要实施的顾客满意行为规范的范畴之内。

还有,京沪高铁在正式交付使用前,铁路的对外宣传部门只是一味突出强调高铁速度可超过300公里时速,京沪之间的运行时间可缩短到五小时以内等。但对于有高灵敏度的安全保系统,可随时带来的停电停车的后果,却根本只字未提。这就使得乘客对于京沪高铁如此频繁停电停车,缺乏足够的心理准备,实际上就等于盲目地提高了乘客的期望值。由于乘客的实际感受与乘客的期望值之间的落差加大,也必然会加剧乘客的不满情绪。如果能够按照顾客满意服务准则之一——遵守承诺原理提出的要求(见第四章第三节),即铁路有关部门在宣传高铁速度可超过300公里时速同时,也要把由于列车安全灵敏度高,所以停电停车的概率也会相对较高的事实也向社会公众明确告知,就可以有效地控制顾客过高的期望值,最大限度地减少顾客不满意等。

四、一点建议

根据京沪高铁存在的问题,如果从确保安全和最大限度减少顾客不满意的角度看,除了要大力改进一部分有缺陷的产品之外,企业应认真运用顾客满意服务准则,识别、确定和满足顾客的各种要求,特别是顾客的隐含要求,有针对性地实施GB/T 19010标准所提出的顾客满意行为规范(其中包括对应急预案的制定等),应该成为京沪高铁打通顾客满意最后一公里的重要内容之一,这也是我们从京沪高速铁路案例中应该吸取的教训。

第二节　关于"天价微博"的顾客投诉所引发的思考

案例6－2

"奉劝各位亲朋,千万别在国外开启数据漫游。我在莫斯科发了三条微博，今天中国联通问我收了3900元上网通信费，够买一个手机了，堪称史上最贵微博呀”。电影人金娜于2010年12月2日晚间在新浪微博上表示。这就是“天价微博”的来历。金娜出具的缴费单显示，账单收款日是12月2日，其中，11月份的上网费接近3000元，12月的上网费接近1000元。

据了解，金娜办理的是286元套餐，也就是联通推出的“0元购机”套餐。金娜说，她在莫斯科候机时发了3条微博，其中两张上传了图片。没想到的是，12月2日，她的手机欠费停机了。一查询才知道，欠了这么多的钱。

记者就此事咨询联通，得到的答复是，联通在计费环节上并没有问题。到底是用户使用不当？还是运营商计费不合理？电信专家认为，计费本身应该不会出错，但问题在于，对于费用已明显超出正常情况的用户，特别是出国的用户，运营商有义务提早进行告知，比如用户出国一下飞机，就应该收到运营商的提示短信，告知应该关闭哪些操作以及计费标准。

2010年12月4日晚间电影人金娜再次更新自己的微博称，4日傍晚接到来自中国联通10010客服部门的电话，客服人员“承认联通没有尽到对消费者事先告知的义务，过程中也没有尽到提醒与预警的职能，诚恳致歉并愿意接受意见，努力提升服务品质”。

为此，金娜在微博上给联通提出自己的三条建议：第一，在客户要求开通国际长途和漫游时，主动说明资费情况；第二，海外数据漫游超过用户日常使用量5倍时，第一时间以短信方式给与预警；第二，设立海外数据漫游套餐，设定封顶额。

一、“天价微博”说明了什么

从上述案例中可以看到，顾客金娜使用的肯定是一种高科技产品——智能手机（如iPhone 4手机等）。应该说，这种高质量的手机，不仅可以通话，同时还能上网，发微博，它具有充分满足顾客要求的能力，的确是一种高质量、高科技的产品。但是，就是这样一种产品，它同样也会造成顾客的不满意和投诉。在案例中，金娜她最不满意的地方主要集中在以下两点:第一点,收费太高。因为她说,“只发了三条微博,但中国联通问我收了 3900 元上网通信费,够买一个手机了,堪称史上最贵微博呀”。第二点,事先并没有明确告知。也就是说,作为使用者,金娜在发这三条微博时,事先并不知道,收费会如此昂贵。如果事先知道收费如此昂贵,也许她就不会在莫斯科发这三条微博了。

对于第一点,根据中国联通相关人士对外声称:收费太高的原因,是由于在国外漫游,所支付的费用需要与相关国家进行分成,因此无法下降。如果说,对于这一点,中国联通自己无法做主的话,那么对于第二点造成的顾客不满意,则完全应该由中国联通自己负责了。为什么说应该由中国联通负责呢?因为中国联通并没有认真识别顾客的隐含要求。根据顾客满意服务准则之一遵守承诺的内容,一旦外部环境发生了变化(如国际漫游收费高),就必须要事先(注意!必须事先)调整好顾客期望值(见第四章第三节),因为这也是顾客的一种隐含要求。因此,中国联通完全可以采用必要的技术手段,事先向顾客明示各种收费标准,以控制好顾客的期望值,最大限度地减少顾客不满意。对此我们要做进一步分析。

由于高质量的产品只是高水平顾客满意的必要条件,而并非充分条件(见第三章第一节)。因此从高质量的产品到高水平的顾客满意,还有一段不短的距离——它还会受到其他许多种种因素的影响:如产品价格、产品承诺、广告宣传、投诉处理等,这一段距离就集中体现在顾客满意最后一公里的领域内。从上述案例中可以看到,作为当事人的金娜之所以会产生如此严重的不满意,并不是针对中国联通所推出的高科技、高质量产品,而是针对中国联通对顾客没有尽到事先的责任和义务,才引发不满的。可以说,顾客满意最后一公里的领域内出现了问题,才是产生顾客不满意的真正原因。

从上述案例中可以看到,首先中国联通的计费系统是没有问题的,而且这也是按标准化服务规范进行严格管理的。例如,按中国联通网上贴出的收费标准,去不一样的国家,漫游计费标准也不一样。如去美国、加拿大、澳大利亚的话,漫游套餐为 10 元一天,限 1.2M 的

流量。而在俄罗斯,联通并没有相关的优惠套餐。也就是说,1M 的费用大约是 100 元。这一切都说明,联通是有着标准化的服务规范,这一点也不应该有任何质疑。其次,有高标准的服务规范,并不能就确保高水平的顾客满意。例如,中国联通规定:对于手机流量最高限量的封顶标准是 6G,而根据这一封顶标准,这意味着,用户只有使用到 60 多万元才能达到 6G 这一封顶标准。很显然,这样的服务规范,必然会造成顾客不满意。更何况,中国联通并没有事先向顾客明示流量的费用,这样更会产生顾客的不满意。最后,仅仅提供标准化的服务规范还是不够的,还必须提供顾客满意行为规范,才能确保顾客的真正满意。因为标准化的服务规范只能确保企业进行标准化和规范化的管理,而只有实施顾客满意行为规范,才能确保进一步达到高水平顾客满意的目的。

由于企业在向顾客交付该产品的过程中,没有实施顾客满意行为规范,同时又违背了遵守承诺的顾客满意服务准则,因此就造成了许多顾客的不满。那么企业应该如何实施顾客满意行为规范?下面对此作进一步分析。

二、GB/T 19010 标准是如何要求企业向顾客进行承诺的

因为实施 GB/T 19010 标准所提出的顾客满意行为规范,是把高质量、高科技产品向高水平顾客满意转化的一条有效途径(见第三章第一节),所以,下面结合 GB/T 19010 标准的第 6 章相关内容,就中国联通应该如何向顾客进行承诺,以避免此类顾客投诉再次发生,提出几点看法。

第一步:首先必须明确实施顾客满意行为规范达到什么目标。在 GB/T 19010 标准的 6.1 确定规范目标条款中,指出“组织应确定规范要达到的目标”。如果结合中国联通的案例,可以把目标确定为:一定要提高顾客满意程度,减少顾客投诉的产生。

第二步:收集和整理相关信息。如果中国联通要实现“一定要减少此类顾客投诉的产生”这一目标,就必须收集相关的信息,并且对这些信息做出科学的评价。根据 GB/T 19010 标准 6.2 条款所提出要

求(见附件一),收集信息的内容应该包括:规范要解决的问题是什么?这些问题是如何产生的?如何解决这些问题?等等。

结合上述要求,中国联通的相关部门,首先可以运用统计分析,对在这一领域中顾客投诉内容的分类:例如由于未能事先告知而造成顾客的投诉所占的比例等。然后,根据顾客满意的基本原理,以及遵守承诺的基本要点,对产生这些问题的原因作进一步分析。最后,根据以上分析,找出解决这一问题的最佳途径——即应该科学地向顾客进行承诺。

第三步:对如何进行科学的承诺,提出具体要求。在 GB/T 19010 标准的 6.4 制定规范条款中,对此有明确要求,例如:

——适合于组织及其顾客的规范的范围和目的;

——组织对其顾客可履行的承诺,以及与承诺相关的限制条件;

——规范中使用的关键术语的定义;

——对规范提出质询、投诉的联系人和联系方式;

——不能履行承诺时应采取的行动的说明。

上述内容只是对企业向顾客进行承诺提出的基本要求。例如对顾客满意行为规范(即承诺)实施的范围,是企业提供的所有产品?还仅仅是部分产品?是企业提供产品的所有地区?还仅仅是不分地区等。又如,对相关承诺中关键术语的理解,必须要明确,以确保企业和顾客不会作出不同的解释,最大限度避免顾客不满和投诉的产生。另外,对承诺的内容,特别是无法履行和实施的部分,必须作出必要的限制,以避免造成顾客的不满等。

三、顾客满意服务准则之一遵守承诺,给企业的启示

由于 GB/T 19010 标准的容量有限,不可能对企业应该如何实施承诺有更具体的表述,因此,作为顾客满意服务准则之一的遵守承诺(见第四章第三节),就可以充分发挥其重要的补充作用。

西方管理学家经过研究发现,遵守承诺是企业获得顾客满意的最重要的单项指标之一。遵守承诺就是通过科学地控制、约束和降低顾客的期望值,来达到增强顾客满意目的的一种重要手段。遵守承诺所

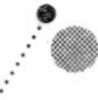

涉及的内容很多，下面重点介绍与“天价微博”这一类顾客投诉有关的一些技巧和方法，即如何调整顾客期望值的关键要点。这些关键要点包括：事先调整、理由充分等（见第四章第三节遵守承诺顾客满意服务准则的第4条）。下面作一些简要介绍。

企业在遵守承诺的过程中，往往还会出现这样一种情况：就是当企业的内部情况或者外部环境出现了某种变化时，企业遵守承诺的能力就会受到实际影响。因此作为企业，必须科学地调整顾客期望值。其中包括以下几点。

1. 事先调整

这是调整顾客期望值的第一个关键点，就是必须要在顾客购买产品和服务之前，即在企业履行承诺之前进行。请大家注意！“之前”和“之后”，尽管只有一字之差，它却反映出企业两种不同的理念，而且会造成两种完全不同的结果。

从本案例中可以看到，中国联通之所以受到许多用户的批评和投诉的关键就在于，他们并没有事先（注意，是事先！）向顾客尽到事先告知的责任和义务。而只是在事后向顾客（当事人）和社会进行了一次又一次的解释和道歉。尽管这种道歉和解释，要比没有强，但是顾客的严重不满却已经产生，而且是无法挽回了。那么，如果中国联通的相关部门，在向顾客提供这种高科技产品和服务时（即在产品交付之前），能够很好地掌握和懂得顾客满意服务准则之一——遵守承诺的相关要点的话，就不会再犯类似这样的错误，自然也就不会造成顾客如此严重的不满意。

当然，事先告知只是遵守承诺的基本要点之一，但如何进行事先告知，还必须要结合企业的产品和服务。因为中国联通表示，每个用户的情况都不太一样，有的希望提醒，有的未必需要提醒，而且提醒的额度用户要求也不同。因此中国联通必须要根据GB/T 19010标准所提出的顾客满意规范的具体要求，进行很好的策划（见下文）。

2. 理由充分

调整顾客期望值第二个关键点，就是必须向顾客告知调整顾客期望值的实际理由是什么，理由越充分，调整顾客期望值效果就越好。这是因为在许多情况下，企业调整顾客的期望值，必然会影响到顾客的实际利益。在当前消费者自我保护意识不断增强的大背景下，企业如果没有充分的理由进行说明，而是随意对顾客期望值进行调整，使顾客的实际利益受到影响的话，顾客是绝对不会买账的。当然这一要点的实施，必须建立在事先告知的基础之上。

结合本案例的内容，可以对这一要点做进一步分析。联通收费高是广大顾客不满意的另一个重要原因。但是根据有关部门了解，国际漫游期间产生的费用约75%比例都结算给国外提供网络支持的运营商，无论中国移动还是中国联通，最后实际收到的用户漫游费只有约25%。应该说这就是造成高收费的主要原因之一。如果这一原因能够事先，并且及时地向广大顾客(用户)进行告知，也许中国联通不会遭到如此众多网友对“高收费”的炮轰了。令人费解的是，中国联通对这种原因的解释，一直到事发后的好几天，才向社会公众进行说明。中国联通对这一问题的处理上，很显然又慢了半拍！因此，这也是造成顾客不满意的另一个重要原因。亡羊补牢固然很有必要，但是如果能够掌握相应的顾客满意服务的客观规律，理解遵守承诺的一些基本要点，能主动识别顾客这些隐含要求，能够未雨绸缪，不就可以变被动为主动了吗？不就可以避免这种被动挨打的局面出现吗？所以，企业在提供高质量的产品和服务时，即在打通顾客满意最后一公里领域中，还需要在产品交付的过程中，理解和掌握顾客满意的基本原理，才能确保高水平顾客满意目标的实现。

四、解决问题的途径

通过以上分析，中国联通应该能够找到解决此类顾客投诉——即打通顾客满意最后一公里的有效途径。由于不同行业，不同产品之间的差距很大，所以根据上述实施顾客满意行为规范和顾客满意服务准则提出的要求，下面结合中国联通这一具体案例进行深入探讨。

金娜在微博上给联通提出自己的三条建议：第一，在客户要求开通国际长途和漫游时，主动说明资费情况；第二，海外数据漫游超过用

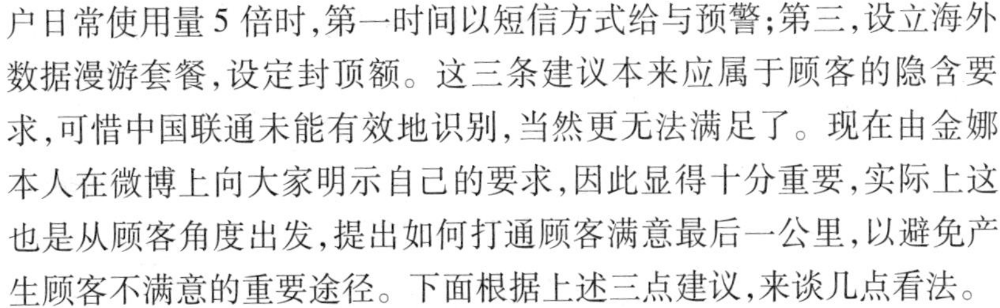

户日常使用量5倍时,第一时间以短信方式给与预警;第三,设立海外数据漫游套餐,设定封顶额。这三条建议本来应属于顾客的隐含要求,可惜中国联通未能有效地识别,当然更无法满足了。现在由金娜本人在微博上向大家明示自己的要求,因此显得十分重要,实际上这也是从顾客角度出发,提出如何打通顾客满意最后一公里,以避免产生顾客不满意的重要途径。下面根据上述三点建议,来谈几点看法。

第一条建议是,在客户要求开通国际长途和漫游时,主动说明资费情况。金娜为什么强调必须“主动说明资费情况”?就是因为如果企业不能主动说明资费情况,就一定会造成顾客不满意。所谓主动是相对于被动而言的,也就是说,只有事先告知才能算作主动,如果事后告知只能算作被动。

而如何进行主动向顾客进行事先告知,也不是一件简单容易的事。因为每个用户的情况都不太一样,有的希望提醒,有的未必需要提醒,而且提醒的额度用户要求也不同。因此中国联通必须对不同用户的不同需求,提供不同的事先告知义务。例如当顾客在开通国际长途和漫游时,只有企业能够主动(注意!只有事先告知才能获取主动)向顾客说明资费情况,顾客才能根据资费情况来决定是否使用中国联通所提供的服务产品,从而就可以最大限度地避免顾客投诉的产生。因此有专家建议,特别是出国的用户,相关企业(如运营商)有义务提早进行告知,比如用户出国一下飞机,就应该收到运营商的提示短信,事先告知应该关闭哪些操作以及相关计费标准。也就是说,根据顾客满意公式所提出的基本原理,只有通过事先告知这种措施,才能有效地控制顾客期望值,以最终确保达到顾客满意的目的。

第二条建议是,海外数据漫游超过用户日常使用量5倍时,第一时间以短信方式给予预警。因为按中国联通网上贴出的收费标准,去不一样的国家,漫游计费标准也不一样。而俄罗斯又属于国际五区,资费本来就高,加上金娜发的微博是图片,使用的流量更大。正因为如此,金娜就认为,一旦海外数据漫游超过用户日常使用量5倍时,就必须在第一时间以短信方式给予预警。这也是一条最大限度预防顾客不满意的重要措施。因为如果企业能够在第一时间内以短信方式给予预警,就可以有效地防止“天价微博”这种情况的出现了。

第三条建议是,设立海外数据漫游套餐,设定封顶额。据了解,联通的数据流量是6G封顶,若超过此数字,数据功能才会自动关闭。但决不能当顾客花费到60多万元以后,中国联通才提供相关的告知义务。所以金娜提出:设立海外数据漫游套餐,设定封顶额,其目的只有一个,这样就可以有效地控制顾客的费用支出。因为通过设立套餐,就可以使顾客对费用支出的情况能够做到心中有数,一目了然。如果用顾客满意理论的观点进行解释,采取这一措施就可以有效地控制顾客的期望值,从而为顾客满意奠定可靠的基础。

五、几点启示

通过对“天价微博”这一案例的分析,可以得到以下三点启示;首先,高质量的产品未必能够确保高水平的顾客满意。其次,学习和掌握顾客满意相关理论,以及遵守承诺的基本要点,对于保持高水平的顾客满意是十分有用的。最后,运用顾客满意服务准则来识别和满足顾客隐含要求,有效地提出的实施顾客满意行为规范,是解决上述问题的重要途径。

第三节　为什么众多顾客对银行乱收费现象存在严重不满

针对部分银行业金融机构2011年7月1日至5日违规收取的人民币个人账户密码挂失费,国家发展改革委要求各地价格主管部门在全面检查的基础上,责成相关银行业金融机构将违规收费全额退还给客户。对于擅自推迟取消人民币个人账户密码挂失费时间的行为,8月中旬,国家发展改革委员会依法对中信银行总行、兴业银行总行分别作出罚款200万元的行政处罚,对中国邮政储蓄银行总行作出罚款180万元的行政处罚。

银行这种“乱收费”做法已经由来已久，已遭到众多顾客不满。早在2010年6月4日，国家发改委、中国银监会紧急叫停该项收费。有关银行也已主动暂停了相关收费，并表示今后对于涉及公众利益的服务收费项目，将慎重考虑，审慎出台。

因为虽然针对银行乱收费的现象，国家发改委、中国银监会已经紧急叫停，但是仍然还有一些企业还在乱收费，并且再次引起了广大顾客的严重不满。这次，国家发展改革委员会之所以要对这些企业实施严厉的行政处罚，其目的在于提醒各银行业金融机构必须不折不扣地执行国家的政策法规，不得以任何理由擅自推迟执行监管部门的文件规定。各银行业金融机构应以此为诫，切实提高依法收费意识，自觉维护客户的合法权益，要确保顾客满意。

据2010年8月22日央视CCTV—新闻台《每周质量报告》的报道，目前银行提供的服务项目超过3000种，随之而来的是收费项目激增，如今大大小小的收费项目，竟然已经超过750种。由于银行对收费项目和标准提示力度不够，导致消费者莫名“被扣费”的现象很严重。例如近日，多家银行在国内部分城市将ATM机同城跨行取款手续费由每笔2元上调为4元，尽管只涨了2元钱，但引起的波澜却不小。

据报道，2010年上半年16家上市银行共实现手续费及佣金收入1498.29亿元。其中，工、建、中、农四大行手续费及佣金净收入共计1212.96亿元，同比增长301.58亿元，增幅高达33.09%。面对众银行业务收入的高速增长，而顾客频频质疑银行“乱收费”的声浪也越发强大。

一、这些现象说明什么

银行是提供金融服务的企业，但是有服务一定就有顾客满意吗？不一定！这就如同一句广泛流传的广告语：“并不是所有牛奶都可以称为特仑苏”一样，也并不是所有服务就可以带来顾客满意的。换言之，如果银行提供的各种服务，没有按照顾客满意服务准则来识别、确定和满足银行顾客的种种隐含要求，并且有针对性地实施顾客满意行为规范的话，其结果必然是顾客不满意。引起顾客不满的重要原因之一，就是服务收费的不合理和不透明。当前，银行乱收费现象所引发的广大顾客的严重投诉和不满，就是一个很好的案例。

二、解决问题的基本途径

实施 GB/T 19010 标准所提出的顾客满意行为规范，是解决上述问题的一条基本途径。

首先，在 GB/T 19010 标准的总则中强调指出："顾客满意行为规范由承诺以及相关规定构成，包括产品交付、产品退回、顾客信息处理、广告，及与具体产品属性或性能有关的规定"。也许有人认为，由于银行提供的金融服务不同于制造业所提供的实物产品，所以银行提供的金融服务并没有交付过程。其实这只是一种误解。银行所提供的金融服务过程，有一个很大的特点，就是银行提供金融服务的生产和交付过程，与顾客接受金融服务的消费过程是结合在一起的，这是由于服务的同时性所决定的。所以，银行所提供的金融服务过程，不仅是银行的一种生产服务过程，同时也是一种向顾客交付服务的过程。所以银行提供的金融服务过程，是完全可以实施顾客满意行为规范的。另外，顾客满意行为规范也可以在银行的"广告及与具体产品属性或性能有关的规定"等领域进行实施。也就是说，银行在其广告和承诺的领域中，也有充分实施顾客满意行为规范重要空间。

其次，在银行提供金融服务的过程中，由于银行提供的金融服务不同于制造业提供的实物产品，所以问题主要出现在产品的赋予特性上，而产品的价格是赋予特性的重要内容之一（见第三章第一节）。因为普通顾客在选择银行时，更看重的是企业是否能提供顾客满意的服务，所以银行的服务水平和收费标准的高低对其客户规模有着重要影响。如果银行不提高服务水平，而是斤斤计较于一些服务收费，在激烈竞争的市场中，这样的银行最终会损害自身的竞争力，必然会造成顾客大量流失，从而丢掉市场。

最后，上述顾客不满和投诉的出现，都是由于在产品交付过程中没有很好地实施顾客满意行为规范才出现的问题。除了可以按照

GB/T 19010 标准的 6.4 条款的要求进行承诺(见本章第二节)以外，运用顾客满意服务准则来识别顾客的隐含要求，又可以为企业从另一个角度，来寻找解决问题的办法。这就是通过顾客满意行为规范，来帮助企业能实施有效的“精确打击”——即识别、确定和满足顾客在银行服务领域中的隐含要求，来打通顾客满意最后一公里，为提高顾客满意程度助一臂之力。

三、重在受控准则在银行服务领域中的具体运用

让顾客处在受控状态是顾客的一种隐含要求。作为金融企业，银行如果要确保高水平的顾客满意，就一定要让顾客处于受控状态之中。这是因为，服务最本质的特点就是具有无形性，它是属于一种“看不见，摸不着”的特殊产品。在这种情况下，如果使顾客在接受服务的过程中，企业能够及时地提供各种相关的服务信息，使顾客处在一种受控状态，就可以让顾客满意。结合本案例，银行在提供的金融服务的过程中，能够把银行收费的信息，及时地、明确地事先传递给顾客，就会使顾客对服务产生一种稳妥感、放心感、踏实感和信任感，就可以让顾客处在受控状态。重在受控(见第四章第三节)就是对这种状况的一种归纳和描述，因为它可以有效地增强顾客的满意程度。反之，如果顾客在接受服务的过程中，没有获取足够和有效的服务信息，例如各种收费信息既不合理又不透明，就必然会使顾客对服务的进程失去控制，就必然会造成顾客的不满意。

在进入信息化社会的今天，当前顾客在接受服务的过程中，就更需要获取越来越多的有效信息，它已经成为增强顾客受控感的重要前提条件。因为现在越来越多的顾客在接受服务的过程中，都越来越离不开对各种服务信息的有效提供，而这些信息的提供，就充分地体现了对顾客受控感的重视和关注。一句话，如果企业能够重视和关注顾客在各种状态下的受控感，确保顾客能获取相关的有效信息，就可以提高顾客的满意程度。

因此根据以上分析，作为提供金融服务的银行，就必须要尽可能地为增加顾客的受控感而努力。为此，我们提出以下三条措施。

四、三条必要的措施

为了能够更好地解决上述银行乱收费的问题，提高顾客满意程度，实施顾客满意行为规范至少应该包括以下三个方面的具体措施：收费要公平合理、收费要公开透明和信息沟通必须有效。这里除了第一条之外，其他两条都与重在受控的准则有关。

1. 收费要公平合理

有专家分析，国有商业银行不能等同于普通商业银行。一定要记住老祖宗“君子爱财，取之有道”的教诲，不能唯利是图。也就是说，应该把确保高水平的顾客满意，作为企业追求的最高目标。只有在树立这一理念的前提下，对于银行的各种收费进行清理，使各种收费必须建立在公平合理的基础之上。因为公平公正也是确保顾客满意服务的重要准则之一（见第四章第三节），只是因为篇幅有限这里不再详细论述。

2. 收费要公开透明

如果从重在受控原理看，顾客对银行乱收费之所以不满，主要还是因为顾客处在一种失控状态。而这种失控状态的出现，关键在于银行对许多收费没有事先明示。而正是由于这种事先没有明示的收费方式，触犯了众怒。

“其实我觉得银行收手续费也不见得不合理，最重要的是要做到公开透明，提高金融服务的质量”。一位网友的留言道出了大多数顾客的心声。这是因为如果不能做到事先公开透明的种种收费（尽管有些收费是合理的），只要使顾客处在一种失控状态，而这种失控状态的出现．就必然会造成顾客不满。例如，有的银行有时会向顾客推出免费试用 3 个月的服务项目，可 3 个月后，银行却不自动停止该项目，也不提醒免费期已经过去，就直接继续提供服务，默默扣费。这样做就很不合理，根据重在受控原理，起码银行应该事先向顾客再提示一下。又如，有的银行为顾客提供短信提示服务：称“您尾号为××××的银行卡在××时消费人民币 1000 元，特别提示”。很多消费者都收到过

类似银行发出的短信提示，消费者也觉得，这样的提醒方式方便又实用。但很少人知道，银行会为这种便利的提示方式每月收取2～3元的费用（一年下来就得花上30多元），而这种费用的收取也没有事先向顾客进行提示等。

因此，根据重在受控的基本原理，今后银行对顾客进行的任何合理收费，都应该事先向顾客进行明示，这是消除顾客不满意的最重要的措施之一。当然，如果银行收费不合理，就算事先明示也是没用的。

3. 信息沟通必须有效

既然银行进行收费的项目应该向顾客进行明示，并做到公开和透明，那么就要保持在与顾客进行沟通过程中，各种收费信息的传递必须是有效的。因为不少银行的顾客指出，银行收费项目的信息披露的方式，即与顾客进行信息沟通的方式是一个大问题。有记者从多家银行网点了解发现，银行很少主动告知费用上涨的情况。除了工行和招行在网上有比较详细的收费标准公告外，其余各家银行都只是张贴了部分服务、业务费用明细。而在部分银行的24小时自助银行里，只有招行张贴了收费明细公告，但是看的人也寥寥无几。许多顾客建议银行最好在顾客户办理业务时在柜面对面事先告知客户，作出提醒："毕竟银行条款那么长，很多人不会细看，当面告知就很好"。许多顾客认为"其实我们也能够适应银行收费，但关键是收在哪里、收了多少要让我们知道"。由于一些银行与顾客信息沟通的方式和手段有误，也必然会使顾客处在一种失控状态，从而引发顾客不满意。

其实在GB/T 19010标准的指导原则中就强调，对于实施顾客满意行为规范的透明性提出了具体要求"应向顾客、员工和相关方公布规范"（见4.4条款 透明），同时强调对于实施顾客满意行为规范还必须要做好企业内外的各种沟通，而且在GB/T 19010标准的附录I对如何进行有效的外部（与顾客进行）沟通提出了详细要求。其实这些内容都是增强顾客受控感的有效措施，只是篇幅有限，这里就不再详述。

第四节　从汽车4S店的种种“潜规则”谈起

案例6－4

中国消费者协会在2011年7月16日发布2011年上半年投诉统计显示，今年上半年，汽车投诉达到8235件，比去年同期上升32.4%，投诉量创历史新高。其中有许多顾客是针对汽车4S店存在种种“潜规则”而提出的投诉。4S店是由汽车生产商授权建立的，涵盖了整车销售、零配件供应、售后服务、信息反馈四项功能。在车主眼里，4S店代表的是正规的服务，是值得信赖的。但也有个别4S店为了牟利，在汽车销售和维修过程中玩起了种种“潜规则”。

据了解，××、×××、××等近10家进口豪华车4S店都存在加价销售现象，少则几万，多则几十万。像××轿车，如果提现车，顾客要在官方指导价基础上再加价3万元。如果不加价，消费者就只能等，至于等多长时间，那就要看前面有多少愿意加价的消费者。在某4S店内，记者听到这样一组对话。顾客问：“这车有现货吗?”销售人员回答：“没有，都被订了”。顾客：“可是我看见你们店后面停了很多辆呀，都被订了?”销售人员：“是呀，不过你要的话，可以加1万元，马上提车”。那位“财大气粗”的客户当场愿意加钱提车，而他买的不过是一辆售价14万元的两厢车。在另一个4S店内，“××只有1.4T，有现车，但这几辆现车都要加价，加价幅度从5000元已经飙升到8000元”。一位销售人员告诉记者。而热销车高尔夫6的“加价费”也从上市之初的数千元上升到1.5万元……。让顾客更为不爽的是，所有加价部分的钱，4S店都不给开发票。

还有，曾一度是品质和诚信的代名词的4S店，却不断有车友报料，4S店“宰车”不仅毫不手软，而且更加“心狠手辣”。在整车销售领域。有记者近期走访车市，发现加价卖车、“坐地起价”，拿“调货费”、捆绑精品、不退订金等怪象频出，让消费者大呼“很受伤”。在售后服务领域，由于绝大多数人不懂汽车维修知识，一些4S店也常将维修的

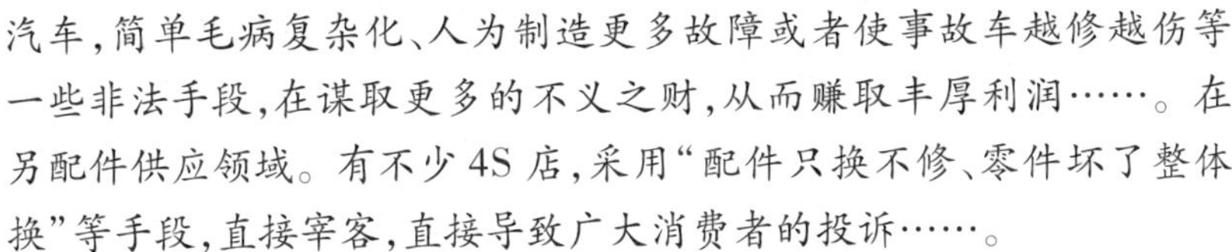
汽车，简单毛病复杂化、人为制造更多故障或者使事故车越修越伤等一些非法手段，在谋取更多的不义之财，从而赚取丰厚利润……。在另配件供应领域。有不少4S店，采用“配件只换不修、零件坏了整体换”等手段，直接宰客，直接导致广大消费者的投诉……。

一、对上述问题的分析

上述案例所反映的问题，是当前在许多汽车4S店中存在的一种比较普遍的“潜规则”现象。“潜规则”是相对于“明规则”而言的，它是指明文没有规定，却又被广泛认同的一种规则。这些“潜规则”现象的存在已经造成许多顾客的严重不满。造成顾客不满的原因有许多；例如在销售汽车的过程中，随意向顾客加价，在售后服务和零配件供应中，夸大汽车存在的问题、故意以次充好再欺骗顾客等。之所以会造成顾客如此严重的不满，一个很重要的原因就是这些汽车4S店所提供的服务，远远没有达到顾客的期望值而造成的。也就是说，这些企业所提供的实际服务水平和和对顾客所作出的种种承诺大相径庭。为此我们有必要作进一步分析。

上述问题的出现，都存在的这样一些特征和规律：首先，这些顾客的不满和投诉大都发生在产品交付之后的领域之中。其次，这些问题的出现并不一定都与汽车产品的质量有直接的关系，而且这些问题的出现也不一定都与标准化的服务规范有直接的关系。最后，对于汽车行业来讲，产品交付之后的领域，如某些汽车4S店来讲，由于这些“潜规则”存在，所以已经成为造成顾客不满意的重灾区。一句话，还是顾客满意的最后一公里这一环节出了问题。

二、问题背后的原因

如果从顾客满意最后一公里的角度看，作为汽车企业的经营者存在着许多认识上的误区。

首先，不能正确认识质量和顾客满意之间的关系，认为高质量的产品就一定能够确保高水平的顾客满意。有些汽车企业只是把质量管理的主要精力放在产品的设计开发、加工制造的过程中，都希望通过加强对质量管理体系的有效运作,确保企业产品的高质量,这当然是毫无疑问的。而且必须看到,高质量的产品虽然给顾客满意奠定最可靠的基础,但是,高质量的产品并不一定能够确保高水平的顾客满意。因为如果在汽车交付(包括销售和维修)的过程中,有些汽车的4S店,利用自己的垄断地位,向顾客随意加价,尽管顾客购买的汽车是著名品牌,尽管顾客购买的汽车是高质量的,但是试问,这些购买无故加价汽车的顾客能满意吗?显然是不能的!

在这种情况下,顾客一定会对该企业的品牌和汽车的质量带来相当多的负面影响,也一定会影响到企业的知名度和美誉度,尽管这些问题的出现,对汽车企业来讲,也许是不公平——因为它与企业在设计开发和加工制造过程中的巨大投入和付出相比,对于产生的种种顾客不满意,可以说是很不匹配的。因此,这也为一些知名汽车制造企业敲响了警钟。

其次,不应该忽视对顾客满意最后一公里的管理和控制。相对于汽车的生产全过程来讲,汽车4S店提供的整车销售、维修保养以及零配件供应等服务,是属于全过程中的终端,它实际上距离高水平顾客满意的最终目标,只差一步之遥。虽然只有一步之遥,但是它却会影响到企业对高水平顾客满意这一目标的追求。因此作为已经实施质量管理体系的企业来讲,除了必须要重视对产品的设计开发和加工制造过程中,强化质量管理以外,更不应该忽视对汽车的4S店的管理和控制。

最后,要正确处理服务规范和顾客满意行为规范之间的关系。有不少人认为有标准化的服务规范也能够确保高水平的顾客满意。其实这是认识上的错误。因为有了标准化的服务规范,只能为高水平的顾客满意提供一种基础,而并不能直接产生高水平的顾客满意。

三、解决问题的思路

解决上述问题的基本思路是两条:除了顾客需要提高自己的维权意识以外,企业需要采取更加有力的措施,加强质量管理。作为企业针对上述问题,首先必须要树立正确的理念。其次要按照GB/T

19010 标准实施顾客满意行为规范。上述两条就是解决问题的重要措施。

1. 企业必须树立正确的理念

产生上述问题的原因，与企业树立的经营理念有十分密切的关系。因为错误的指导思想必然会产生错误的行为。例如有些汽车 4S 店经营管理者把利润最大化，作为企业追求的目标。如果把这一错误理念作为企业的经营管理的指导思想，必然会有一些 4S 店，在销售整车的过程中，随意加价、在维修过程中，以次充好，弄虚作假等，出现上述问题当然就不足为怪。因为这些问题的出现，都与上述错误理念的指导有密切的关系。

另外，一些汽车 4S 店推出各种服务时，广大老百姓最为反感的、最容易引起顾客强烈不满和投诉的，除了虚假承诺之外，就是某些不良企业所推出的"霸王条款"，这些企业恰恰利用老百姓对企业承诺的一种信赖，干起了不法的勾当。例如有些 4S 店，利用消费者处于一种相对弱势的地位，在销售汽车的过程中，对于一些畅销品牌的汽车随意涨价，消费者只能被迫接受。还有些 4S 店，利用顾客缺乏相应的专业知识，在维修过程中，把简单毛病复杂化，零件坏了整体换，以牟取巨额暴利。更有些 4S 店，干脆就推出虚假承诺，以次充好，以假乱真，大赚黑心钱。

这些人误以为，现在是市场经济了，作为企业应该把利润最大化作为追求的目标，因此有的企业以为只要挣到钱，就可以为所欲为，什么虚假承诺，什么坑蒙拐骗等手段都可以采用。其实质是对市场经济的严重误解。可以相信，随着我国市场竞争的日趋公平、公正，不诚实者必将被无情地淘汰。

2. 必须实施顾客满意行为规范

从目前众多汽车 4S 店出现的种种问题看，另一个关键问题就是许多企业忽视了对产品交付领域的管理和监督。如果从 GB/T 19010 标准的角度看，就是忽视了对顾客满意行为规范实施。

众多汽车 4S 店为顾客提供的服务几乎涵盖了有关汽车的"产品

交付、产品退回、顾客信息处理、广告及与具体产品属性或性能有关的规定”(见 GB/T 19010 标准的总则)的全过程。而恰恰在这些产品交付和退回的各种领域中,因为没有很好地实施顾客满意行为规范,才会引发众多顾客的不满,造成大量的顾客投诉。

要知道实施顾客满意行为规范核心就是企业必须要言而有信、说到做到、遵守承诺。也就是说,实施顾客满意行为规范的根本目的,就是为了提高顾客满意,而遵守和履行承诺就是达到这一目的的重要途径。然而让人遗憾的是,有不少汽车 4S 店恰恰在这一点上,违背了自己的承诺,尤其运用的是“潜规则”,即不能公开在阳光之下(如汽车加价不开发票等),这些行为当然是与顾客满意的宗旨背道而驰的。

3. 公平公正等准则在汽车 4S 店领域中的运用

汽车 4S 店造成顾客不满意的原因都是多方面的 ,并且涉及很多顾客满意服务准则所提出的相关要求,例如它违背了遵守承诺(如言而无信)和重在受控(如随意加价) 等这些顾客满意服务准则的要求。而在本案例中,我们着重探讨公平公正这一顾客满意服务准则对顾客满意的影响。

公平公正是顾客满意服务的重要准则之一(见本书第四章第三节:顾客满意服务准则之四)。公平公正它既是社会的稳定基石,又是确保绝大多数顾客满意的基本保证,因为市场经济本身就是一种公平公正的经济。

如果说,国家有关部门制定的法律法规以及出台的各种规定,是从国家宏观角度来保证顾客公平公正权利的话,那么在这里强调确保顾客与顾客之间,都应该具有公平公正的权利,则是从企业微观的角度,保障顾客公平公正的合法权益。除了从宏观角度看,国家有关部门出台的标准和规定,保证公平公正之外,从微观角度看,强调企业自律,更是保持公平公正的有效措施。因为企业在为顾客提供产品和服务过程中保持公平公正,是确保顾客满意的重要基础。

可惜的是,现在不少汽车 4S 店,就缺乏这种企业自律, 而是采用各种借口,随意加价。例如用“调货费”的借口来加价:某顾客看中一款新车,试驾后非常满意。销售人员却告诉他提车要等到 8 月底。某

店的销售顾问告诉该顾客:“在其他城市的分店刚好有一辆现车将到店,如果愿意加4500元‘调货费’就可以特批给他”。又如，以换代修是4S店常用的牟取维修暴利的方法。在4S店,能修的一般都不给修,直接换配件。还有一种方式,就是把小故障按照大故障来维修,以达到多换配件的目的。扩大维修损失,少则两三千,多则四五千,甚至上万。这些手段其实就严重违背了公平公正的顾客满意服务准则,是造成顾客严重不满的重要诱因。

4. 必须打通顾客满意的最后一公里

其实归纳起来,要打通顾客满意的最后一公里,主要做好三方面工作:首先要有正确的指导思想。因为无论是霸王承诺,还是虚假承诺,都与企业树立错误的指导观念密切相关。如果人人都能信守自己的诺言,都把信誉看得比金钱比生命还重要,社会上会有那些乱七八糟的事吗？其次,有关部门(如质监、工商等)还必须对一些不法行为进行狠狠地打击,必要时,应绳之以法。最后,还需要对企业的经营管理者进行自我教育和实施GB/T 19010标准所提出的顾客满意行为规范,来强化企业的自律行为。

第五节　标准化菜市场面临的尴尬

案例6－5

据2010年10月27日的××市《××日报》,以“价格高 品种少 ××标准化菜场陷经营困境”为题(同时2010年10月27日CCTV－新闻频道的共同关注栏目中,以“‘标准’不便宜　标准化菜场面临窘境”为标题),对目前该市标准化菜市场的现状进行了报道。报道称:

××市首家开张的标准化菜场——虹口丰园菜场,由于经营不善已正式关门,原址悄然变身为一家火锅城。实际上,面临经营困境的标准化菜场并非独此一家,此前沪太路、西宝兴路等地段的标准化菜场也由于经营不善被迫关闭或转型。

丰园菜场是××市推行的五个标准化菜场试点之一,2005年1月开张营业。提起这家曾经的菜场,很多人都连连摇头,认为这家菜场很多摊位都放在二楼,每天买菜还要爬楼,很不方便,而且菜场里品种不全,价格也没优势。就在距离原丰园菜场的所在地仅数百米处,还有另一家凉灵标准化菜场,记者来到这家菜场,发现菜场内顾客同样非常稀少。而与之形成鲜明对比的是,另一家与原丰园菜场仅隔一条马路的广粤副食品市场内却人潮涌动。

记者对比了一下两个菜场内的价格,发现相差悬殊,如凉灵菜场内的黄瓜价格是每斤3元,而广粤市场内的黄瓜最贵的也只不过每斤1.8元,茄子、茼蒿等菜品的价格每斤也相差约1.5元。广粤市场管理方告诉记者,市场之所以受到顾客欢迎,主要是由于摊位费较低,以16平方米的摊位为例,租金约在1.2万元一年,比同地段的标准化菜场要便宜一半,因此菜价优势十分明显。而价格实惠、交通便利、菜品丰富是顾客选择菜市场最重要的三个因素。

这与三年前,××市大张旗鼓地宣传和建设标准化菜市场的氛围相比,显然低调了许多。当年,××市有关部门把建设标准化菜市场曾作为市政府为老百姓办实事的项目来抓。经过连续3年,全市具备条件的600余家菜市场已全部完成了标准化改造,占当年全市菜场总量的75%左右。然而事过境迁,也许,谁也没有想到三年后的今天会面临着如此尴尬的局面。为什么有关部门投入大量资金建设的标准化菜市场,却得不到顾客的欢迎和拥护?这是什么原因造成这种难堪的局面?在当初建设标准化菜市场过程中,人们在认识上是否发生某些误区?我们认为很有必要对此作进一步的分析。

一、问题的提出

几年前,××市有关部门按标准化要求建立了几百个标准化菜市场。在这些标准化菜场内出售的蔬菜,有标准化的生产基地、标准化的生产要求、对生猪或肉品等还有标准化的追溯系统等,它最大的好处是,可以最大限度地为市民提供放心蔬菜。再加上标准化菜场内,摊主们都穿着统一的服装开展销售,按照标准化菜场的管理规范,这

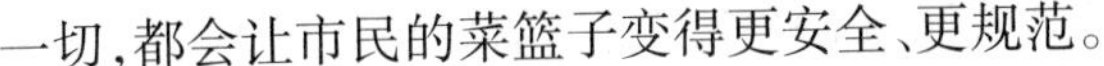

一切,都会让市民的菜篮子变得更安全、更规范。

然而令人遗憾的是,就是这样的标准化菜场,现在却有些“叫好不叫座”。当然,造成这些标准化菜市场尴尬的原因有很多,但在本案例中,还是想从顾客满意最后一公里的角度上进行分析。其中第一个重要原因就是,这些标准化菜市场供应蔬菜的价格,要远高于其他普通的菜市场所供应的蔬菜,所以造成了顾客不满意。由于上菜场的消费人群,65%是附近年纪较大的居民,20%是上下班图方便的上班族,还有15%则是年轻人,因此,价格实惠就成为顾客满意的最重要因素之一。那么为什么蔬菜的价格会远高于其他菜市场的蔬菜价格呢?其中重要因素之一,就是因为建设标准化菜市场的硬件投入成本太高。因为根据2005年出台的××市《菜市场的设置和管理规范》地方标准的内容中,对标准化菜市场的场地要求、设施设备、场内布局、商品陈列与销售要求、商品准入、包装要求、卫生要求和管理等都有非常具体的要求。而这一切,都无疑会增加标准化菜市场的经营成本。因为这些投入都会分摊到租赁标准化菜市场的每一个摊位的商户中,这就必然会导致蔬菜价格的上升,而最终结果必然会转嫁到每一位顾客身上。当然还有其他导致顾客不满意的各种因素:网点的设置不合理、购物不方便、蔬菜的品种太少等,因此就造成了现在这种标准化菜场尴尬的局面了。

由于这种标准化菜市场并不能给顾客带来满意和认可,因此在经营几年之后,现在有一些标准化菜场已经出现了倒闭。

二、问题的背后

通过这一案例可以看到,即使有了高水平的标准化服务规范(如有了标准化菜市场),也并不一定能够确保高水平的顾客满意。也就是说,有了高水平标准化的服务规范,并不是高水平顾客满意的充分条件,而它只是高水平顾客满意的必要条件。当然,我们决不是要否定服务标准化对达到顾客满意这一目标所起到的重要作用。应该说,服务标准化是顾客满意的重要前提和必要条件,这一点是不应该有动摇的。从某种意义上讲,没有服务标准化也就没有顾客满意。

例如，由××市副食品行业协会负责起草的《菜市场的设置和管理规范》中,有很多内容都是值得称道的：例如对菜市场防火安全要求、对菜市场的食品卫生要求等。毫无疑问,标准化菜市场对这些要求的提出,已经成为顾客满意的基本底线。因为如果安全(包括食品安全)出了问题,一切顾客满意度无从谈起。但同时,我们还必须看到,在该标准中,有些要求是否过高?如场地的装修(见该规范4.4条款)要求、柜台设置要求(见该规范7.1条款)中的某些条款等,是否超出了目前我国实际的消费水平?因为所有这些投入都会大大提高经营成本,最终都会导致蔬菜价格的上升。所以说，服务标准化只是顾客满意的重要前提和必要条件,它并不能就一定能够确保高水平的顾客满意。

上述案例告诉我们这样一个事实:当相关部门在制定标准化服务规范(包括标准化产品)时,必须要把追求顾客满意作为制定标准化服务规范的目标。在这里还必须要引入顾客满意服务准则之一:超越期望的相关内容(见第四章第三节)。因为该准则强调,只有在核心服务领域中超越顾客期望值,才能使顾客满意有“质”的突破。

三、深层次原因之一：没有在核心服务领域中满足顾客要求

根据超越期望准则提出的要求,对任何企业而言,如果要达到增强顾客满意的目的,一定要首先紧紧抓住顾客对核心服务的要求,因为只有顾客对核心服务的要求得到了满足,顾客满意才有最基本的保证,同时也可以大大提高顾客满意的有效性(见第四章第三节:准则之一超越期望)。这一点似乎更能体现“精确打击”的观念(见第一章第三节)在顾客满意服务领域中的运用。例如在建设标准化的菜市场过程中,首先必须考虑的是顾客对菜市场核心要求的满足。如果从顾客满意角度出发,作为制定服务标准化的相关人员,就不仅要考虑蔬菜的标准化生产基地和蔬菜的标准化等要求,同时更应该考虑,什么样的标准化蔬菜价格广大市民是可以接受的,因为蔬菜价格的高低是属于顾客对菜市场的核心需求(这也是顾客的一种隐含要求)。如果对于过高的标准化蔬菜价格(如高于一般普通蔬菜价格一倍以上),广

大市民难以承受的话，就应该暂时停止推广这项标准化活动（或者只在部分地区推广），因为时机还不成熟。只有当广大市民的经济收入达到一定水平之后，再推广这项标准化活动，也为时不晚。

1. 周末蔬菜直销市场为什么更受顾客欢迎

与此相反的是，北京的周末蔬菜直销市场更受顾客欢迎。2011年10月1日，温家宝在北京市北航社区的蔬菜直销市场向蔬菜销售人员和居民了解情况。据新华社报道：芹菜8毛钱一斤，白菜6毛钱一斤。在北京试点的周末蔬菜直销市场里，蔬菜就这么便宜。而北航社区只是商务部和北京市日前联合启动试点"周末车载蔬菜市场"进社区的试点场所之一。

首批已在北京海淀区、朝阳区、丰台区、石景山区共设立4个市场。市场每周六上午营业，由京郊地区蔬菜生产专业合作社进城直接销售蔬菜，减少中间流通环节的成本，社区又免去菜农的租金、管理费，蔬菜既新鲜，价格还比周边市场便宜15%，个别品种甚至低出50%，每个市场的日均销售蔬菜超过万斤。由于周末蔬菜直销市场在核心服务上——即在价格实惠方面，能充分满足顾客的要求，因此才深受顾客的欢迎，所以这一做法还将在全国范围推广。

为此，温家宝总理专门和商务部、北京市负责人商量如何进一步做好蔬菜直销市场工作，叮嘱他们要进一步采取政策措施，加大扶持力度。对农民要从种植技术、生产设施、运菜车辆购置、交通便利等方面给予扶持和帮助，对各种蔬菜市场要减免租金、摊位费和其他管理费用，同时要在城市周边多建立些蔬菜基地，加强农产品区域合作，完善蔬菜流通网络，真正建好城市"菜篮子"。

2. 标准化菜市场为什么缺乏竞争力

应该说，蔬菜价格高是当前众多标准化菜市场缺乏竞争力的主要因素。目前我国的多数菜市场大都采用政府引导和市场化运作这种模式，而菜市场的投资主体往往是个人和房地产公司为主体。有关部门调查发现，从2000年社区菜市场私有化以来，10年间菜市场的租金竟然是商场的16倍之多。而这些租金的上涨必然会转嫁给消费者。如果这些问题不解决，标准化菜市场搞得再好，顾客仍然接受不了。据了解，香港的房地产价格奇高，但是菜贩并没有租金的巨大压力，这是因为香港菜市场的业权归属于政府，政府以补贴方式鼓励菜贩进入菜市场，以稳定物价。

事实上，在目前我国城市标准化菜市场建设过程中，政府并没有少花钱，据《瞭望》(2011 年 21 期)报道，在目前的一些试点城市中，每个标准化菜市场都能享受到 120～200 万元的各种政府资金支持。由于政府花钱，但是并没有掌握菜市场的菜价调控权，使得这些菜市场成为某些个人和部门的摇钱树，完全是资本说了算，菜价又怎么能够得到有效地控制？如果菜价不能得到有效地控制，即在核心服务领域内没有充分满足顾客要求，这又如何能够确保顾客对标准化菜市场保持高水平的顾客满意呢？只有在核心服务领域中超越顾客期望值，使菜价降下来，顾客满意才会有"质"的突破。换言之，如果蔬菜价格能够得到有效控制，就一定可以有效地提高标准化菜市场的顾客满意程度。

四、深层次原因之二：一些标准化菜市场不能为顾客提供方便

根据超越期望准则提出的要求，在核心服务相同的情况下，在辅助服务上超越顾客期望同样对顾客满意程度有着举足轻重的影响(见第四章第三节)。而最大限度地为顾客提供方便，则是顾客对标准化菜市场提出辅助服务的重要内容之一。

建设标准化的菜市场过程中，有关部门还应该考虑到标准化菜市场的选址如何方便顾客的问题，例如菜市场的地点设置不合理(如设在二楼)，又如标准化菜市场的距离太远(如超过 2000 米)等，都会造成广大市民的不满意。另外，建设一个标准化的菜市场，至少应该确保有多少蔬菜品种，才能对市民有吸引力。如果蔬菜品种太少，同样也会造成市民的不满意等。一些城市所建的标准化菜市场所面临的尴尬，就已经充分地说明了这一点。

而相对于北京市的周末菜市场来讲，由于它直接进入了居民社区，所以大大方便了顾客的购买。媒体有这样的报道："我很羡慕家周

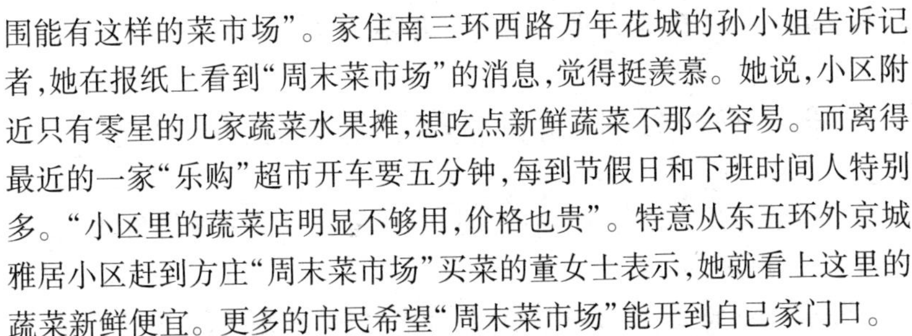

围能有这样的菜市场”。家住南三环西路万年花城的孙小姐告诉记者,她在报纸上看到“周末菜市场”的消息,觉得挺羡慕。她说,小区附近只有零星的几家蔬菜水果摊,想吃点新鲜蔬菜不那么容易。而离得最近的一家“乐购”超市开车要五分钟,每到节假日和下班时间人特别多。“小区里的蔬菜店明显不够用,价格也贵”。特意从东五环外京城雅居小区赶到方庄“周末菜市场”买菜的董女士表示,她就看上这里的蔬菜新鲜便宜。更多的市民希望“周末菜市场”能开到自己家门口。

由此可见,对顾客来讲,除了价格实惠之外,最大限度地方便顾客购买,也是确保顾客满意的重要条件之一。

五、解决途径:打通服务标准化体系的顾客满意最后一公里

当然,要解决蔬菜价格高的问题是一个巨大的系统工程,需各部门的通力合作。而这里仅仅只是从服务标准化体系的角度,来探讨一些解决问题的途径。通过对本案例的分析,可以看到树立追求顾客满意这个目标,在服务标准化体系中的重要作用,为此,我们必须做到以下三个方面。

首先在观念上,必须把打通顾客满意最后一公里,作为服务标准化体系中的一项重要工作来抓,因为服务标准化无论如何也绕不开顾客满意这一目标。这就是说,相关部门在建设标准化菜市场时,不仅要考虑到有关服务标准化的问题,同时必须充分考虑到与顾客接触(注意!这是服务的最基本特征!)的过程中,顾客会得到的何种感受,因为顾客满意与否就是顾客这种感受最集中的表现。

其次,为了能有效地打通服务标准化体系中顾客满意的最后一公里,企业不仅要制定服务过程的标准化,同时还应该制定服务产品的标准化,特别是对顾客核心服务和辅助服务的满足。而这种满足的感受对于是否能达到满意的结果(包括对服务标准化是否能够取得成功)会起到决定性作用的。

最后,在建立和完善服务标准化体系的过程中,还必须根据顾客满意服务准则的要求,对服务标准体系中现有的相关标准进行修改和完善,因为这些内容应该与顾客满意的关系最为密切,它能为打通顾

客满意最后一公里,奠定良好的标准化基础。

第六节　海尔:赢在顾客满意的最后一公里

与本章前五节的内容有所不同,本节是从一个正面的角度,来探讨海尔成功的秘诀。

海尔(Haier)是我国家电行业的知名品牌,在短短的20多年时间里逐渐成长为我国家电行业中的“龙头老大”,也是我国家电行业中顾客满意程度最高的企业(见本节第四部分)。海尔之所以能够在短短的20几年时间内,一跃成为我国家电行业的龙头老大,当然成功的原因有许多,而其中海尔尤其关注顾客满意的最后一公里,特别是对售后服务的重视,就是海尔成功的重要原因之一。由于工作关系,十几年来,笔者曾经多次到海尔进行过学习、考察、培训、咨询和调研等各种活动。参观过海尔售后服务的操作流程,并且与负责海尔主管售后服务的经理都很熟悉,可以说,对海尔的售后服务有过比较深入的了解。而且在本书第四章第三节笔者提出的顾客满意服务准则,有许多是从海尔大量的企业实践中总结和提炼出来的。所以,在本节专门通过对海尔所开展的各种售后服务活动——即对顾客满意最后一公里的重视和关注,来探讨海尔成功的秘诀。

一、海尔:一个打通顾客满意最后一公里的成功案例

这是一篇在《和讯网》刊登,由记者陈媛撰写的文章《海尔:赢在最后一公里》,它很好地概括了海尔成功的秘诀。全文如下。

案例6-6

海尔从2007年12月大力参与家电下乡。由于各区域经济发展水平不同,农村市场也呈现出需求多样化特点。因此海尔在2007年组织了上百人的研发团队,深入全国南北300多个乡镇,深入考察农村环境,调研农村消费需求。在此基础上,建立专门的研发队伍进行产品的研发,开发出适合在农村使用的产品。海尔分别有“防鼠方案”、“安全用电方案”、“防雷击、信号弱方案”、“节能环保方案”、“特

殊需求方案”、“农村信息化方案”等。

此次家电下乡，海尔主推冰箱（含冷柜）、洗衣机、彩电、空调、计算机、热水器、手机 7 类 130 款中标产品，已在产品、网络、服务、物流方面做好了充分的准备。海尔目前在全国县级市场建立了 6000 多家海尔专卖店，县级覆盖率 90% 以上；乡镇覆盖率达到 60% 以上，在 20 万个村建立了村级服务联系站，使农民可以不出镇甚至不出村就可以买到海尔产品。

海尔在全国设有 42 个物流一级配送中心，2000 多个县级专卖店二级配送站，做到 24 小时配送到县，36 小时配送到乡镇，全部免费送货到家。为了保证售后服务到位，海尔全国共分布有 5 个呼叫中心，服务热线保证 24 小时畅通；并在全国设立了 3000 多家星级服务中心，18000 多名培训合格的维修工程师。

海尔在家电下乡中十分注重终端营销。他们制作了 700 辆大篷车，做了 13000 场的家电下乡到村放电影的活动预算，并在各地与政府部门共同操作家电下乡启动仪式 1000 场。第一时间向消费者宣传海尔家电下乡产品。2009 年 3 月，海尔家电下乡产品实现销售比 2 月增长 55%；销售额比 2 月增长 41%。

家电下乡当然也存在不少困难。比如，补贴流程太繁琐。用户拿到补贴的时间大概在 45 天左右，海尔提出的解决措施，就是可以让专卖店先垫付补贴款给农民，并每周一次到县财政办理补贴手续，这样农民拿到补贴款的时间缩短为 3 ~ 5 天。

从上述案例中，可以看到海尔在家电下乡的领域里，之所以能够如鱼得水，取得销售遥遥领先的业绩，都与海尔着力关注和解决在家电下乡服务领域顾客满意最后一公里中所面临的种种问题，有着直接的关系。

二、海尔成功案例的启示

上述案例的内容，反映在家电下乡服务的领域中，海尔是如何在打通顾客满意最后一公里下功夫的。有许多做法都值得我们学习和借鉴。看看海尔是如何识别、确定和满足顾客隐含要求的，又是如何实施顾客满意行为规范的。其中至少还有以下三点,可以给我们很大的启示。

首先,海尔是家电下乡过程中,率先采取“现场直补”的企业之一。“现场直补”就是海尔在家电下乡过程中实施的一项顾客满意行为规范。笔者在本书第五章第一节农民向温总理告状的案例中,就提到海尔为了解决农民顾客在购买家电过程中,由于领取补贴款的流程太复杂,需要等待的时间过长的问题,因此就采取“现场直补”的方式(其实这就是顾客的一种隐含要求),为农民提供服务。即让海尔专卖店先垫付补贴款给农民,并每周一次到县财政办理补贴手续,这样农民拿到补贴款的等待时间就大为缩短。通过这一事例,充分说明海尔是高度关注顾客满意的最后一公里这一特殊领域的,而且十分了解在这一领域中顾客的需求是什么——即需要最大限度地为顾客提供各种方便,这就能够充分反映出海尔成功的秘密。在本书第四章第三节总结的顾客满意服务准则之一:方便顾客中,其中的要点之一就是“能自己办的,不交给顾客”,其实就是笔者根据海尔等众多企业的实践总结出来的。

其次,海尔为在家电下乡的领域中,打通顾客满意的最后一公里,做了大量的工作。例如在案例中还提到,海尔还建立专门的研发队伍进行产品的研发,开发出适合在农村使用的产品。分别有“安全用电方案”、“防鼠方案”、“防雷击、信号弱方案”等。这些方案的实施,实际上都是为了打通农民顾客满意的最后一公里而采取的种种有效手段。

下面以“安全用电方案”为例说明。海尔专门开发了一种可以测试用户家中电压是否稳定、电源接头是否安全的三相电源插头,在帮助农民顾客安装购买的家用电器之前,用它可以对农民顾客家中的各种安全插座进行测试,以确保农民安全使用家用电器的目的(其实这也是顾客另一种隐含要求),所以深受农民顾客的欢迎。这也是海尔通过大量实践总结出来的一条经验:因为有许多家用电器故障的产生,往往不一定是产品质量的问题,而是用电安全(如电压不稳、电源接头有误等)的环节出问题才造成的。这些问题的解决,不仅为顾客

提供了方便,而且还大大超越了顾客的期望值,对顾客满意度的提高,创造了极为有利的条件。由此可见,海尔之所以能够提出许多办法和措施,归根结底,还是对顾客满意最后一公里这一领域的重视和关注。

最后,海尔为了确保能够赢在最后一公里,为此还做了大量基础性的工作。从上述案例中可以看到。例如,海尔目前在全国县级市场建立了6000多家海尔专卖店,县级覆盖率90%以上;乡镇覆盖率达到60%以上,在20万个村建立了村级服务联系站,使农民可以不出镇甚至不出村就可以买到海尔产品。又如,海尔在全国设有42个物流一级配送中心,2000多个县级专卖店二级配送站,做到24小时配送到县,36小时配送到乡镇,全部免费送货到家。再如,为了保证售后服务到位,海尔全国共分布有5个呼叫中心,服务热线保证24小时畅通;并在全国设立了3000多家星级服务中心,18000多名培训合格的维修工程师等。所有这一切工作,都为海尔能够成功赢得顾客满意最后一公里,奠定了最可靠的基础。也就是说,没有这一切基础工作,就无法为海尔能够成功赢得顾客满意最后一公里创造有利的条件。

当然,海尔之所以能够获得最后一公里的成功,不仅仅体现在家电下乡的领域之中,应该说,在它销售的各种产品过程中,在产品交付、产品退回等各个售前、售中和售后服务领域中,海尔都有出色的表现。可以这样讲,海尔之所以能够成为我国家电行业“排头兵”,与他们高度关注和重视顾客满意的最后一公里有着直接的因果关系。

三、海尔是如何在其他领域打通顾客满意最后一公里的

海尔在其他领域中,打通顾客满意最后一公里的内容也有很多,但本书的容量十分有限,因此只能列举几个实例:即通过海尔在产品交付给顾客之前,是如何向顾客进行承诺,在产品交付的过程中,是如何向顾客提供上门服务的两个小实例来说明,海尔是如何打通顾客满意最后一公里的。

1. 海尔是如何进行承诺的

这是海尔企业向购买海尔台式电脑的顾客所作出的服务承诺(部分)。看看海尔在产品交付之前,是如何向顾客做出承诺的。内容

如下。

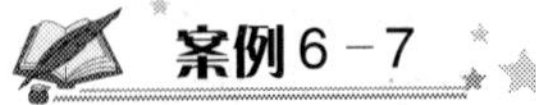

案例6－7

尊敬的客户：

感谢您选择海尔台式电脑，为了维护您的合法权益，回报您对海尔品牌的关心和厚爱，我企业将依照《中华人民共和国消费者权益保护法》和《微型计算机商品修理更换退货责任规定》的有关规定，凭此保修凭证和有效发票为您提供真诚礼貌、快捷准时、规范专业的“一对一”专属服务。

海尔台式电脑“三包”承诺包括以下内容。

海尔将全面执行《微型计算机商品修理更换退货责任规定》（以下简称“微机三包规定”或“三包规定”）中规定并在此基础上提供如下海尔台式电脑“三包”细则。

（1）七日内免费退货、换货或修理。

自您购买海尔台式电脑之日（以有效购货发票日期为准，以下同）起7日内（含第7日），如果您所购买的电脑主机出现国家“三包规定”所列性能故障，您可以选择退货、换货或者修理。如您选择整机退货，我企业将按照发票价格（即以有效购货发票价格为准，下同）一次性退清货款。

（2）8～15日免费换货或修理。

自您购买海尔台式电脑之日起第8～15日内（含第15日），如果您所购买的电脑主机出现国家“三包规定”所列性能故障，您可以选择换货或修理。如您选择换货，我企业将免费为您更换同型号、同规格的商品或不低于原商品性能的海尔电脑商品。

（3）整机一年内维修两次以上仍不能正常使用的，可以更换或修理。

自您购买海尔台式电脑之日起一年内，如果您所购买的电脑主机出现国家“三包规定”所列性能故障，且经两次维修仍不能正常使用的，您可以选择整机更换或故障部件维修。如您选择整机更换，我企业将为您更换同型号、同规格的商品或不低于原商品性能的海尔电脑

商品……。

以上是海尔企业向购买电脑的顾客作出服务承诺的部分内容。从上述内容可以看到,该企业提出“七日内免费退货、换货或修理”、“8～15日免费换货或修理”、“整机一年内维修两次以上仍不能正常使用的,可以更换或修理”等项内容,这些承诺是从顾客购买电脑之日起,一直到一年之内如果出现质量问题所提供的相关服务。这种承诺的内容本身就应该属于顾客满意行为规范的重要组成部分,它可以有效地提高顾客的满意程度。企业之所以要提出这些服务承诺,其根本目的就是为了提高企业的竞争能力,适应市场经济的需要。因为在市场经济条件下,企业竞争非常激烈,除了产品质量之间的竞争之外,服务之间的竞争也成为一个新的焦点。因此,服务承诺就构成了服务之间竞争的一种有力工具,其作用至少可以体现在以下三个方面。

①可以提高企业的竞争能力。对企业来讲,在市场竞争的大环境下,当产品的价格和质量趋于一致的情况下,企业的承诺,特别是服务承诺的内容,必然会成为争取顾客的一种有力的促销手段。因为顾客是价值最大化追求者,企业提出服务承诺的内容越多,对顾客而言,就意味着可以获得更多的价值。因此GB/T 19010国家标准提出指导原则的第一条,就是要求企业积极地推行各种承诺,其目的就是为了适应市场经济发展的需要,如果这种承诺是顾客在其他企业中无法获取的,那就可以提高企业产品和服务的竞争能力。

②可以提高顾客的满意程度。对顾客来讲,企业提供服务承诺的内容越多,就意味着可以给顾客带来更多的方便。从上述承诺中的相关内容来看,有体现4.5方便性(见GB/T 19010标准4.5条款)的内容(如七日内免费退货、换货或修理)、有体现4.6准确性(见GB/T 19010标准4.6条款)的内容(如以有效购货发票日期为准)等。这必然会有效地提高该企业顾客的满意程度,并且为企业赢得更多的回头客。

③可以为企业减少顾客投诉的产生奠定基础。如果企业提出的承诺都能得到很好的遵守和履行,这就为减少顾客投诉的产生创造有利的条件。提出GB/T 19010国家标准其根本目的就是希望企业能够

通过减少顾客投诉的产生,来提高顾客满意程度。因此,GB/T 19010国家标准指导原则的第一条强调企业必须积极地推行承诺,其理由就在于此。

2. 海尔是如何提供上门服务的

由于海尔的产品绝大多数都是家用电器,所以上门服务是海尔产品交付过程中的一项重要内容,更是打通顾客满意最后一公里领域中非常关键的一个环节。所以上门服务的行为规范作为顾客满意行为规范的重要组成部分之一,海尔有着非常详细而又具体的要求,因为这些要求的提出,都与顾客满意的最后一公里追求的目标息息相关。

当然,要确保上门服务规范能达到高水平顾客满意的目的,不仅要制定具体和详细的上门服务规范,同时还要加强对上门服务过程的监督和控制。因篇幅有限,因此在这里,重点只探讨如何通过制定具体和详细的上门服务规范,来达到顾客满意的目的。

上门服务行为规范的基本要求是指:当服务人员进入用户家:从敲用户的家门开始,一直到帮助用户家排除设备故障后的全过程中,上门服务人员应该达到的基本行为规范要求。由于上门服务行为规范这一环节,是服务人员直接对用户进行“面对面”服务,这种近距离的上用户家中,与用户直接接触,是别的行业所没有的。因此,我们也把它称为上门服务的关键时刻。因为,通过上门服务,不但可以为用户排除设备的各种故障,而且可以使服务人员了解用户的各种需求,为进一步提供优质服务奠定可靠基础;同时通过上门服务,用户还可以直接了解到企业的实际服务水平和品牌形象。正因如此,掌握上门服务的基本要求,是十分重要的。

案例6-8

海尔上门服务规范是这样要求的,进入客户家中,分以下几个环节(部分)。

(1)敲用户家门

如何进入用户家中,是一个重要的关键点。上门服务的工作人

员,到用户家门口之后,必须做到:

1)准确地掌握敲门的方法。

首先,养成习惯;敲门前稍微稳定一下自己的情绪,同时,再次确认用户地址和门牌号码,以及约定的上门时间。确认无误后,方可敲用户家门。

其次,敲用户家门时,一般连续轻敲 2 次,每次连续轻敲 3 下,有门铃的要先按门铃。注意不要连续敲不停;不要敲的力量过大。

再次,听到用户家内有应答声,应停止敲门。并后退半步,等候用户开门。

最后,等用户开门后,首先要主动向用户问好,介绍自己是海尔企业的上门服务人员,并出示上岗证。

2)在敲用户家门过程中可能遇到的问题:

①用户听不见,或有其他事情无法脱身。

每隔 30 秒钟重复 1 次;5 分钟后再不开门,则电话联系。

②用户到楼下等待。

如果电话联系不上,有可能用户在楼下等上门服务人员,那么上门服务人员就应该到楼下周围查看,看有无用户在此等候。

③用户家无人。

如果没有发现用户在楼下等候,则应该与用户邻居确认,确认用户不在家后,给用户家门上或显要位置贴留言条。等用户回来同我们再约时间,或者回中心后主动电话联系用户;同时通知中心(话务中心)。

(2)进入用户家门

上门服务人员敲用户家门后,第二个环节就是进入用户家中。

但是,由于用户家里是属于用户自己的私人空间,因此用户一般具有较强的戒备心理,可能会出现种种意外情况,因此提供上门服务的人员应该具有较强应变能力,能够对不同情况,作出不同处理。

1)用户对上门服务人员资格表示怀疑,甚至不让进门。

必须按照规定的要求,介绍自己的身份,并出示工作证。必要时,应该与客户确认购买的产品、产品的故障、确定的维修时间等,以取得客户的信任。

2)用户本人不在家(在家的是保姆等),而不让进门。

亮出自己的上岗证,向对方说明事由,请对方马上联系用户(如户主)进行确认。如果对方确认不方便,上门服务人员可以直接用电话(如手机)联系,请他与用户的家人做出解释,以取得用户家人的信任(注意:一旦允许进入用户家中的维修现场,当维修结束后,对维修的效果,也应该与用户的户主本人进行沟通)。

在特殊情况下,可以重新约定上门时间。如未能和户主联系上,则可以留下纸条和电话号码,重新与用户确定上门服务时间;或者仍然不能取得用户家人的信任,则应该与呼叫中心取得联系,由呼叫中心与户主重新确定上门服务的时间(最好重新约定的时间,户主能在家)。

3)用户正在吃饭。

这里有两种方法可以可供选择:一种是等用户吃完饭再上门;另一种是可按用户的意见办。

4)报修产品不在此处而在别地。

在征得用户同意的前提下,由用户带着到产品所在地或自行前往或改约重新上门。

5)用户家临时停电或者用户临时有事要出门。

在征得用户同意的前提下,可以重新约定上门服务时间,并且要留下联系方式。

6)因为上门服务的人员迟到,未按约定时间到达,用户不高兴,甚至不让进门。

如果用户有联系电话,必须在与用户约定的时间前10~20分钟,同用户取得联系,道歉取得用户的谅解。

如果迟到时间小于15分钟:首先向用户道歉,可以交通受阻为理由向用户解释,争取得到用户谅解(不能以服务用户太多为理由);若用户要改时间可主动提出改约,再按约定时间提前上门。

如果迟到时间超过15分钟(或更长):首先向用户真诚道歉,并说明迟到理由,说明迟到的理由必须充分,如可解释为本来是安排其他

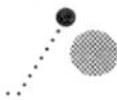

师傅上门,但他在另一个用户家耽误了,临时改派我来,所以耽误了时间,希望得到用户的谅解;必要时,可赠送小礼品;若道歉不接受,再由售后经理上门道歉。

7)如果用户因为生气,就是不让服务人员进门。

上门服务人员在表示道歉的基础上,要亮出上岗证,给用户讲明迟到的原因;并且把企业的投诉、监督电话告诉用户,自觉接受用户的监督检查;尽量通过规范的语言,熟练的服务技巧来赢得用户的信任;如用户还是不让进门,则同用户改约时间,由售后经理亲自上门。

(3)进门要穿鞋套

……

以上是笔者摘录海尔上门服务行为规范中的一小部分内容。从这些内容中,我们看到海尔是如何制定顾客满意行为规范的,它不仅可以为其他企业提供范例,而且从这些行为规范的内容中,有许多可以总结的规律供大家借鉴。例如,它体现遵守承诺准则、方便顾客准则、区别对待准则等(见第四章第三节)。但是这里我们重点只探讨海尔如何在上门服务行为规范中充分体现注意细节这一顾客满意服务准则。在本书第四章第三节顾客满意服务准则之七,就是重点介绍注意细节准则的相关内容。细节是指细小的环节,企业为顾客提供服务的过程就特别应该注意服务细节。

(1)海尔是如何关注细节的。从上述案例中可以看到,从①敲用户家门②进入用户家门③进门要穿鞋套……都有明确和详细的要求,仅这几个小环节,大约有近2000字的具体要求,这些要求的最大特点之一就是非常关注上门服务过程中的每一个细节。

例如,仅在①敲用户家门的阶段中,就分为:准确地掌握敲门的方法和在敲用户家门过程中可能遇到的问题的两个环节。而在敲用户家门过程中可能遇到的问题的这个环节又分:用户听不见、用户家无人等多种情况。而如果确实是用户家无人,其应对的办法就包括:应该与用户邻居确认,确认用户不在家后,给用户家门上或显要位置贴留言条。然后等用户回来同我们再约时间。或者回中心后主动电话联系用户;同时通知中心(海尔话务中心)等多项措施。

至于进入客户家中以后,如果客户家中,只有保姆在家怎么办?如果客户家中正在吃饭怎么办?如果客户不让进家门怎么办?都有非常详细的应对办法。而这些措施都充分体现了人性化服务的特点,因为人性化服务第一条,就是必须把尊重人(指顾客)、关心人、爱护人放在第一位。因此,在为顾客服务过程中,必须与顾客保持良好的人际关系(见第四章第三节:顾客满意准则之七)。

(2)关注细节对提高顾客满意的作用。如果与其他增强顾客满意的措施和手段相比较,表面上看注意细节这一类措施,看起来一些微不足道小事,但是它却具有一种"冷水煮青蛙"式的效果。也就是说,只要企业把注意细节这一原则,日积月累地坚持下去,同样可以对增强顾客满意起到一种重要的作用。

在充满竞争的社会中,海尔就是以服务人员精致独到的服务手段和服务水平来进行竞争,并且赢得了顾客满意最后一公里的。我们经常看到,很多顾客会因为海尔一件很细微服务小事而大受感动,从此经常光顾该企业。或者企业因为一件服务小事处理不当,而使顾客大失所望,甚至耿耿于怀,从此不肯再度光顾。因此,在生活水平提高的今天,顾客对服务满意比价钱会更重视。很多人都乐意"花钱买舒服,花钱买称心"。而且很多人认为,花钱虽然不多,但是买一肚子气回来是非常不值得的。如果从顾客价值的理论来看,对企业来讲,注意细节企业的付出较少(相对于非细节的付出而言),但是顾客获得的价值较大(特别是非货币价值)。由于它投入少,而产出高,在这种情况下,企业在提供服务的全过程中,大力提倡注意细节,特别是注意人性化的服务细节,往往可以起到"四两拨千斤"的作用,对企业来讲,就显得更加具有现实意义。

我们在前面注意细节准则就讲过,顾客所亲身感受到的服务包括核心服务、辅助服务和人际关系三大部分。如果在提供过程中,在上述的任何一方面有所忽视,没有达到顾客的需求和期望(实际上是没有达到顾客的期望值),顾客就很可能因此给企业的整个服务质量打上一个低分,有时,即使服务企业付出了加倍的努力,也很难挽回由于这一低分而带来的损失。因此,注意服务细节是一条非常重要的基本

原则。

(3)企业应该如何关注细节。在大多数情况下,服务细节并不难做到。问题的关键在于企业能不能站在顾客的角度,来发现各种服务细节。应该说,发现顾客需要的服务细节,要比为顾客提供服务细节更加重要。那么,如何才能做到注重细节中的细节呢?应该说,“注意观察,善于分析”是十分重要的一环。

注重服务细节的实施步骤包括:划出服务流程图、注意每一个与顾客接触的细小环节、了解每个细小环节中顾客的需求和期望、根据自己企业的实际能力、找到超越顾客期望的突破口、制定实施方案、按计划实施、检查实施以后的效果、采取巩固措施、纳入体系文件,是练功和新的需求新课题。就如同 PDCA 循环一样,每循环一次,服务水平就提高一步的。

四、海尔的顾客满意度调查和顾客满意最后一公里

由于海尔对顾客满意最后一公里的关注和重视,因此,它在服务和顾客满意领域中,获得的各种荣誉无数,而且在老百姓的心目中有非常好的口碑。

下面仅从顾客满意度调查的结果看,在我国老百姓的心目中的海尔是什么样子的。中国标准化研究院顾客满意测评中心,它是一个具有权威性和公信力的第三方顾客满意测评机构。笔者手中有 2006 ~ 2010 年间,由该中心每年发布的《中国用户满意度手册》。该手册中有对在我国销售的数百种耐用消费品的顾客满意度进行测评。其中冰箱、电视机、空调、洗衣机等多种家用电器的顾客满意综合指数的测评中,海尔产品数年都一直遥遥领先,名列第一。在顾客满意度测评的项目中,包括品牌形象评价、性价比评价、产品可靠性评价和服务质量评价等。尽管海尔在性价比的评价上、产品可靠性的评价上,某些年份,有可能有三星级或者是四星级的情况出现(如 2006 年对海尔洗衣机的评价等),这说明海尔在一些产品的质量上还存在的某些不足,但是更为突出的是,在服务质量评价上,多年来,海尔一直是五星级(最高级)。

这一结果至少说明两个问题:一是对于海尔这样的大型制造企业来讲,售后服务领域一直是他们的强项。这说明海尔多年来一直重视和关注顾客满意的最后一公里。二是说明由于海尔重视和关注顾客满意的最后一公里——即在售后服务领域中的出色表现,在某种程度上也弥补了产品质量中存在的某些不足。

由此,可以证明,海尔企业在产品交付的领域中,通过对顾客满意行为规范的实施,充分体现出对顾客满意最后一公里的重视和关注,这对于海尔企业生存和发展的有着十分重要意义。

附录一　GB/T 19010—2009《质量管理　顾客满意　组织行为规范指南》

前　言

本标准等同采用ISO 10001:2007《质量管理　顾客满意　组织行为规范指南》。

本标准作了下列编辑性修改：

a）将“本国际标准”改为“本标准”；

b）删除了国际标准的前言。

本标准的附录A、附录B、附录C、附录F、附录G是资料性附录，附录D、附录E、附录H和附录I是规范性附录。

本标准由全国质量管理和质量保证标准化技术委员会(SAC/TC 151)提出并归口。

本标准起草单位：中国标准化研究院、中国质量协会、海尔集团、大长江集团有限公司。

本标准主要起草人：张荣静、郑兆红、康键、裴飞、朱立恩、王晓生、解居志、郑奎静、冯卫。

引　言

0.1　总则

保持高水平的顾客满意是许多组织面临的重要挑战，迎接这种挑战的途径之一就是实顾客满意行为规范。顾客满意行为规范由承诺以及相关规定构成，包括产品交付、产品退回、顾客信息处理，广告及与具体产品属性或性能有关的规定(示例见附录A)。顾客满意行为

规范可以作为有效的投诉管理方法的组成部分,包括:

a)投诉预防,通过适当使用顾客满意行为规范;

b)内部投诉处理,例如在遇到顾客表示不满意时;

c)外部争议解决,投诉无法在内部得到满意处理时。

本标准为组织确定顾客满意行为规范中的所有规定提供指南,使顾客满意行为规范满足顾客的需求和期望,并且是准确的,不会产生误解。其用途如下:

——促进公平交易及增强顾客对于组织的信赖;

——改进顾客对组织的产品及其与顾客关系方面预期的理解,以减少误解和投诉的可能;

——降低增加组织顾客管理行为新规则的可能性。

0.2 与 GB/T 19001 和 GB/T 19004 的关系

本标准与 GB/T 19001《质量管理体系 要求》和 GB/T 19004《质量管理体系 业绩改进指南》相容,并通过有效和高效地开发和实施与顾客满意相关的行为规范的过程支持上述两项标准的目标。本标准也可单独使用。

GB/T 19001《质量管理体系 要求》规定了质量管理体系要求,可供组织内部使用,也可用于认证或合同目的。遵循本标准实施的顾客满意行为规范可以作为质量管理体系一个要素。用于认证或合同不是本标准的目的。

GB/T 19004《质量管理体系 业绩改进指南》为业绩持续改进提供指南,使用本标准能够进一步增强组织行为规范的业绩,提高顾客和其他相关方的满意程度,促进以顾客和其他相关方的反馈为基础的产品和过程质量持续改进。

注:除顾客外,其他相关方可能包括供方、行业协会及其成员、顾客组织、相关政府机构、员工、组织所有者及其他受到组织顾客满意行为规范影响的群体。

0.3 与 GB/T 19012—2008 和 GB/T 19013—2009 的关系

本标准与 GB/T 19012 和 GB/T 19013 相容。这三个标准均可独立

使用,或与任何一个共同使用。当共同使用时,本标准、GB/T 19010 和 GB/T 19013 可以作为一个更广泛的综合性框架的一部分,在这个框架下通过行为规范、投诉处理和争议解决来提高顾客满意(见附录 B)。

GB/T 19012 是内部处理与产品相关投诉的指南。组织可通过履行在顾客满意行为规越中做出的承诺,降低顾客对于组织及其产品的期望存在的潜在疑惑,减少产生问题的可能性。

GB/T 19013 是与产品相关的投诉无法在组织内部得到满意解决时的争议解决指南。当争议产生时,行为规范可以帮助各方理解顾客的期望,并帮助组织满足这些期望。

0.4 符合性说明

本标准是一个指南性文件。本标准中提供的所有适用的指南,是对顾客满意行为规范的策划、设计、开发、实施、保持及改进进行指导。

但是,任何声称或暗示符合本标准的说明都是不适当的,因此不应作这样的说明。

注:在促销和沟通材料中任何有关符合本标准的声称或暗示都是不适当的,如新闻稿,广告、营销手册、视频资料、员工通告、标志、标语和用于各种媒体的言词,涵盖印刷、广播、互联网、多媒体应用,产品标签、标记和标语。

1 范围

本标准为策划、设计、开发、实施、保持和改进顾客满意行为规范提供指南。

本标准适用于与产品相关的组织行为规范,包括组织为了提高顾客满意度就其行为对顾客做出的承诺和相关规定。附录 A 提供了不同组织规范内容的简例。

注 1:本标准中的术语"产品"包括服务、软件、硬件和流程性材料。

注 2:本标准中的术语"产品"只适用于预期提供给顾客或顾客所要求的产品。

本标准可供各种类型、不同规模和提供不同产品的组织使用,包括为其他组织设计顾客满意行为规范的组织。附录 C 提供了小企业指南。

本标准未规定顾客满意行为规范的具体内容,也不涉及其他类型的行为规范,如组织与员工、与其他组织、与供方关系的行为规范。

本标准不宜用于认证或合同目的,也不拟改变适用的法律法规所规定的权利和义务。

注3:虽然本标准不宜用于合同,但顾客满意行为规范承诺可以包含在组织的合同中。

注4:本标准适用于所有的顾客满意行为规范,特别是针对顾客为个体或家庭购买或使用商品、财产或服务的顾客满意行为规范。

2 规范性引用文件

下列文件中的条款通过本标准的引用而成为本标准的条款。凡是注日期的引用文件,其随后所有的修改单(不包括勘误的内容)或修订版均不适用于本标准,然而,鼓励根据本标准达成协议的各方研究是否可使用这些文件的最新版本。凡是不注日期的引用文件,其最新版本适用于本标准。

GB/T 19000—2008 质量管理体系 基础和术语(ISO 9000:2005,IDT)

3 术语和定义

GB/T 19000—2008 确立的以及下列术语和定义适用于本标准。

3.1

顾客满意行为规范 customer satisfaction code of conduct

规范 code

组织(3.6)为提高顾客满意(3.5)就其行为对顾客(3.4)作出的承诺及相关规定。

注1:相关规定可以包括目标、条件、限制、联系信息和投诉处理程序。

注2:本标准中,术语“规范”即表示“顾客满意行为规范”。

3.2

投诉者 complainant

提出投诉(3.3)的个人、组织(3.6)或其代表

注:出自 GB/T 19012,其中的“代表”能够代表个人或组织。

3.3

投诉　complaint

对组织的产品或投诉处理过程不满意的表示，其中包括期望得到回复或解决的明示的或隐含的表示

[GB/T 19012—2008,3.2]

注：投诉可以针对规范(3.1)。

3.4

顾客 customer

接受产品的组织(3.6)或个人

示例：消费者、委托人、最终使用者、零售商、受益者和采购方。

注1：顾客可以是组织内部的或外部的。

注2：本标准中的术语"顾客"包括潜在顾客。

注3：修改采用 GB/T 19000—2008,3.3.5。

3.5

顾客满意 customer satisfaction

顾客(3.4)对其要求已被满足的程度的感受

注1：顾客抱怨(投诉,3.3)是一种满意程度低的最常见的表达方式，但没有抱怨并不一定表明顾客很满意。

注2：即使规定的顾客要求符合顾客的愿望并得到满足，也不一定确保顾客很满意。

[GB/T 19000—2008,3.1.4]

3.6

组织 organization

职责、权限和相互关系得到安排的一组人员及设施

示例：公司、集团、商行、企事业单位、研究机构、慈善机构、代理商、社团、政府机构或上述组织的部分或组合。

注：修改采用 GB/T 19000—2008,3.3.1。

4　指导原则

4.1　总则

有效和高效地策划、设计、开发、实施、保持和改进顾客满意行为

规范是建立在4.2至4.9中以顾客为关注焦点指导原则基础上的。

4.2 承诺

组织应积极致力于使用、整合和公布顾客满意行为规范,并履行其承诺。

4.3 能力

组织应配置充足的资源用于规范的策划、设计、开发、实施、保持和改进,并进行有效和高效的管理。

4.4 透明

应向顾客、员工和相关方公布规范。

4.5 方便

规范和相关信息应易于获取和使用(见附录D)。

4.6 响应

规范中应体现组织对顾客的需要和相关方的期望做出的响应(见附录E)。

4.7 准确

组织应确保规范及相关信息是准确的、不会引起误解、可验证,并符合相关法律和法规的要求。

4.8 职责

组织应规定和保持涉及规范的活动及决定的职责和报告制度。

4.9 持续改进

提高规范及其使用的有效性和效率应是组织永恒的目标。

5 规范框架

5.1 建立

规范的策划、设计、开发、实施、保持和改进应由进行决策和活动的组织框架给予支持。该框架包括为实现规范目标进行相关活动所需资源的评估、提供和配置(见附录F),还包括最高管理者的承诺、职责和权限分配及全员培训。

5.2 整合

规范框架应以组织中的质量和其他管理体系为基础,必要时可与它

们结合使用。

6 策划、设计和开发

6.1 确定规范目标

组织应确定规范要达到的目标。

注:规范的目标应表述清楚,其实现情况可以用组织确定的业绩指标测量。

6.2 收集和评价信息

收集和评价的信息应包括:

——规范要解决的问题是什么;

——这些问题是如何产生的;

——如何解决这些问题;

——这些问题对于规范范围以外的组织活动的影响方式和程度;

——其他组织是如何解决这些问题的;

——使用规范解决这些问题可能需要的资源和其他需要;

——与使用规范解决这些问题相关的法律法规要求。

注:这些信息可帮助组织明确规范的目的、确定与组织的活动相适应的开发和评价规范的适用方法。附录 G 提供了采纳其他组织(如行业或专业协会)制定的规范应考虑的因素。

6.3 获取和评价相关方的输入

获取和评价来自相关方(如顾客、供方、行业协会、顾客组织、相关政府机构、员工、组织所有者)关于规范内容及其使用的输入对组织非常重要(见附录 E)。

6.4 制定规范

组织应根据收集到的信息制定规范(见附录 H)。规范应清楚、精炼、准确,不会引起误解,语言简练。规范应包括:

——适合于组织及其顾客的规范的范围和目的;

——组织对其顾客可履行的承诺,以及与承诺相关的限制条件;

——规范中使用的关键术语的定义;

——对规范提出质询和投诉的联系人和联系方式;

——不能履行承诺时应采取的行动的说明。

注:可以针对规范的内容或使用提出质询和投诉。详见 GB/T 19012 和 GB/T 19013。

制定规范时,组织应确保规范能够得到有效实施,且其规定不违反任何法律和法规的要求,尤其是关于欺骗性和误导性广告及禁止不正当竞争的法律法规要求。组织还应确保规范的规定考虑其他相关规范和标准。

组织应考虑对规范进行试行,以确定是否需要调整。

6.5 制定业绩指标

组织应制定定量或定性的业绩指标,以帮助判断规范目标是否成功实现。

注:与规范相关的业绩指标包括顾客满意调查评分或排序,或关于投诉及其解决情况的统计。示例见附录 A。

6.6 制定规范程序

组织应制定规范实施、保持和改进程序,包括处理质询和投诉的方式。应识别和解决影响规范有效使用的障碍,识别任何可能促进规范实施、保持和改进的有利因素。这些程序将依规范和使用规范组织的性质而有所不同,但应符合适用的法律和法规要求。

注:上述程序包括的活动示例如下:

——就规范与顾客沟通;

——就规范对员工进行培训;

——解决规范中的承诺未履行的情况;

——记录关于规范的质询和投诉;

——记录和评价规范实施业绩;

——使用和保持记录;

——公布规范完成情况信息(见附录 I)。

6.7 制定内部和外部沟通计划

组织应制定计划,使参与规范实施的员工和其他相关方能够获得规范及支持信息(如反馈表)(详见附录 I)。

6.8 确定所需资源

组织应确定履行规范中承诺以及在无法履行承诺时提供适当补偿(如顾客赔偿)所需的资源。这些资源包括人员、培训、程序、文件、

专家支持、材料和设备、设施、计算机硬件和软件、资金等。

7 实施

组织应按计划及时管理实施活动。

组织应在内部的适当层次：

a) 应用相关程序及内部和外部的沟通计划；

b) 对顾客提供适当的补偿（如赔偿）；

c) 当规范中的要求未能履行时，立即采取必要的行动，这些行动可能是因为对规范的投诉或由组织收集规范业绩信息的结果引起的。

组织应记录：

——规范实施中资源的使用情况；

——员工接受与规范相关的培训和指导的类型；

——内部和外部沟通计划的应用；

——对有关规范的质询和投诉的处理，及组织采取的补救措施。

8 保持和改进

8.1 信息收集

组织应定期和系统地收集有效和高效评价规范业绩的必要信息，包括第6章和第7章中所述的信息、输入和记录。

8.2 规范业绩的评价

组织应定期和系统地评价规范业绩，评价应包括验证和分析规范目标和规范承诺的总体履行情况。

应对规范及其使用的质询和投诉进行分类和分析，以识别系统性的、重复发生的和个案的问题及趋势，帮助消除与规范相关的投诉产生的原因。

注：组织还应进一步明确规范范围以外的对产品或过程的质询和投诉是否与规范的规定有关。这些质询和投诉可能会揭示出规范规定的不当使用。

为评价规范的影响，需要规范使用前后一定时期有关情况的信息，该信息不仅用于明确规范设计和实施中的不足之处，还可以表明使用规范达到的效果(如果有)及取得的进步。

8.3 规范的满意程度

应定期和系统地组织活动以确定顾客对规范及其使用的满意程度,可以采取随机顾客调查和其他方式进行。

注:评价顾客满意程度的方法之一是在法律允许的情况下,就规范中的某个问题模拟顾客与组织的接触。

8.4 规范和规范框架的评审

组织应定期和系统地对规范及其框架进行评审,以达到下列目的:

a) 保持其适宜性、充分性、有效性和效率;

b) 重点关注规范承诺未能履行的重要问题;

c) 评价改进的需要和机会;

d) 适当时,提出相关的决定和措施。

评审应包括以下信息:

——规范及其框架的变化;

——法律法规的变化;

——竞争者或技术创新方面的变化;

——社会期望的变化;

——规范承诺的履行情况;

——纠正和预防措施的情况;

——提供的产品;

——上次评审采取的措施。

8.5 持续改进

组织应持续改进规范及其框架,包括采用纠正和预防措施及创新性改进等方法,以提高顾客满意程度。

组织应采取措施消除导致投诉的现有和潜在问题的原因,以防止问题的发生和重复发生。

注:采纳其他组织开发的规范的组织应向开发方通报使用中发现的问题。

组织应:

——探索、识别和应用在规范的结构、内容和使用方面的最佳

做法；

——在组织中提倡以顾客为关注焦点的原则；

——鼓励规范创新；

——树立与规范相关的突出业绩和突出实践的典型。

注:关于持续改进通用方法的附加指导,组织可参考 GB/T 19004—2000《质量管理体系　业绩改进指南》附录 B。

附 录 A

（资料性附录）

不同组织规范内容简例

表 A.1 提供了不同组织规范内容的简例。

表 A.1 不同组织规范内容简例

规范内容示例	组织类型				
	匹萨饼送餐公司	诊所	零售连锁机构	旅馆	列车
承诺	“如果匹萨送到时不热或未能在30分钟内送到，则该匹萨免费”	“如果预约就诊时间推迟将立即通知患者，并提供其他可供选择的时间”	“如果商品的扫描价格高于标识价格，个人或团体顾客有权免费获得该商品”	“如果顾客对旅馆的服务不满意，我们将尽一切努力改正，或者给顾客打折”	“如果列车晚点、盥洗室卫生差或服务不礼貌，乘客可以得到赔款”
向顾客公布承诺的限制条件	地点位置、天气或交通条件限制	急诊可能打乱正常的就诊预约	不适用于柜台销售的化妆品和单独定价商品	超出旅馆控制范围的因素	糟糕的气候条件
规范的其他规定	说明迟送匹萨的成本将不从送货者工资中扣除	说明在正常工作时间之外医生可以提供的就诊时间	说明规范的目标是“保持扫描价格的准确性”	说明规范的目标是“顾客完全满意”	说明规范的目标是“清洁、准时的列车和礼貌的服务”
支持性信息	如何进行投诉	如何进行质询	如何进行质询或投诉	如何得到折扣	到哪里领取赔款
规范策划、设计、开发和实施活动	预先试行程序	顾客服务培训	与零售连锁机构成员磋商	采用焦点小组访谈的方式确定最适当的补偿额	对员工进行如何与公众交往的教育
保持和改进活动	开展调查，并据此对规范用语进行修订	评估投诉资料	请顾客组织参与数据评审	修订营销宣传	修改盥洗室清洁程序
业绩指标	及时送货百分比	通知患者百分比	错误价格百分比	不满意顾客百分比	乘客投诉率

附 录 B

（资料性附录）

GB/T 19010、GB/T 19012 和 GB/T 19013 的内在联系

图 B.1 用于说明与行为规范、投诉处理和外部争议解决相关的组织过程。

注：投诉可以是由顾客或其他投诉者提出的。

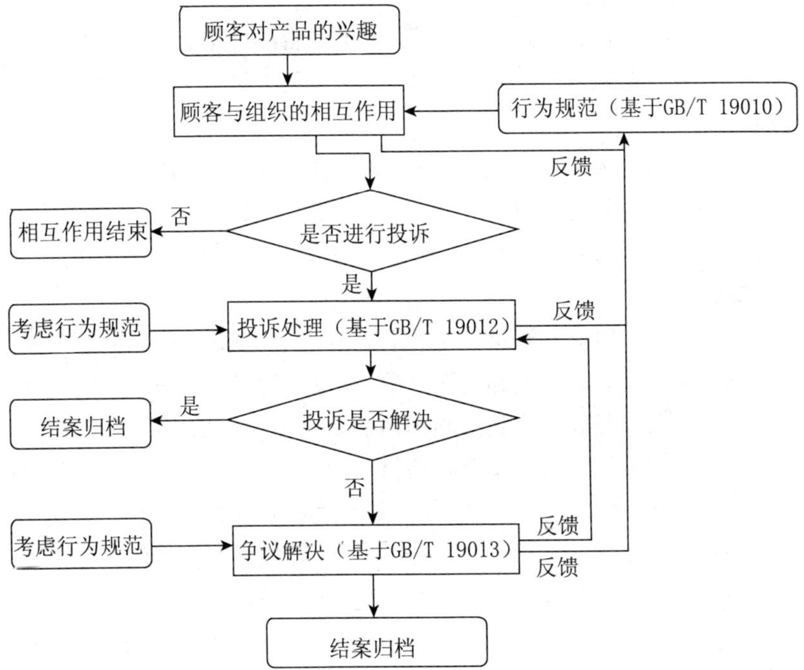

图 B.1 GB/T 19010、GB/T 19012 和 GB/T 19013 的内在联系

附　录　C

（资料性附录）

小企业指南

本标准适用于不同规模的企业。但应承认许多小企业在策划、设计、开发、实施、保持和改进顾客满意行为规范方面资源有限。以下示例突出了一些关键部分，并附有每项活动的建议，组织重点关注这些方面即可制定一个适用的规范。

——研究其他企业使用的规范，确定是否适合本企业。

——考虑遵照一个已建立的规范（如由行业或专业协会管理的规范项目）。

——征询顾客和商业伙伴最希望看到的对顾客的承诺。

——为有效和高效履行规范的承诺，组织考虑有必要改变当前运行的哪些方面，包括相关程序、培训、招聘新员工、更新设备、使用新通信设备等。

——考虑如何能够测量出是否有效和高效地履行了承诺。

——在最终完成规范和公布之前，规范试行是否良好。

——对顾客就规范或其实施提出的质询和投诉采取简单程序。

——考虑参与外部争议解决项目。

——评审适用的法律和法规（如消费者权益保护法）。

——通过标志、广告和其他方式告知顾客规范正在实施。

——定期评审组织履行承诺的情况，通过征求顾客和商业伙伴对于规范及其实施的意见，并进行改进，确保规范的适宜性、充分性、有效性和效率。

附　录　D

（规范性附录）

方便性指南

组织应使顾客、员工和其他相关方易于获得规范和支持性信息（如投诉表）。组织应考虑潜在的相关人员的范围（可能包括儿童、老人、残障人士等），在提供或交付产品时应以多种语言和形式提供与产品相关的规范的信息和帮助，以使希望使用规范的顾客不会处于不利地位。当组织参加另一组织（如行业或专业协会）规范项目时，应使顾客和相关方通过该项目查阅到这一组织。

信息应语言清楚、明确，并应以可选择的形式提供给现有和潜在的顾客，如通过音频资料、大字体印刷、大凸起字、盲文、电子邮件或可以使用的网址。

注：可选择的形式是指用不同的表达或表现方式，旨在可以被不具有正常感觉能力的人获得这些信息。通过至少一种形式（如视觉或触摸）提供所有的输入和输出信息（即信息和功能），使更多的人，包括语言和读写能力有问题的人，都可以得到帮助。可能影响易读性和易理解性的表达方面的因素包括：

——版面设计；

——印刷颜色和对比度；

——字体和字形；

——多种语言的选择和使用。

详见 GB 5296.1《消费品使用说明　总则》。

附 录 E

（规范性附录）

获得相关方输入的指南

组织应识别相关方并听取他们的意见。组织应：

a） 考虑获得输入信息的各种适合的方法，包括公开会议、焦点小组访谈、问卷调查、顾问委员会、研讨会及电子讨论小组；

b） 确定为获得相关方输入信息所需的财务和人力资源。

为保证从相关方获得信息过程的有效性，组织应：

——清楚表达该过程的目的（包括目标、过程的范围及对最终结果的描述）；

——确定允许相关方参与的适当过程的时限，包括出现不可预见问题的一定的机动时间；

——选择适当的相关方参与其中；

——必要时确保对相关方提供的信息保密；

——确保有适当的机制获得输入信息，并有适当的资金支持；

——确保该过程的基本准则得到相关方的理解和接受。

获得相关方输人信息的过程完成后，组织应在后续的规范策划、设计、开发、实施、保持和改进活动中使用并向相关方通报这些结果。应评价从相关方获得信息过程的有效性和效率。

附 录 F
（资料性附录）
规 范 框 架

图 F.1 是策划、设计、开发、实施、保持和改进规范的决策和活动的组织框架的说明。

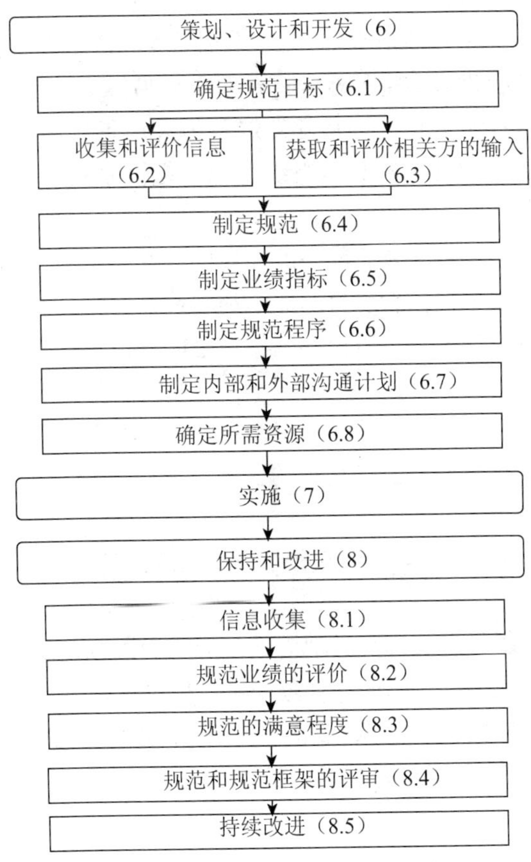

图 F.1 规范框架

附　录　G

（资料性附录）

采纳另一组织提供规范的指南

组织可以考虑采纳由另一组织（称为“规范提供者”）制定的规范或者参与规范提供者的项目。需要考虑的因素如下：

——规范是否适合本组织？

——规范提供者的声誉如何？（如被顾客、其他企业和政府广泛认可吗？规范提供者在本行业内有重要影响吗？）

——规范提供者在设计和开发规范中采用了哪些过程？这些过程对所有相关方公开吗？其他组织与规范提供者及其规范接触的经历如何？

——规范在市场中具有较高的知名度吗？

——参与规范提供者项目的成本和利益如何？

——规范提供者是否监控并确保规范的执行？如果有，是如何进行的？

——采纳规范的组织是强制使用规范吗？不遵循的后果是什么？

——规范提供者是否有充足的资源对未遵守规范的事件进行识别，并作出响应？

——规范提供者向其员工和选择使用其规范的组织提供哪些培训？

——规范提供者有哪些激励措施（和限制）鼓励组织采用其规范？

——采纳规范的组织要向规范提供者提供哪些信息？

——规范提供者向公众、政府及采纳其规范的组织公布哪些信息？（如月度、季度、半年或年度报告）

附 录 H
（规范性附录）
规范制定指南

规范应与规范目标保持一致。规范应依据组织的规模和性质而有所变化，但是通常其作用体现如下：

——明确规范的范围和界限（如规范适用于组织的所有产品还是部分产品？适用于所有地理区域还是限定区域？）；

——通告任何免责和例外（如承诺不适用于指定的高峰时段或非正常环境）；

——提供清楚的关键术语的定义；

——尽量避免使用技术术语、缩写词或首字母缩写词；

——明确承诺未能兑现时需遵循的步骤和程序；

注：这可能会涉及 GB/T 19012 和 GB/T 19013 提供的投诉处理和外部争议解决过程指南。

——在相关的时间向顾客提供规范的适当信息（如网上销售产品的组织可能要在其网址上、在信息收集处及顾客购买产品时提供关于隐私保护的信息）；

——在顾客咨询、投诉或提建议时，提供有关联系人和联系方式的信息；

——确保规范可以有效和高效地实施，且规范规定不违背法律和法规要求，尤其是有关欺骗性和误导性广告及禁止不正当竞争的法律和法规要求。

附 录 I

（规范性附录）

沟通计划制定指南

I.1 总则

组织应制定计划，使参与规范实施的员工和其他相关方能够获得规范及支持性信息。该沟通计划取决于组织的规模和类型，以及规范的性质，应包括：

——识别内部和外部的受众和他们的特殊需求；

——识别进行沟通可使用的资源；

——识别和选择可能的沟通方法；

——评审上述方法的优点、缺点、有效性和成本（如使用标志、广告、销售点沟通）；

——向参与规范实施的组织人员和内外部相关方提供相关信息。

I.2 内部沟通

信息应包括：

——规范目标和对规范规定的解释；

——如何实施规范，包括与规范实施和信息沟通有关人员的职责；

——有关投诉处理过程和争议解决规定的信息。

员工还应了解所有的公开信息。

I.3 外部沟通

顾客、投诉者和其他相关方可以通过小册子、宣传单、标签和网址的形式获取信息。这些信息应采用准确、清晰、适当的语言和形式（见附录 D）提供。应包括：

——组织对顾客的承诺；

——对规范和规范中的问题提出质询和投诉的途径和方式；

——如何处理质询和投诉，包括反馈的方式和该过程每个阶段的

时间安排；

——质询确认和投诉补偿的选择权；

——可使用的外部争议解决过程；

——规范使用的结果。

注：关于投诉和争议解决，组织可使用 GB/T 19012 和 GB/T 19013 中提供的指南。

组织应保护个人信息，并为质询和投诉者保密。